전남 동부지역
기독교 인물과 선교 활동

인문학술원 연구총서 12
종교역사문화총서 02

전남 동부지역 기독교 인물과 선교 활동

초판 1쇄 발행 2021년 9월 30일

엮은이 | 국립순천대학교 인문학술원 종교역사문화센터
펴낸이 | 윤관백
펴낸곳 | ▨돌썬선인

등 록 | 제5-77호(1998.11.4)
주 소 | 서울시 마포구 마포대로4다길 4(마포동 324-1) 곳마루빌딩 1층
전 화 | 02)718-6252 / 6257
팩 스 | 02)718-6253
E-mail | sunin72@chol.com

값 27,000원
ISBN 979-11-6068-617-3 93900

· 잘못된 책은 바꿔 드립니다.
· 표지디자인: 김진디자인(02-323-5372)

이 저서는 2020년 대한민국 교육부와 한국연구재단의 지원을 받아 수행된 연구임
(NRF-2020S1A5B8103485)

인문학술원 연구총서 12
종교역사문화총서 02

전남 동부지역 기독교 인물과 선교 활동

국립순천대학교 인문학술원

종교역사문화센터 편

도서출판 선인

발간사

　국립순천대학교 인문학술원은 연구총서의 하위 총서의 하나로 종교 역사문화총서를 발간하고 있습니다. 이 책은 종교역사문화총서의 두 번째 성과물입니다.

　인문학술원은 2001년에 인문학연구소로 시작했습니다. 지난 20년 동안 인문학연구소는 지속적으로 발전하였습니다. 특히 2017년에 한국연구재단 대학중점연구소 사업에 선정되면서 큰 발전의 계기를 맞았습니다. 이후 2019년 순천대학교 인문학연구소는 인문학술원으로 확대개편하면서 학술지 『인문학술』을 창간하고, 인문학술원 연구총서와 자료총서를 발간하기 시작하였습니다. 2020년 인문학술원은 한국연구재단 대학중점연구소 2단계 사업에 재선정되면서 지속적으로 발전해나가고 있습니다.

　순천대 인문학술원은 순천대학교가 위치한 전남 동부지역의 다양한 역사문화유산을 다루고 있습니다. 기독교 역사문화도 그 중의 하나입니다. 전남 동부지역 기독교 선교는 순천 선교부와 순천노회를 중심으로 활발하게 진행되었습니다. 그 결과 '북평양, 남순천'이라는 말이 생길 정도로 순천을 비롯한 전남 동부지역 기독교가 크게 발전하였습니다. 기독교의 발전은 지역사회의 교육, 문화, 정치, 의료 등 다양한 방면에도 큰 영향을 미쳤습니다. 따라서 전남 동부지역 사회의 근대적 발전과 기독교 선교는 밀접한 관계를 맺고 있습니다.

　전남 동부지역 교회의 구심체였던 순천노회 전체가 일제강점기에 신사참배 반대운동 과정에서 커다란 수난을 당하기도 했습니다. 전남 동부지역 선교와 교회의 역사는 지역차원에서뿐만 아니라 한국교회사와 한국민족운동사에서도 중요한 위치를 차지하고 있기도 합니다. 따라서 지역의 기독교선교와 교회발전의 역사를 한국 근현대 전체 흐름과 연관 지어 체계적으로 정리할 필요성이 있습니다.

순천대 인문학술원에서는 2017년, 2018년, 2019년 3년 동안 전남동부 지역 기독교 선교와 교회 역사 관련 학술대회를 세 차례 진행하였습니다. 2017년에 진행된 학술대회의 연구성과는 2019년에 『전남동부 기독교 선교와 한국사회』(인문학술원 연구총서 11권 / 종교역사문화총서 1권)로 출판되었습니다. 2018년과 2019년 학술대회의 성과는 이번에 『전남 동부지역 기독교 인물과 선교활동』(인문학술원 연구총서 12권 / 종교역사문화총서 2권), 『전남 동부지역 기독교 기관과 지역사회』(인문학술원 연구총서 13권 / 종교역사문화총서 3권)로 출판하게 되었습니다. 학술대회에 참여하시고 귀중한 연구성과를 이번 연구총서에 보내주신 선생님들께 인문학술원을 대표하여 깊은 감사를 드립니다.

순천대 인문학술원 종교역사문화센터는 종교역사문화총서를 앞으로도 계속해서 발간하려고 합니다. 기독교뿐만 아니라 유교, 불교, 대종교 등도 그 대상이 될 수 있을 것입니다. 이 연구총서를 통해 독자여러분들이 전남 동부지역의 기독교를 비롯한 역사문화에 대해 더욱 많은 관심을 가지게 되는 계기가 되기를 기대합니다.

끝으로 이 책의 기획, 원고수집, 편집, 교정 등 전 과정을 담당해주신 임송자 교수님께 깊이 감사드립니다. 그리고 학술대회를 진행하고 총서까지 발간할 수 있도록 지원해준 서선화 선생님과 정소연 선생님께도 고마움을 표합니다. 또한 이 자리를 빌려 이러한 연구가 가능하도록 지원해주신 허석 시장님과 장경태 순천기독교총연합회장님께 감사드립니다.

2021년 7월

국립순천대학교 인문학술원장 강성호

차 례

미국 남장로회의 전남지역 선교기지 구축과 건축 활동
  : 윌슨과 스와인하트를 중심으로 _우승완

인휴(Rev. Hugh MacIntyre Linton) 선교사의
  순천지역 선교에 관한 연구 _이홍술

미국 남장로교 선교사 인애자(Lois Elizabeth Flowers Linton)의
결핵퇴치사업 _송현강

제2부 목사·장로의 종교활동

제1부

선교사의 선교활동

존 페어맨 프레스톤 선교사와 순천 선교부*

강성호

Ⅰ. 머리말

일제 강점기 호남지역 미국 남장로회 선교는 전북지역의 군산선교부
와 전주선교부, 전남지역의 목포선교부, 광주선교부, 순천선교부 등 5개
의 선교부를 중심으로 진행되었다. 호남지역 남장로선교활동에 대한 연
구는 초기에는 선교활동 전반의 흐름을 다루는 연구가 진행되었다.[1] 이
후 전주선교부, 광주선교부, 목포선교부, 군산선교부 등에서 활동한 선
교사들과 선교부 활동에 대한 연구들이 등장하였다.[2]

이에 비해 순천선교부 활동을 직접 다루는 연구 활동은 상대적으로

---

* 순천대 남도문화연구소에서 발간하는 학술지『남도문화연구』43(2021.8)에 실린「존 페어맨 프
레스톤 선교사와 순천 선교부」를 수정, 보완한 글이다.
1) 송현숙,「호남지방 기독교 선교기지 형성과 확산에 관한 연구」,『한국기독교와 역사』19, 2003.8;
안기창,『미국 남장로교 선교 100년사』, 진흥, 2010; 김수진,「호남지방 교회의 역사: 호남지방
선교 초기부터 해방 전후까지」,『한국기독교와 역사』3, 1994.12; 김수진,『호남선교 100년과
그 사역자들』, 고려글방, 1992; 차종순,「미국 남장로교회의 호남지방 선교활동」,『기독교 사
상연구』5, 1988.1.
2) 강성호,「미국 남장로회의 호남선교: 연구동향을 중심으로」,『한국기독교와 역사』49호, 2018.9.

활발하지 않았다.[3] 그러나 2017년 이후 순천대 인문학술원에서 순천지역 남장로회 선교관련 연구를 지역사회와 연관해서 활발하게 진행하면서 짧은 시간 내에 많은 연구 성과들이 나오고 있다. 대표적인 성과로 순천대 인문학술원이 2017년, 2018년, 2019년 3년간에 걸친 학술대회 성과에 근거하여 발간한 세 권의 연구서를 들 수 있다.[4] 순천선교부 활동 자체를 다루는 연구들도 속속 나오고 있다.[5]

그러나 순천선교부를 세우고 운영하는 데 중요한 역할을 한 존 페어맨 프레스톤(John Fairman Preston, Sr., 1875~1975)에 대한 학술적 연구는 그 중요성에도 불구하고 제대로 이루어지지 않았다. 프레스톤은 1903년에 남장로교 선교사로 한국에 파견되어, 1940년까지 37년 동안 순천, 광주, 목포 등 전남지역에서 활동하였는데, 37년 중 30여 년을 순천선교부를 세우고 운영하고 발전시키면서 보냈다. 또한 그는 순천선교부 책임자, 순천읍교회(현재 순천중앙교회) 당회장, 순천노회 노회장 등으로 활동했을 뿐만 아니라 1923년 9월 조선예수교장로회 전체 노회장으로 선출되기도 하였다. 따라서 프레스톤은 지역적 차원뿐만 아니라 한국 근현대 교회사에서도 중요한 위치를 차지하고 있는 연구대상이다.

프레스톤에 대한 연구는 전남지역 선교 활동 전반을 다룬 최영근의

---

3) 주명준, 「순천노회 박해사건의 역사적 의의」, 『전주사학』 3, 1994; 한규무, 「미국 남장로회 순천스테이션의 교육선교와 매산 남녀학교」, 『남도문화연구』 15, 2008.12; 한규무, 「미국 남장로교 한국선교부의 전남지역 의료선교, 1898-1940」, 『남도문화연구』 20, 2011.6; 김승태, 「장로교회 전남순천노회의 수난사건」, 『식민권력과 종교』, 한국기독교역사연구소, 2012; 윤정란, 「전남 순천지역 기독교의 수용과 확산」, 『숭실사학』 26, 2011.6; 송현강, 「순천의 개척자 로버트 코잇(Robert T. Coit)의 한국선교활동」, 『한국기독교와 역사』 44, 2016.3.

4) 순천대학교 인문학술원편, 『전남동부 기독교 선교와 한국사회』, 선인, 2019; 순천대학교 인문학술원편, 『전남동부 기독교 기관과 지역사회』, 선인, 2021; 순천대학교 인문학술원편, 『전남동부 기독교 인물과 지역사회』, 선인, 근간.

5) 강성호, 「미국 남장로회 한국선교부의 순천 스테이션 설치와 운영」, 『남도문화연구』 37호, 2019.8; 이덕주, 「일제 강점기 순천 선교부와 지역사회」, 『전남동부 기독교 선교와 한국사회』, 선인, 2019; 임희모, 「미국남장로교 한국선교회의 순천선교부 개설배경연구-1892년-1912년을 중심으로」, 『장신논단』 53권 1호, 2021.3.

연구가 유일하다.[6] 최영근의 연구는 프레스톤의 목포, 광주, 순천지역 활동 전반을 포괄적으로 다루었다는 점에서 의미가 있지만, 프레스톤의 주요 활동지인 순천지역 활동을 집중적으로 다루지 못했다는 점에서 한계가 있다. 따라서 이번 글은 프레스톤의 선교활동을 순천지역을 중심으로 살펴보려고 한다.[7]

II. 프레스톤의 생애

존 페어맨 프레스톤은 1875년 4월 30일 미국 플로리다주 페르난디나(Fernandina)에서 출생했다.[8] 부친이 사무엘 프레스톤 목사(the Reverend Samuel Rhea Preston)여서 기독교 집안의 전통의 영향을 받으면서 그는 성장하였다. 그는 테네시주 브리스톨에 위치한 킹대학(King College)을 다녔고(1893~1896년), 사우스캐롤라이나 주 그린빌에 소재한 퍼먼대학교(Furman University)에서 학사학위를 받았다. 그는 학부 졸업 후 프린스턴대학교(Princeton University)에서 석사학위과정을 다니면서, 1899년에서 1902년 사이에 프린스턴 신학교에서 신학을 공부하였다. 이는 대부분의 남장로교 선교사들이 컬럼비아나 버지니아 유니온 같은 남장로교 신학교에서 공부했던 것과 다른 점이기도 하다.[9]

프레스톤은 1903년에 미국 남장로교(PCUS) 목사안수를 받았고, 같은

6) 최영근, 「남장로교 선교사 존 페어멘 프레스톤(John Faiman Preston, Sr.)의 전남지역 선교에 관한 연구」, 『장신논단』 48-1, 2016.3.

7) 이 논문을 작성하는 과정에서, 프레스톤과 순천선교부 관련 자료를 협조해 준 한남대 인돈학술원에 감사드린다.

8) https://www.history.pcusa.org/collections/research-tools/guides-archival-collections/rg-441. 2018년 7월 1일 접속.

9) 최영근, 앞의 논문, 89쪽.

해에 노스 캐롤라이나 주 세일즈버리 출신의 애니 쉐논 월리(Annie Shannon Wiley, 1879~1983)와 결혼하였다. 그는 1902년에서 1903년까지 미국남장로교 해외선교실행위원회(the PCUS Executive Committee of Foreign Missions)에 근무하면서 해외선교 관련 이론과 인맥을 축적할 수 있는 기회를 가질 수 있었다. 해외선교와 관련하여 그는 "진흥운동"(the Forward Movement)이라는 새로운 해외선교 후원방법의 제안에 기여하였다. 이 운동은 능력있는 교인을 중심으로 하여 미국 지역교회의 선교 활동 및 후원을 체계적으로 관리하여 해외 선교를 지속적으로 활성화하려는 방법이었다.[10]

프레스톤 부부는 1903년 10월 7일 샌프란시스코 항을 출발하여 일본 고베를 거쳐서, 1903년 11월 8일에 목포로 들어왔다. 프레스톤은 한국 미국 남장로회 초기 선교활동을 잘 파악하고 있었다. 그에 따르면, 1905년까지 미국 남장로회 선교활동은 전라도 북부지역, 전라도 남부지역, 충청지역 세 지역에서 진행되고 있었고, 전라 북부지역은 군산과 전주를 중심으로, 그리고 전라도 남부지역은 목포에서 시작되어 광주지역을 개척하는 중이었다.

한국에서의 미국 남장로회의 활동은 전라도 북부지역(North Chulla), 전라도 남부지역(South Chulla), 그리고 충청도 지역(Choong Chung)에 한정되었다. 다른 두 교파가 부분적으로 장악하고 있는 충청도지역에서, 우리의 활동은 아직 소규모이다. 그러나 전라도 남부지역과 전라도 북부지역은 우리 교파가 유일하게 활동하는 교파이고, 그래서 이 지역이 지금까지 우리의 교구로 명확하게 인식되어 왔다. 전라도 북부에서, 개항장인 군산(Kunsan)과 지역중심인 전주(Chunju)는 오랫동안 선교부들이 차지하고 있었다.

---

10) 최영근, 위의 논문, 89쪽.

전라도남부의 중심에 가까운 내륙지역에 선교부가 세워져야 한
다고 선교본부는 오랫동안 판단해왔다. 그래서 작년 봄에…선교본
부는 광주 선교부 개설로 이어지는 조치를 취했다.[11]

프레스톤은 37년 동안 목포, 광주, 그리고 순천에서 선교활동을 하였
다. 프레스톤의 목포 선교부 활동은 그가 1905년, 1906년, 그리고 1908년
에 쓴 목포선교부 활동 기사를 통해 알 수 있다.[12] 이 글들에 목포 선교
부가 초기에 급성장하다가, 정체기를 거쳐, 다시 활성화되는 과정이 잘
묘사되어있다. 그는 광주선교부에서 활동하면서 광주선교부의 주축이
었던 오웬 선교사 추도문을 기고하기도 하였다. 그는 추도문에서 "오웬
은 기독교 신사였다"라고 높이 평가하였다.[13] 광주 선교부에 이어 프레
스톤은 30여 년 동안 순천선교부를 세우고 운영하면서 보냈다. 따라서
프레스톤의 한국 선교활동의 중심은 순천선교부였다고 할 수 있다.

1907년에 프레스톤은 새로운 선교사를 모집하고 선교활동에 필요한
재정지원을 확보하려는 미국남장로교의 노력인 평신도선교운동(Laymen's
Missionary Movement)에 참여하였다. 당시 미국교회들은 선교에 관심을
쏟고 있었다. 1907년에 미국 남장로교는 버밍햄 총회에서 "선교 정강"
(Missionary Platform)을 채택하여 남장로교 해외선교지에서 교파 간 예양
협정을 통해 복음전도를 적극적으로 추진하고자 하였다. 또한 1907년
미국 남장로교 총회는 평신도선교운동을 교단차원에서 승인하여 지지
하였다. 그는 1907년 4월부터 9월까지 5개월 동안 미국에 돌아가서 대학
교와 교회를 직접 방문하면서 선교사모집을 하고 선교후원금을 확보하

11) J. F. Preston, "A New Mission Center," *The Missionary*, April, 1905, 174쪽.

12) J. F. Preston, "Korea, A New Mission Center," *The Missionary*, April, 1905, 174~176쪽; J. Fairman
Preston, "The Awakening of Mokpo," *The Missionary*, January, 1906, 32~24쪽; J. Fairman Preston,
"Mokpo, Korea, Items,," *The Missionary*, June, 1908, 298~299쪽.

13) J. Fairman Preston, "Rev. Clement Carrington Owen, M.D." *The Missionary*, Aug. 1909, 415쪽.

였다. 이러한 노력의 결과로 10명의 선교사들이 새롭게 한국으로 선발되었고, 찰스 그래함(Charles E. Graham)으로부터 1만 달러의 후원금을 확보하기도 하였다.[14]

프레스톤 부부는 한국 체류동안 선교사와 교사로 적극 활동하였다. 1940년에 미국으로 귀국하여 미국남장로교 선교활동 대변인으로 순회활동을 하였다. 프레스톤은 2차 세계대전 동안 미시시피주 폰토탁(Pontotoc)교회 지원활동을 하였고, 1946년에 조지아주 데카투어(Decatur)에서 은퇴하였다. 그는 1926년에 킹대학에서, 1926년 올거쏘프 대학교(Olgethorpe University)에서, 그리고 1935년에 퍼먼대학교에서 신학명예박사학위를 수여받았다. 순천노회는 프레스톤의 업적을 기념하기 위해 1911년 설립된 곡성읍교회를 변요한 기념교회로 지정하였다.[15] 그는 1975년 6월 6일에 100세 나이로 사망하였고, 부인은 1983년에 사망하였다.

III. 프레스톤과 순천 선교부 설립

미국 남장로회의 한국선교는 1892년 10월 선발대 5명이 파견되면서 시작되었다.[16] 루이스 테이트(Lewis B. Tate)와 매티 테이트(Mattie Tate) 남매, 윌리엄 레이놀즈(William D. Reynolds), 윌리엄 전킨(William M. Junkin), 그리고 리니 데이비스(Linnie Davis) 등이 선교사로 한국에 들어왔다. 당시 미국북장로회와 남장로회 선교사들은 서로 협력하였다. 그들

---

14) 최영근, 앞의 논문, 92쪽.
15) 순천노회사료편찬위원회편, 『순천노회사』, 순천: 순천문화인쇄사, 1992, 42쪽.
16) 이덕주, 「일제강점기 순천 선교부와 지역사회」, 『전남동부지역 기독교선교와 한국사회』, 선인, 2019 참고.

은 1893년 '장로교선교공의회'(Council of Missions holding the Presbyterian Form of Government)를 조직하고, 선교지역을 분할하기로 협정하여 남장로교의 선교지역으로 전라남북도와 충청남도를 정하였다.

남장로회 선교사들은 주요 도시에 선교부(mission station)를 건설하여 지역선교를 진행하도록 하였다. 남장로회는 선교부를 전북 전주에 처음으로 개설하였고 테이트와 레이놀즈가 선교를 시작하였다. 1894년부터 군산에 두 번째 선교부가 전킨과 드류를 중심으로 개설되었다. 호남의 세 번째 선교부는 1896년 나주로 선정되었다. 벨 선교사가 중심이 되어 나주 선교부 개척을 시도했지만 성공하지 못했다. 그래서 나주 대신에 목포에 선교부가 설치되었다. 벨과 레이놀즈가 중심이 되어 1897년에 만복동(양동)에 목포 선교부를 개척하였다. 전남의 새로운 행정중심이 된 광주에 호남의 네 번째 남장로회 선교부가 1904년에 세워졌다. 이어 순천 선교부 설립이 1909년 결정되고 1913년에 설립되었다. 순천 선교부는 남해안 선교의 교두보이자 호남의 마지막 선교부였다.

순천은 전통시대 전라도의 주요 도시의 하나였다. 순천지역은 유교와 불교 전통이 강했기 때문에 외래종교인 기독교가 진출하기 쉽지 않았다. 이러한 상황으로 인해 순천지역 기독교 성장은 직접적 선교보다는 선비출신의 한국 기독교인들의 전도를 통해 자생적으로 이루어졌다. 순천 선교부 설립이 결정된 1909년 이전에, 전남동부지역에 이미 10여 개의 교회들이 설립되어 활동하고 있었다.[17] 1909년 무렵 순천을 방문했던 프레스톤은 순천지역에 상당히 많은 교인들이 모여 예배를 드리고 있음을 직접 보기도 하였다.

이러한 상황에 고무된 프레스톤은 1909년 7월 군산에서 개최된 남장로회 한국선교회 제18차 연례회에서 순천 선교부 개설을 제안하였다.

---

17) 『朝鮮耶蘇敎長老會年鑑』, 조선예수교장로회총회, 1940, 493~497쪽.

이러한 제안을 남장로회 한국선교회가 수용하여 순천선교부 설립과 21,450달러 규모의 예산안을 결정하였다.[18] 프레스톤과 코잇은 순천지역에 새로운 선교부를 개설해야 할 필요성을 확신하기 위해 2010년 2주간 방문을 하였다. 코잇은 방문보고서에서 당시 프레스톤이 너무 주야로 열심히 일해서 건강을 해칠 정도라고 걱정하였다.

> 광주에서 그 일을 제대로 보기는 불가능하다. 광주에서 60마일 거리인 순천지역에 도달하기 위해서는, 여러 산 고개를 넘어야 한다. 순천지역의 중심에서 이미 조직된 교회들과 복음을 요구하는 마을들 사이에서 많은 일들이 진행되어야 할 필요가 있다. 순천(Syen Chun) 주변 지역에 22개 교회가 있는데, 이는 광주지역에 선교부가 개설될 당시 교회 수 두 배 규모이다. 나는 프레스톤이 이 일을 계속하게 되면 건강을 해치게 될 상황을 매우 우려하고 있다. 그는 최근 방문에서 주야로 거의 쉬지 않고 일해서 매우 지친 상태이다. 의사가 지금 그를 치료하고 있는 중이다.[19]

순천 선교부 설립은 예산과 선교사 인력확보 문제로 인해 4년의 시간이 필요했다.[20] 1910년 10월 광주에서 개최된 남장로회 한국선교회 연례회의는 광주 선교부 소속의 프레스톤과 코잇을 순천 선교부 개척 선교사로 임명하였다.[21] 프레스톤과 코잇은 1910년에 김윤수와 김억년을 통해 순천읍성 북쪽에 선교부지로 10에이커(2만여 평) 땅을 구입하

18) J. C. Crane, "The Evangelistic Work of Soonchun Station", *KMF*, Jul. 1936, 136쪽.

19) R. T. Coit, "A New Station in Korea," *The Missionary*, September, 1910, 468쪽.

20) 순천 선교부 개설에 총 21,450 달러가 투여되었다. 각 예산 항목은 토지 구입비 2천 달러, 사택 4채 건축비 9,200 달러, 기숙사 2채 건축비 1,500 달러, 울타리 건축비 300 달러, 우물 파기 250 달러, 병원 건축비 5,000 달러, 시약소 건축비 1,200 달러, 병원 설비비 2,000 달러였다 (*Minutes of Annual Meeting of the Southern Presbyterian Mission in Korea*(이하 MAMS) 1909, 30쪽, 38~39쪽).

21) *MAMS*, 1910, 21~23쪽, 31쪽, 43쪽.

였다.[22] 순천 선교부는 매곡동 지역의 대지 10,038평, 논 1,609평, 밭 15,502평 등 총 27,149평을 소유하였다.

선교부 부지에 교회, 교육시설, 의료시설 관련 건물을 짓는 데는 많은 비용이 필요했다. 프레스톤이 이러한 비용 확보에 크게 기여하였다. 프레스톤은 순천선교부 건물신축 및 시설비용과 이 시설들을 운영할 선교사를 확보하기 위해 1911년 미국에 다시 들어갔다. 프레스톤은 한국선교를 지원했던 프래트(Charles H. Pratt, 안채륜) 목사와 '한국캠페인'(The Korea Campaign)이라는 이름으로 미국 순회 보고강연회를 진행하였다. 진행과정에서 사우스캐롤라이나 주 평신도 지도자 그레이엄이 노스캐롤라이나 주 더럼(Durham)의 기업인 왓츠(George W. Watts)를 그들에게 소개해주었다. 왓츠는 순천 선교부 전체 건설 및 운영비용으로 프레스톤에게 매년 1만 3천 달러라는 거액을 지원하겠다고 약속하였다.

이에 한국 남장로회 선교회는 순천선교부 개척에 박차를 가하였다. 프레스톤은 1912년 선교회 연례회의에서 순천선교부로 이임되었고, 1913년 4월에 순천 선교부로 이사 왔다.[23] 프레스톤이 순천 선교부 건설 총책임을 맡았다.[24] '건축선교사' 스와인하트(R. Swinehart, 서로덕)가 1912년부터 선교사 사택과 양관을 짓기 시작했다. 스와인하트의 건축공사는 1912년부터 시작되어 1913년 봄이 되어 어느 정도 윤곽을 드러냈다. 1914년 선교회 연례회의에서 순천 선교부에 남학교, 여학교, 병원 설립이 승인되었다. 순천선교부 지역에 선교사 주택, 순천읍교회(현 순천중앙교회), 남학교(현 매산학교), 남학교 기숙사, 여학교(현 매산여학

---

22) G. T. Brown, *Mission to Korea*, Nashville: Board of World Missions of the Presbyterian Church, US, 1962, 92쪽; 『朝鮮耶蘇敎長老會史記』上, 279쪽.

23) 최영근, 앞의 논문, 99쪽.

24) 순천 선교부 건축팀은 역할을 분담하여 활동하였다. 밀러(Louis B. Miller)는 제도를 담당하고, 코이트가 재무와 회계를 맡았다. 그리고 프레스톤이 건축설계와 시공을 담당하였다(Rev. and Mrs. J. F. Preston, "A Year's Work," *The Presbyterian Survey*, October 1929, 610쪽).

교), 여학교 기숙사, 병원(알렉산더 병원) 등이 세워졌다.

이를 보면 순천선교부의 건설과정이 2~3년 정도의 단기간 동안에 계획적으로 진행되었음을 알 수 있다. 코잇도 순천선교부 전체를 한 번에 건설하려는 시도는 한국선교 역사에서 유례없는 일이라고 높이 평가하였다.

> 나는 실제 건물 작업을 시작한 순천(Soonchun)에서 막 돌아왔다. 우리는 순천 선교부에 필요한 모든 노동자들을 실질적으로 보유하고 있기 때문에, 우리는 모든 필요한 건물들을 한 번에 세우려고 한다. 선교부 전체를 1년 안에 건설하는 것은 한국선교 역사에서 유례없는 일이 될 것이다.[25]

순천 선교부는 1913년 봄에 오픈되었다. 프레스톤과 함께 순천선교부에 파견된 코잇은 순천지역이 남해안 지역 선교에서 중요한 전략적 가치를 지니고 있다고 판단하였다.

> 순천(Soonchun)은 목포와 부산(Fusan) 중간지점이고, 광주 남쪽에서 산을 가로질러 60마일 지점에 위치해 있다. 우리의 모든 교구들처럼, 순천은 거의 절반이 수많은 작은 만에 있는 바다에 접해 있지만 산이 많은 지역이다. 네 개의 아름다운 경사진 간선도로들이 순천에서 중요한 항구나 도시들을 연결하면서 다양한 지점으로 뻗어나갔다. 또 다른 간선도로가 북쪽을 연결하고 있다. 순천이라는 도시 자체는 4,000명의 주민만 있기 때문에 작다. 그러나 순천선교부는 30만이 넘는 지역민들을 대상으로 복무하고 있고, 그 30만 주민들 중 많은 사람들이 남해안에 인접한 수많은 섬들에서 살고 있다.[26]

---

25) R. T. Coit, "The Building of Soonchun Station," *The Missionary Survey*, February, 1913, 265쪽.

개설된 순천선교부에 선교사들이 분야별로 결정되어 파견되었다. 교육선교분야에 남학교를 담당할 크레인(John C. Crane, 구례인)과 여학교를 담당할 더피(L. Dupuy, 두애란)가 파견되었다. 병원선교를 위해 의사 티몬스(H.L. Timmons, 김로라)와 간호사 그리어(Anna L. Greer, 기안나)가 왔다. 여성 선교분야에 비거(M. Biggar, 백미다)와 주일학교 분야에 프래트가 파견되었다.[27]

순천 선교부는 1920년대 들어서도 지속적인 발전을 이룩했다. 왓츠의 지속적인 후원이 순천 선교부의 지속적인 발전에 큰 역할을 하였다. 왓츠는 약속한 선교사 생활지원비 외에도 특별헌금을 자주 하였다. 1920년에 순천매산학교 재건을 위한 기부와 1930년 병원과 학교 시설비 8만 달러 기부를 들 수 있다. 왓츠 사망 이후에도 부인을 통해 순천 선교부 비용이 지원되었다. 이를 보면 순천 선교부 건설과 운영에 있어 왓츠의 선교 지원금이 매우 큰 비중을 차지하였음을 알 수 있다.[28]

프레스톤은 1936년 7월에 선교사 영문잡지 순천특집호에서 순천 선교부와 순천지역 교회의 발전배경을 다음처럼 설명하고 있다.

> 순천 선교부의 특징적인 면은 첫째, 처음부터 충분한 인력을 갖춘 상태에서 개설되었으며 그런 상태를 계속 유지하고 있다는 점이다. 지금 순천 선교부 안에 주재 선교사가 15가족에 이른다. 둘째, 충분한 시설을 갖춘 상태로 개설되었다. 선교부 시설들은 왓츠가 사망한 후에도 왓츠 부인이 보내준 기부금으로 계속 보충되었다. 그 외에도 여러 곳에서 들어온 선물로 병원 건물과 설비 등이 마련되었다. 순천 선교부가 이런 식으로 개설되었기 때문에 순천

---

26) R. T. Coit, "Soonchun, Our Newest and Last Mission Station in Korea," *The Missionary Survey*, January, 1917, 31쪽.

27) J. C. Crane, "The Evangelistic Work of Soonchun Station," *KMF*, Jul., 1936, 136; G. T. Brown, *Mission to Korea*, 94~95쪽.

28) "Soonchun," *The Korea Mission Yearbook*, 106~108쪽.

지역에서 교회가 급속한 변화와 발전을 이룩할 수 있었다.[29]

순천 선교부는 안정적인 재정지원에 근거한 선교 시설과 인력에 힘입어 짧은 기간 동안에 급성장할 수 있었다. 이는 순천 선교부 설립 4년 뒤인 1917년 당시 한국 남장로회 소속 각 선교부별 교세 통계상황을 보면 잘 드러난다. 4년밖에 되지 않은 순천 선교부가 20년 된 군산이나 목포 선교부 못지않은 성과를 보이고 있기 때문이다.[30]

Ⅳ. 프레스톤과 순천 선교부 활동

1. 복음선교 활동

프레스톤은 순천 선교부를 근거로 순천과 전남동부지역의 복음선교에 주력하였다. 프레스톤의 복음선교는 기본적으로 남장로교 전도위원회의 전도원칙에 근거하고 있다. 전도원칙의 핵심은 "선교사와 현지인 사이의 효율적 협력과 동역"이었다.[31] 이 전도원칙은 1913년 남장로교 전도위원회에서 채택한 회의결과에 잘 드러나 있다. "신임선교사의 사역에 대한 기본지도", "도시나 시골에서 사역을 시작하는 최선의 방법", "순회전도의 적당한 비용", "선교지에 사역을 조직하고 지도하는 방법", "조사들의 업무비용에 대한 기준" 등이 이 회의결과물들이다. 이러한 결정은 양자의 신뢰관계와 상호협력을 강조하는 네비우스 선교정책을 한국교회선교에서 받아들인 것이고, 프레스톤도 이 원리를 적극적으로 받

---

29) J. F. Preston, "Introduction", *KMF*, Jul. 1936, 135쪽.

30) "Korea Mission Stations", *ARFM*, 1917, 82~83쪽.

31) 최영근, 앞의 논문, 100쪽.

아들였다.

프레스톤은 순천 선교부에서 북부와 남부지역을 담당하였는데, 지리적으로는 순천, 여수, 곡성 지역이 해당된다.[32] 그의 솔직하고 대담한 성격은 지역선교에도 도움이 되었다. 프레스톤을 어렸을 때 직접 보았던 순천 은광교회 장중식 은퇴목사의 프레스톤에 대한 묘사에서 이를 알 수 있다. "그는 전형적인 백인 신사형의 선교사였고, 솔직하고 대담한 성격의 일꾼이었으며, 곡성, 구례, 광양, 여수 등지의 선교지를 도보로 넘나들며 복음을 전하였고, 또 엽총으로 사냥을 즐기었는데, 꿩, 노루 등을 직접 쏘아 잡는 것을 보았다."[33]

그는 네비우스 선교정책에 따라 한국의 토착교회에 대한 "보충적이고 보조적인 역할"을 벗어나지 않으려 했다.[34] 그는 지역의 전도자와 목회자들을 훈련하여 지역교회를 지원하여 발전시키는 일을 도우려 했고, 따라서 사경회와 성경학교에 집중하여 성경공부와 사역자 훈련을 중시하였다. 프레스톤은 1922년 전남지역 성경학교 책임자로 임명되고 난 후 조지 와츠의 후원을 받아 성경학교를 건설하는 기틀을 놓았다. 이 성경학교는 호남지역에 수많은 훌륭한 한국인 목회자를 배출한 호남신학대학교의 출발점이 되었다.

프레스톤의 복음활동 중 대표적인 것으로 '확장주일학교'(Extension Sunday School)를 들 수 있다.[35] 프레스톤은 이 운동을 순천선교부 자금 확보를 위해 미국을 방문했던 1911년~1912년 사이에 배울 수 있었다.[36]

---

32) 최영근, 위의 논문, 101쪽; 순천노회편, 「순천노회 제11회 회의록」, 『순천노회 회의록 제1집(조직회-38회)』, 순천: 순천문화인쇄소, 1986, 54~55쪽.

33) 장중식, 「선배목사님 선교사님들에 대한 추모」, 『순천노회회보』, 1995.12, 21쪽.

34) 최영근, 위의 논문, 101쪽; M.L. Swineheat and J. F. Preston, "Open Letter from the Korean Misssion to the General Assembly of the Southern Presbyterian Church," The Presbyterian Survery, March 1928, 135쪽.

35) 이덕주, 「일제강점기 순천 선교부와 지역사회」, 『전남동부지역 기독교선교와 한국사회』, 선인, 2019.

1912년 미국에서 돌아온 프레스톤은 확장주일학교를 순천에서 곧바로 시작했다. 프레스톤은 우선 순천읍 교회를 비롯하여 순천 주변 세 개 교회에서 주일학교를 열고 비신자 자녀들을 모아 가르치기 시작하였다. 그리고 1년 만에 순천 및 주변지역 교회들로 '확장주일학교'가 확산되었다. 그 결과 1918년에 이르러 순천 선교부 관할 지역 44개 교회가 주일학교를 설립하여 1천여 명에게 한글과 성경, 창가, 산수 등을 가르쳤다.[37] 프레스톤이 시작한 확장주일학교운동은 순천 선교부 관할지역의 교회 부흥에 큰 기여를 하였다. 이는 크레인의 1936년 선교보고에 잘 나타나있다.[38]

프레스톤이 주도한 순천선교부의 복음선교와 확장주일학교 운동은 순천 및 전남동부지역 교회 개척과 부흥에 큰 기여를 하였다.[39] 순천선교부 활동결과로 순천지역 교세가 커지면서 순천은 전라도 지역 교회 부흥과 성장의 구심점이 되었다. 실제로 순천 선교부 개설 작업을 추진하기 시작한 1912년 당시 조선예수교장로회 통계를 보면, 전라남북도를 총괄하는 전라노회에 목사 26명, 장로 26명, 세례입교인 8,125명, 총교인 14,747명, 조직교회 26개, 예배당 377개였다. 1917년 전라노회를 전북과 전남, 두 노회를 분할한 후 전남노회에만 목사 7명, 선교사 12명, 장로 42명, 입교인 4,180명, 총교인 10,260명, 조직교회 30개, 미조직 교회 136개, 기도처 89개, 예배당 165개에 달했다.[40] 이후에도 전남노회는

---

36) 확장주일학교운동은 당시 미국 시카고의 저명한 부흥운동가 무디가 가정형편이 어려워 배우지 못한 소년 노동자와 고아들을 위해 주일마다 교회에서 주일학교를 열고 기초 학문과 성경을 가르치는 과정에서 출현하였다.

37) J. Fairman Preston, "The Extension Sunday School", *KMF*, Jun. 1919, 111~112쪽.

38) J. C. Crane, "The Evangelistic Work of Soonchun Station", *KMF*, Jul. 1936, 138쪽.

39) 프레스톤 목사는 1907년에 설립된 여수 우학리교회, 1908년에 세워진 순천 신평리 교회, 1909년 세워진 순천 월산리 교회, 그리고 1917년의 석곡교회 등을 설립하였다(『순천노회사』, 311쪽).

40) 「통계표」, 『조선예수교장로회총회 제1회 회록』, 1912; 「통계표」, 『조선예수교장로회총회 제6회 회록』, 1917.

계속 부흥하여 1922년에 이르러 선교사 14명, 목사 11명, 장로 72명, 입교인 4,561명, 총교인 13,882명, 조직교회 44개, 미조직교회 164개, 기도처 143개, 예배당 163개로 성장했다.

전남노회는 1922년 9월 14일 서울 승동교회에서 열린 조선예수교장로회 제11회 총회에 '노회 분립'을 건의하였다. 제11회 총회는 이러한 제안을 수용하여 "전남노회를 전남노회와 순천노회로 분립하되 구례와 곡성, 순천, 광양, 보성은 순천노회, 장성과 영광, 광주, 나주, 고창, 순창, 담양, 화순, 함평, 무안, 장흥, 영암, 강진, 완도, 진도, 제주, 해남은 전남노회로 나누어 조직하기로" 결의하였다.[41]

순천노회가 군(郡) 단위 명칭의 노회로는 전국에서 두 번째, 남한에서는 첫 번째 노회로 조직되었다.[42] 1922년 10월 2일 순천 매곡동 순천 남자성경학교에서 선교사 2인, 목사 4인, 장로 10인이 모여 순천노회 조직노회를 개최하고 곽우영 노회장, 프레스톤 부노회장, 강병담 서기, 이기홍 회계 등을 선출하였다.[43]

프레스톤은 1923년 9월 신의주교회에서 개최된 조선예수교장로회 제12차 총회에서 부노회장에서 노회장으로 승진 선출되었다. 제2대 프레스톤 순천노회장은 순천노회 상황에 대하여 다음처럼 보고하였다.

감사할 것은 1) 지난 1년 동안 하나님의 풍성한 은혜로 지경 각 교회가 평안히 지내엿사오며 2) 본 로회 거년 총회에 분립된 후 1년 동안 각 교회가 진보하엿사오며 3) 금년 동안 새로 지은 예배당이 3처요 학교가 1처이오며 4) 새로 설립된 교회와 남녀 청년회도 만사오며… 학교 형편은 1) 미슌회에서 설립한 매산 남녀학교는 잘

---

41) 『조선예수교장로회총회 제11회 회록』, 1922, 41~42쪽.
42) 평북의 의주노회가 1918년 군단위 명칭을 처음으로 사용하였다. 1922년에 순천노회, 평남의 안주노회, 그리고 평양노회가 조직되었다. 『朝鮮耶蘇教長老會年鑑』, 1940, 73~83쪽.
43) 「순천로회 제1회 상황」, 『기독신보』, 1922.12.20.

되어 가오며 2) 각 교회의 사숙과 야학과 갖흔 것도 잘 되어 가오며 … 장래경영에 대하여 1) 특별히 예배당과 목사 사택 건축부를 설치하야 만히 건축 일을 힘쓰오며 2) 본 로회 지경 안 곡성 등지에 전도목사를 파송하기로 하옵고 3) 학교를 확장하며 교회 일군을 양성하기로 작정하옵나이다.[44]

이렇게 1922년 순천노회가 설립된 이후에도 교회는 계속 부흥하고 성장하였다.[45] 남장로회 한국선교회가 순천 선교부 개설을 처음 결정하였던 1909년 당시 순천과 그 인근 지역 10여 곳에서 1백여 명 신도가 모이고 있었는데 그 후 30년이 지난 1939년에 이르러 1백여 교회에 등록 신도가 7천여 명에 이르는 결과를 얻었다. 이렇듯 1920~1930년대 이루어진 순천노회의 부흥과 발전의 배경에 프레스톤이 중심이 된 순천 선교부의 복음선교가 주요한 역할을 한 것이다.

2. 프레스톤과 교육선교·의료선교

1) 교육선교

프래트가 불신자 자녀들을 위해 주일학교를 시작했다. 1년 만에 순천읍과 주변 지역 교회에 8개 주일학교가 세워졌고 매주일 평균 40여 명이 모일 정도로 성장하였다.[46] 주일학교를 통해 지역민들이 교육에 관심을 가지고 있다는 사실을 확인한 선교사들은 '매일학교(day school)'를 시작하였다. 프레스톤과 코이트가 1910년 3~4월경에 금곡동에서 사숙(私塾)형태로 시작했고, 1911년에 매곡동에 새로운 교사를 지어 이전했

---

44) 「순천로회 보고」, 『조선예수교장로회총회 제12회 회록』, 1923, 123~124쪽.

45) 『조선예수교장로회 총회 회록』, 1923~1939.

46) Charles H. Pratt, "Sunday Schools in Soonchun Station", *KMF*, Aug. 1915, 226쪽.

다.[47] 이 시기의 학교는 남학교와 여학교로 구분되어 있었는데, 보조학교나 문법학교 수준의 학교에 지나지 않았다.

순천의 남학교와 여학교 설립자금이 조지 와츠 후원금에서 왔다. 조지 와츠 후원금확보를 프레스톤이 주도했기 때문에 교육선교에서 프레스톤이 결정적 역할을 했다고 볼 수 있다.[48] 남장로회 선교회는 1913년에 순천여학교를 1914년에 남학교 설립을 승인하였다. 남학교는 학생들과 지역민들의 반응이 좋아 성장속도가 빨랐다. "처음 창설할 때에는 은성학교(恩成學校)라는 일홈을 띠고 낫타 낫섯다. 인가도 잇섯다. 그래서 생도수도 꽤 만핫고 선생들도 열심히 가르친 고로 몇 해 동안은 예상외의 성적을 가지고 발전하였다."[49] 남학교에 이어 여학교도 성공적으로 발전하고 있었다. 19명으로 시작한 여학교는 1년 만에 36명으로 증가하고 있었다.[50] 순천 선교부는 선교부 안에 있는 매산 남녀학교 외에 지방에 산재해 있는 초등과정(보통과) 교회부속 학교들도 적극적으로 재정지원을 하였다.

순천 선교부가 시작한 근대학교들은 1915년에 조선총독부가 '개정사립학교규칙' 제정 공포를 통해 종교 활동을 금지하면서 1916년에 폐교되어야 했다. 유예기간이 10년 있었지만 순천지역 학교들은 늦게 설립되어 1915년까지 인정받지 못했기 때문이다.[51] 조선총독부는 1919년 3·1운동의 영향을 받아 기존의 사립학교 규칙을 일부 완화하여 1920년 3월 1일에 개정함으로써 종교교육을 할 수 있는 자율권을 인정하였다. 순천의 남학교와 여학교는 다시 1921년 4월 15일에 재개교할 수 있었다. 이

---

47) 한규무, 「순천 교육선교」, 269~270쪽.
48) 최영근, 앞의 논문, 103~104쪽.
49) C. Crane, "The Boy's School and Industrial Work", *KMF*, Jul. 1936, 144쪽; 「순천 매산학교」, 『기독신보』, 1922.6.14.
50) "Korea Mission Annual Report", *ARFM*, 1915, 52쪽.
51) 최영근, 앞의 논문, 104~105쪽; J. F. Preston, "Southern Presbyterian Mission in Korea," 78쪽.

후 남학교는 크레인(J.C. Crane, 구레인), 존 볼링 레이놀즈(John Bolling Reynolds, 이보린), 웅거, 프레스톤 등이 교장을 맡았다. 여학교는 비거 (Meta L. Bigger), 도슨(Mary L. Dodson, 도마리아), 루이스 밀러 (Louise Miller) 등이 교장 직을 수행하였다.

1936년 조선총독부가 기독교학교들에게 신사참배를 강요하면서 순천 지역에도 1937년을 계기로 순천선교부 소속 기독교 학교들은 위축되기 시작했다. 1937년 2월 남장로회 해외선교부 총무 풀턴(C. Darby Fulton) 은 신사참배는 우상숭배이므로 신사참배를 수용할 수 없다는 입장을 밝 혔다. 이러한 입장표명에 따라 한국의 남장로회 계통 학교들은 폐교절 차를 밟았고 순천지역 기독교 학교들도 예외가 될 수 없었다.52)

프레스톤도 미국 테네시(Tennessee)주 네쉬빌(Nashville)에 있는 지인 들에게 보내는 1937년 11월 4일 자 편지에서 순천지역 기독교 학교들이 폐교되어가는 상황을 안타까운 심정으로 밝혔다.

> 이번 가을 우리들을 미치게 만드는 사건은 내쉬빌위원회(The Nashville Committee)의 세속교육영역을 버리겠다고 결정한 정책에 따라 우리 선교부 소속 학교들을 폐교시키고 있는 일이다. 지난 봄 에 초등학교나 고등학교 신입생을 받아들이지 않았다. 우리들이 현재 재학중인 학생들이 졸업할 때까지 학교를 경영하겠다는 의지 를 표명했지만, 폐교시키겠다는 계획은 관련된 모든 사람들에게 극 히 불만족스러운 것이다.53)

1937년 9월 총회에서 순천노회장 김상두 목사도 순천 매산남녀학교가 폐교를 보고하였다. "본 노회 안에 있는 교육기관으로 사립학교, 사숙,

---

52) G. T. Brown, *Mission to Korea*, 148~156쪽.

53) J. F. Preston, Annie S. Wiley Preston, "Letter to Friends at Naschville," Nov. 4, 1937.

야학, 유치원은 여전하게 지내는 중 특히 매산 남녀학교는 금년 봄에 사정에 의하여 신입생을 모집하지 않고 여학교는 실업부를 폐지한 고로 활기가 없이 지내는 중"이다.[54] 이는 1년 후 1938년 총회에서 노회장 오석주 목사가 보고한 내용에서도 매산학교 폐교는 다시 확인된다.[55] 매산학교의 재개교는 1945년 해방 이후에야 이루어질 것이었다.

2) 의료선교

프레스톤은 남장로교 선교과정에서 의료선교가 중요함을 강조하였다. 그에 따르면, 기독교의 복음은 "말뿐만 아니라 행동으로" 전파되어야 하고, 의료선교가 폐쇄적이고 열악한 지역에 복음을 전파하여 기독교를 선교를 하는데 중요한 역할을 했다고 확신하였다.[56]

순천의 의료선교는 순천 선교부이 설립된 1913년부터 시작되었다.[57] 의사 티몬스(Henry L. Timmons)와 간호사 그리어(Anna Lou Greer)가 작은 오두막에서 6개월 동안 진료하다가 30병상 규모의 벽돌로 지은 병원과 진료소를 세웠다. 1916년 설립된 알렉산더 병원은 3층 병원 건물, 35개의 입원실과 부속병동, 그리고 감염환자를 위한 격리병동을 지닌 최신식 병원이었다. 프레스톤은 순천선교부 지역 병원설립 자금을 모으고 건물을 짓는데 큰 기여를 했기 때문에, 의료선교에도 큰 기여를 한 셈이다.[58]

알렉산더 병원은 티몬스 초대 원장에 이어 윌슨이 잠시 자리를 맡은 뒤 1918년에 로저스(James Mclean Rogers)가 원장으로 부임하면서 일제

---

54) 김상두, 「순천노회 상황보고」, 『조선예수교장로회총회 제26회 회록』, 1937, 149쪽.
55) 오석주, 「순천노회 보고」, 『조선예수교장로회총회 제27회 회록』, 1938, 122쪽.
56) 최영근, 앞의 논문, 103; J. F. Preston, "Editorial," KMF, 17-11, November 1921, 222쪽.
57) 최영근, 위의 논문, 103쪽.
58) 이양재, 「순천지역 초기 선교역사 연구: 광양 신황리 교회를 중심으로」, 호남신학대 대학원논문, 2001, 30쪽; 순천노회사료편찬위원회편, 『순천노회사』, 순천문화인쇄사, 1992, 51쪽.

강점기에 서울의 연세세브란스 병원의 뒤를 잇는 병원으로 발전하였다. 또한 알렉산더 병원을 통해 정민기, 윤병서, 김용식 같은 실력 있는 한국인 의사들과 간호사들을 육성할 수 있었다는 점도 의의가 크다.

프레스톤은 남장로교 선교회의 한센병 치료에 선구적 역할을 하였다. 그는 한국의 남부지역에 한센병 환자들을 쉽게 발견할 수 있고 한센병 환자들에 대한 치료대책을 세워야 한다고 생각했다.[59] 남장로회 광주 선교부에서 윌슨이 한센병 치료를 위해 운영한 진료소가 광주나병원과 환우촌(the leper colony)으로 발전하였다. 그러나 광주나병원과 환우촌 의 성공으로 많은 나환자들이 몰려오자 1921년부터 남장로회는 다른 지역을 물색하게 되었다.

프레스톤은 녹스, 웅거, 윌슨 등과 함께 후보지 선택위원회를 구성하였고, 결국 1926년 10월 12일 개최된 선교회 임시회의에서 광주 한센병 환우촌을 순천선교부로 이전하기로 결정되었다. 프레스톤은 선교회의 나병원위원이면서 순천노회의 나병원부장을 맡았기 때문에 순천선교부 의 나병원건립(현 애양원)에서 중요한 역할을 하였다. 프레스톤이 작성한 "나병원부 보고"에 따르면, 병원의 건축된 호수가 24호이고, 800명의 환자를 수용하고, 예배당을 건축할 계획이었다.[60] 윌슨이 아름다운 석조 예배당을 건축하였고, 1928년에 프레스톤은 웅거가 안식년으로 미국으로 돌아가 있는 동안 한센병 환우촌 교회목사를 임시로 맡기도 하였다.

---

59) 최영근, 앞의 논문, 105쪽; J. F. Preston, "Editorial," KMF, 221~222쪽.

60) 최영근, 위의 논문, 107쪽; "Report of the Leper Hospital Committee," The Minutes of Thirty-fifth Annual Meeting, 1926, 46쪽.

V. 맺음말

존 페어맨 프레스톤은 남장로회 5대 선교부의 하나인 순천 선교부 설립과 운영을 주도한 대표적 선교사이다. 그는 순천 선교부을 중심으로 순천을 비롯한 전남동부지역 복음, 교육, 의료 선교활동에서 큰 역할을 하였다. 프레스톤은 순천의 매산학교와 매산여학교, 전남지역 성경학교, 알렉산더 병원, 그리고 여수 애양원 등의 설립과 운영에 큰 역할을 하였다.

이러한 중요성에도 불구하고 프레스톤에 대한 연구는 최영근의 연구를 제외하면 거의 이루어지지 않았다. 순천선교부에 대한 연구자체가 활성화되지 않고, 프레스톤에 대한 자료가 제대로 정리되어 있지 않아서 프레스톤에 대한 관심과 연구도 적었던 것으로 생각된다. 최영근이 프레스톤의 활동 전반을 다루었다면, 이 글은 순천선교부에 집중해서 프레스톤의 활동을 다루었다.

프레스톤은 다른 남장로교 선교사들에 비해 몇 가지 면에서 다르다. 첫째, 프레스톤은 미국 남장로회계열 신학교가 아닌 프린스턴신학교를 다녀서 신앙과 선교활동의 폭이 넓을 수 있었다. 둘째, 한국에 선교사로 오기 전에 미국 남장로회 해외선교실행위원회 활동을 경험하여 한국선교과정에서 상호신뢰와 협조관계에 기반한 네비우스 선교원칙을 지속적으로 견지하는 데 도움이 되었다. 셋째, 프레스톤은 특정분야에 집중하는 일반선교사들과 다르게 순천 선교부 전반을 운영하는 총괄적인 능력을 보였다. 그는 순천 선교부를 설계하고, 건설하고, 운영하는 과정에서 재정조달 및 조직운영, 건물설계, 복음선교, 교육선교, 의료선교 등 다방면에 걸쳐서 잘 운영하였다. 따라서 프레스톤에 대한 연구와 평가는 부분적인 평가에 근거해서가 아니라 전반적인 활동에 대한 총체적인 정리에 근거해서 진행될 필요가 있다.

〈참고문헌〉

강성호, 「미국 남장로회의 호남선교: 연구동향을 중심으로」, 『한국기독교와 역사』 49호, 2018.9.

강성호, 「미국 남장로회 한국선교부의 순천 스테이션 설치와 운영」, 『남도문화연구』 37호, 2019.8.

김승태, 「장로교회 전남순천노회의 수난사건」, 『식민권력과 종교』, 한국기독교역사연구소, 2012.

송현강, 「순천의 개척자 로버트 코잇(Robert T. Coit)의 한국선교활동」, 『한국기독교와 역사』 44, 2016.3.

송현숙, 「호남지방 기독교 선교기지 형성과 확산에 관한 연구」, 『한국기독교와 역사』 19, 2003.8.

순천노회, 『순천노회 회의록』 1~6집, 1986.

순천노회사료편찬위원회편, 『순천노회사』, 순천문화인쇄사, 1992.

순천대학교 인문학술원편, 『전남동부 기독교 선교와 한국사회』, 선인, 2019.

순천대학교 인문학술원편, 『전남동부 기독교 기관과 지역사회』, 선인, 2021.

윤정란, 「전남 순천지역 기독교의 수용과 확산」, 『숭실사학』 26, 2011.6.

이덕주, 「일제 강점기 순천 선교부와 지역사회」, 『전남동부 기독교 선교와 한국사회』, 선인, 2019.

임희모, 「미국남장로교 한국선교회의 순천선교부 개설배경연구-1892년-1912년을 중심으로」, 『장신논단』 53권 1호, 2021.3.

『朝鮮耶蘇敎長老會年鑑』, 조선예수교장로회총회, 1940.

주명준, 「순천노회 박해사건의 역사적 의의」, 『전주사학』 3, 1994.

차종순, 「미국 남장로 교회의 호남지방 선교활동」, 『기독교 사상연구』 5, 1988.1.

최영근, 「남장로교 선교사 존 페어멘 프레스톤(John Faiman Preston, Sr.)의 전남지역 선교에 관한 연구」, 『장신논단』 48-1, 2016.3.

한규무, 「미국 남장로회 순천스테이션의 교육선교와 매산 남녀학교」, 『남도문화연구』 15, 2008.12.

한규무, 「미국 남장로교 한국선교부의 전남지역 의료선교, 1898-1940」, 『남도문화연구』 20, 2011.6.

Coit, R. T., "A New Station in Korea," *The Misssionary*, September, 1910.

Coit, R. T., "The Building of Soonchun Station," *The Missionary Survey*, February, 1913.

Coit, R. T., "Soonchun, Our Newest and Last Mission Station in Korea," *The Missionary Survey*, January, 1917.

Crane, J.C., "The Evangelistic Work of Soonchun Station", *KMF*, Jul. 1936.

Crane, J.C., "The Boy's School and Industrial Work", *KMF*, Jul. 1936.

Pratt, Charles H. "Sunday Schools in Soonchun Station", *KMF*, Aug. 1915.

Preston, J. F. "A New Mission Center," *The Missionary*, April, 1905.

Preston, J. F. "Korea, A New Mission Center," *The Missionary*, April, 1905.

Preston, J. F. "The Awakening of Mokpo," *The Missionary*, January, 1906.

Preston, J. F. "Mokpo, Korea, Items.," *The Missionary*, June, 1908.

Preston, J. F. "Rev. Clement Carrington Owen, M.D." *The Missionary*, Aug. 1909.

Preston, J. F. "The Extension Sunday School", *KMF*, Jun. 1919.

Preston, J. F. "Introduction", *KMF*, Jul. 1936.

Preston, J. F. & Annie S. Wiley Preston, "Letter to Friends at Naschville," Nov. 4, 1937.

Swineheat M. L. and Preston J. F., "Open Letter from the Korean Misssion to be General Assembly of the Southern Presbyterian Church," *The Presbyterian Survery*, March 1928.

순천의 개척자
: 로버트 코잇(Robert T. Coit)의 한국 선교활동*

송현강

I. 머리말

로버트 코잇(Robert Thornwell Coit: 고라복, 1878~1932)은 1909년에 내한하여 1929년까지 20년 동안 주로 순천에서 활동한 미국 남장로교(the Presbyterian Church in the United States; PCUS) 선교사이다. 그의 내한 직후인 1909년 4월 초순 전남 남부지역을 광범위하게 순회하던 선임 선교사 클레멘트 오웬(Clement C. Owen, 오기원)이 격무로 급서하자 전남 동부 지역을 안정적으로 관리할 새로운 스테이션 설치 논의가 시작되었고, 결국 프레스톤(John F. Preston, 변요한)과 함께 코잇이 순천의 개척자로 지명되었다.

---

* 한국기독교역사학회에서 발간하는 학술지 『한국기독교와 역사』 44(2016)에 실린 「순천의 개척자 로버트 코잇(Robert T. Coit)의 한국 선교 활동」을 수정, 보완한 글이다.

코잇은 그 때부터 순천과 인연을 맺어 14.5만㎡ 면적의 부지 매입부터, 사택·학교·병원의 건축과 주변 조경에 이르는 선교 구내 조성 공사 전 과정을 책임졌다. 또 코잇은 순천 부임 이전부터 오웬의 사역을 계승하여 전남 동남부 지역을 폭넓게 순회하였을 뿐만 아니라 순천 정착 이후에는 특별히 인구 15만의 구례와 광양군을 맡아 30여 개의 교회를 설립·담당하였다. 그가 구사했던 쪽복음 배포와 장막전도 그리고 교회부설초등학교 운영은 남장로교가 주력했던 선교 방법이었다. 그는 남장로교의 선교 정신을 선교 현장에 적절히 구현한 선교사로 평가받는다. 또 1913년 순천 이주 직후에 발생한 그의 어린 두 자녀의 사망은 그 안타까움으로 인해 오랫동안 인구에 회자되었다. 지금 그들은 광주 양림동 선교사 묘지에 묻혀 있다.

지난 2000년 이후 내한선교사 관련 연구는 계속해서 그 넓이를 더해 왔다. 남장로교의 경우만 살펴보더라도 그동안 윌리엄 레이놀즈(William D. Reynolds, 이눌서)에 관한 일련의 연구가 있었고,[1] 전주스테이션의 초기 선교사들인 루이스 테이트(Lewis B. Tate, 최의덕)·윌리엄 해리슨(William B. Harrison, 하위렴)·루터 맥커첸(Luther O. McCutchen, 마로덕)[2]과 그 외에 엘리자베스 쉐핑(Elizabeth J. Shepping, 서서평),[3] 윌리엄 클라크(William M. Clark, 강운림),[4] 윌리엄 린튼(William A. Linton, 인

1) 류대영, 「윌리엄 레이놀즈의 남장로교 배경과 성경번역 사업」, 『한국기독교와 역사』 33, 한국기독교역사연구소, 2010; 송현강, 「레이놀즈의 목회사역」, 『한국기독교와 역사』 33, 한국기독교역사연구소, 2010; 천사무엘, 「레이놀즈의 신학: 칼뱅주의와 성서관을 중심으로」, 『한국기독교와 역사』 33, 한국기독교역사연구소, 2010.
2) 류대영, 「미국 남장로교 선교사 테이트(L. B. Tate) 가족의 한국 선교」, 『한국기독교와 역사』 37, 한국기독교역사연구소, 2012; 송현강, 「윌리엄 해리슨(W. B. Harrison)의 한국 선교」, 『한국기독교와 역사』 37, 한국기독교역사연구소, 2012; 이진구, 「미국 남장로회 선교사 루터 맥커첸(L. O. McCutchen)의 한국 선교」, 『한국기독교와 역사』 37, 한국기독교역사연구소, 2012.
3) 최영근, 「미국 남장로교 여선교사 엘리자베스 쉐핑(Elizabeth J. Shepping)의 통전적 선교 연구」, 『한국기독교신학논총』 82, 2012.

돈)5)에 대한 논문들이 잇달아 발표되었다. 이로 인해 남장로교 선교사들에 대한 우리의 이해가 한층 깊어졌음은 물론이다. 하지만 기존의 연구는 시기적으로 볼 때 비교적 내한 초기에, 또 이미 지명도를 갖고 있던 이들에게 집중되어 있음을 볼 수 있다. 또 남장로교 선교사 총수가 400명 이상임을 고려할 때 좀 더 많은 이들이 연구 대상에 포함되어야 할 것으로 생각된다. 예를 들어 선교 기간이 20년 이상 된 선교사들은 우선적으로 조사가 이루어져야 할 것이다. 이 논문의 주제인 로버트 코잇 역시 장기간 한국 선교에 임했으나 이제까지 학계의 주목을 받지 못했다.

물론 코잇의 선교 사역은 이제까지 호남교회사 연구자들에 의해 어느 정도의 언급은 있었지만 그의 선교 생애 전체를 다룬 글은 발견되지 않는다.6) 본 논문은 남장로교 선교 관련 자료들을 활용하여 순천의 개척자 로버트 코잇의 선교 생애를 복원하려는데 목적이 있다. 그는 지성적인 선교사로서 남장로교 선교본부(Executive Committee of Foreign Missions; PCUS)에서 발행했던 선교잡지(*The Missionary* 등)에 다수의 글을 남겼다. 본고를 통해 남장로교의 한국 선교에 대한 우리의 이해의 폭이 좀 더 확장되기를 기대한다.

4) 송현강, 「윌리엄 클라크의 호남 선교와 문서 사역」, 『한국기독교와 역사』 39, 한국 기독교역사연구소, 2013.

5) 최영근, 「미국 남장로교 선교사 인돈(William A. Linton)의 교육선교」, 『한국교회사학회지』 37, 2015.

6) 조지 톰슨 브라운, 천사무엘·김균태·오승재 역, 『한국 선교 이야기(Mission to Korea)』, 동연, 2010; 이양재, 「순천지역 초기 선교역사 연구: 광양 신황리교회를 중심으로」, 호남신학대학교 대학원 석사학위 논문, 2001.

II. 로버트 코잇의 출신과 배경

미국 남장로교 한국 선교사 로버트 코잇은 1878년 12월 21일 노스캐롤라이나 주 샬럿(Charlotte)에서 태어났다. 부친(Dovey Knox Coit)은 장남 코잇을 비롯하여 네 아이를 남긴 채 일찍 사망하였고, 그래서 모친(Julius Thornwell)의 돌봄 가운데 성장할 수 있었다. 스코틀랜드 장로교 계통 가문 출신인 어머니는 아이들을 신실한 인품의 사람들로 키우려고 애를 썼다고 한다. 나중에 코잇이 장성하여서 서른을 넘긴 나이인 1909년 한국으로 가기 위해 어머니의 배웅을 받으며 기차에 막 오르려고 했을 때 그녀는 코잇이 어렸을 때부터 그를 해외선교사로 바치겠다고 줄곧 서원(誓願)해왔던 사실을 처음 털어놓았다는 일화가 전해진다.[7] 남편 없는 여성의 몸으로 4명의 아이들을 교회와 지역사회의 중추적인 인물들로 양육시킨 배경에는 그녀의 오빠(John Marshall Knox)의 경제적 지원이 있었다. 코잇이 가족과 함께 출생지 샬럿을 떠나 학창 시절을 인근 솔즈베리(Salisbury)에서 보낸 것도 바로 그런 이유에서다.

코잇은 1898년 데이비슨대학(Davidson College)에 들어가 1902년까지 4년 간 공부했다. 1837년 미국장로교회의 콩코드노회와 베델노회(Concord and Bethel Presbyteries)에 의해 목회자 양성을 위해 설립된 이 대학은, 미국 독립혁명 당시 저명한 장군이었던 윌리엄 리 데이비슨(William Lee Davidson)의 아들이 유산으로 받은 약 1.9㎢의 부지를 기증함으로 그 기반을 확보할 수 있었다. 학교 명칭 '데이비슨'은 바로 이런 사연에서 비롯된다.[8]

그 후 1864년 미국 장로교회가 남북으로 나뉘면서 데이비슨대학은 버

---

7) Rev. Donald W. Richardson, D. D., "In Memorium Robert Thornwell Coit, D. D.," *The Presbyterian Survey*, 1932, p.757.
8) 데이비슨대학 홈페이지. "Traditions," http://www.davidson.edu.

지니아의 햄든 - 시드니대학(Hampden - Sydney College, 1775년 설립) 등 4개 대학과 함께 남장로교 소속이 되었다. 교회와 사회에 책임을 지는 지적인 기독교인을 중시하는 전통을 갖고 있던 남장로교는 분열 이후에도 고등교육에 힘을 쏟아 모두 25개의 대학을 운영하였다. 그 중에서도 데이비슨은 남장로교의 기독교 고등교육을 대표하는 대학으로 미국 28대 대통령 우드로 윌슨(Woodrow Wilson)과 1960년대 케네디와 존슨 행정부에서 8년 동안 국무장관을 역임한 딘 러스크(Dean Rusk) 등을 배출했을 뿐만 아니라 지금도 미국 유수의 학부대학으로 잘 알려져 있다.[9] 남장로교 한국 선교사들 가운데는 데이비슨 출신이 30명으로 가장 많다.[10] 전주에서 활동한 루터 맥커첸(Luther O. McCutchen, 마로덕), 숭실대학 수학 교수 윌리엄 파커(William P. Parker, 박원림), 전주예수병원의 폴 크레인(Paul S. Crane, 구바울), 호남신학교의 조지 브라운(George T. Brown, 부명광) 등이 그들이다. 데이비슨대학은 졸업생 코잇의 한국 선교를 인정하여 1929년 그에게 신학박사(Doctor of Divinity) 학위를 수여하였다.

데이비슨 재학 중 코잇은 학생회 임원을 맡았고, 방학 중에는 노스캐롤라이나의 애시(Ashe County)에서 국내 선교 사역을 하는 한편 지역 학생자원운동(Student Volunteer Movement: SVM)의 지도자로 활약했다. 당시 대개의 해외선교 지원자들이 그렇듯 코잇 역시 SVM과 접촉하면서 그런 꿈을 가졌던 것으로 보인다. 평균 이상의 성적으로 대학을 졸업한 코잇은 1902년부터 1년 동안 조지아주 애틀랜타 YMCA의 대학부 간사를

---

9) "Davidson College," http://www.northcarolinahistory.org.
10) 그 다음으로 아스네스 스캇(Agnes Scott) 14명, 햄든 - 시드니 13명, 남서장로교대학 (Southwestern Presbyterian University) 10명의 순이다. "Biographical Information," *Annual Reports of Presbyterian Church U. S. in Korea Missionary* 1-1, 1-2, 한국교회사 문헌연구원, 1993.

거쳐 1903년부터는 다시 테네시주 YMCA의 학생부 간사로 사역했다. 그리고 1904년부터 2년 동안 루이빌신학교(Louisville Theological Seminary)에서 공부했다. 이 신학교는 버지니아의 유니온(Union Theological Seminary in Virginia), 사우스캐롤라이나의 컬럼비아(Colombia), 텍사스의 오스틴(Austin)과 아울러 남장로교의 4대 신학교 가운데 하나였다. 전남 선교를 개척한 유진 벨(Eugene Bell, 배유지)이 바로 루이빌 출신이다. 루이빌의 학풍 역시 여타의 경우처럼 남북전쟁 이후 보수적인 남장로교의 신학적 흐름을 견지하고 있었다. 코잇은 신학교 재학 중 방학을 이용해 시카고 대학에서도 신학 공부를 병행했다.[11]

1907년 6월 6일 남장로교의 맥클렌버그 노회(Mecklenberg Presbytery)에서 목사 안수를 받은 그는 즉시 선교본부에 파송을 신청하여 한 달 후인 7월 2일 해외선교사로 임명되었다. 한국 선교를 준비하며 그는 1907년 가을부터 고향 노스캐롤라니아 샬럿의 제2장로교회 담임목사 마틴 하딘(Dr. Martin D. Hardin)의 목회를 지원하였다. 또 이듬해에는 남장로교 해외선교본부의 '전진운동'(Forward Movement)에 참여하기도 했다.[12]

코잇은 1908년 9월 1일 미시시피대학(University of Mississippi) 음악과에서 성악을 전공한 세실 우즈(Cecile McCraw Woods)와 미시시피 주 메리디언(Meridian)의 제일장로교회당에서 결혼식을 올렸다. 거기는 신부의 모교회(母敎會)이기도 하였다. 그녀는 나중에 전공을 살려 순천읍교회의 성가대 지휘자로 봉사하기도 했다. 그런데 선교비의 일시적인 부족으로 코잇 부부의 출발은 다소 지연되었다. 그래서 당초 계획보다 6개월 늦은 1909년 2월 14일 샌프란시스코 항에서 '몽골리아'(Mongolia)호를

---

11) Rev. Donald W. Richardson, D. D., "In Memorium Robert Thornwell Coit, D. D.," p.757.
12) 위의 글, p.757.

타고 한 달 간 항행한 끝에 3월 16일 목포에 도착할 수 있었다.[13)]

III. 광주에서: 순천 지역 순회 사역 및 스테이션 조성(1909~1912)

목포를 거쳐 최종 목적지 광주스테이션에 여장을 푼 코잇에게 곧바로 충격적인 일이 벌어졌다. 1909년 3월 18일 광주를 떠나 127㎞ 거리의 장흥 구역을 순회하던 선임 선교사 오웬이 3월 27일 급성폐렴에 걸려 3월 31일 광주로 후송되었으나 병세가 더욱 악화되어 4월 3일 사망하였던 것이다.[14)] 3월 16일 목포에 도착한 코잇이, 18일 장흥으로 떠나는 생전의 오웬을 만났는지는 불확실하지만 광주스테이션 구내에서 생사를 오가는 오웬의 모습을 코잇이 지켜보았을 것은 분명하다. 그리고 이 사건은 코잇의 선교 생애에 중대한 영향을 미쳤다. 왜냐하면 오웬 사망의 원인이 바로 광주에서 너무 먼 거리를 순회하다가 빚어진 일이었으므로 선교부는 이 일을 계기로 1909년 7월 열린 연례회의에서 전남 동부 지역을 담당할 새로운 스테이션을 설치하기로 하였고,[15)] 코잇은 바로 프레스톤과 함께 그 순천스테이션의 건설과 조성을 담당한 개척자였으며, 그 후 17년 동안 그곳에 상주하면서 선교 사역을 담당했기 때문이다. 한마디로 순천은 그의 '모든 것'이었다.[16)]

당시 광주 선교 상황을 살펴보면, 코잇의 부임 전까지 이 영역은 벨과 오웬이 구역을 절반씩 나누어 순회 사역하였다. 그들은 1905년 광주 양

---

13) Biographical Information-Coit.

14) 조지 톰슨 브라운, 천사무엘 · 김균태 · 오승재 역, 앞의 책, 94~95쪽.

15) Rev. R. T. Coit, "The Progress and Call of Korea," The Missionary, 1909, p.499.

16) Rev. Donald W. Richardson, D. D., "In Memorium Robert Thornwell Coit, D. D.," p.757.

림동 언덕에 스테이션을 설치한 후 구내에 교회와 학교 그리고 병원을 순차적으로 설립하는 한편 오웬으로 하여금 남평 · 화순 · 능주 · 동복 · 장흥 · 보성 · 낙안 · 흥양 · 돌산 · 여수 · 순천 · 곡성 · 광양 등 남부 구역을 맡아 선교하도록 했고, 벨은 나주 · 영광 · 무장 · 고창 · 장성 · 담양 · 순창 · 옥과 · 장평 · 구례 등을 담당하였다.[17] 하지만 오웬이 사망하면서 1909년 가을부터 목포의 프레스톤이 광주로 이동하여 오웬의 구역을 인계받았다. 약 1년 6개월간의 한국어 학습을 마친 코잇이 1910년 하반기부터 현장 선교사로 본격적인 활동을 시작하였을 때 배정된 지역은 이전 오웬이 담당했던 곳들을 대체적으로 계승하고 있었다.[18]

코잇은 1913년 봄 순천으로 이주하기 전까지 광주 선교 구내에 머물면서 그 스테이션이 주도했던 여러 사역들을 몇 차례에 걸쳐 소개하였다. 1909년 8월 말 광주에서는 열흘간 스테이션 사경회(Bible Training Class)가 열렸다. 참가자는 지역에 산재한 개별 신앙공동체의 리더 1명씩 150명이었고, 프레스톤과 전주의 조사 최중진이 진행의 책임을 맡았다.[19] 즉 당시 광주스테이션은 모두 150개의 그룹을 관리하고 있었던 것이다.[19] 또 1908년 내한하여 목포 영흥학교를 담당하고 있던 윌리엄 베너블(William A. Venable, 위위렴)이 찬송에 대해 특강하는 시간도 있었다.[20] 광주교회의 회중은 그 6개월 동안(1909.3~1909.8) 거의 두 배 이상 그 수가 증가하였고, 근처 마을에 지교회 하나가 시작되어 예배당을 건축하고 있었다. 광주교회 역시 교회당 증축을 위해 모은 헌금이 150불에 달했는데, 그때 광주 지역 노동자들의 일당이 10~30센트 정도에 불과했

---

17) Minutes of Seventeenth Annual Meeting of the Southern Presbyterian Mission in Korea (이하 Minutes), 1908, pp.35-36.
18) Minutes, 1910, p.22.
19) Rev. R. T. Coit, "A New Station in Korea," The Missionary, 1910, p.468.
20) Rev. R. T. Coit, "The Kwangju Field," The Missionary, 1909, p.603.

으므로 그 액수는 광주의 교인들에게 큰돈이었다.[21]

코잇이 내한하여 광주에서 사역하는 4년 동안 그 스테이션은 선교 구내 조성을 위한 다양한 건설 공사를 진행하고 있었다. 그리고 그 경험은 몇 년 후에 코잇이 순천스테이션 조성을 주도하는데 있어서 큰 도움이 되었을 것이다. 코잇이 도착하던 해에 광주스테이션은 3개의 우물 공사와 의료 선교사 윌슨(Robert M. Wilson, 우일선)의 사택 건축이 완료되었고, 새로운 병원을 위해 부지를 마련한 상태였다.[22] 1912년에는 독신여선교사 사택과 광주여학교 건물이 동시에 세워졌고, 그래함병원(Ellen Levina Graham Hospital, 광주제중원)도 연말에 완공되었다. 당시 스테이션 건설 공사는 윌슨의 책임 아래 진행되었다.[23]

1909년 여름의 선교부 연례회의에서 한국어 학습과 전도사역 지원을 첫 임무로 부여받은 코잇은 그 해 9월 처음으로 벨과 지역 순회에 나섰다. 일종의 견습 기간인 셈인데 코잇은 길거리를 지키고 있던 일본 군인들과 서양 선교사는 모두 의사인줄 알고 코잇 일행을 쫓아와 자신의 부인을 살려달라고 애원하는 한 노인의 애처로운 이야기 그리고 논두렁에서 식사 중인 농민들이 함께 먹자며 손짓하는 모습을 담담하게 스케치하여 선교잡지에 기고하기도 했다.[24]

그런데 신임 선교사 코잇은 그에 더하여 새로운 선교 업무를 하나 더 맡게 된다. 바로 '쪽복음 전도'였다. 백만명구령운동은 1909년 10월 선교부연합공의회의 결의로 시작되는데,[25] 그 운동의 남장로교 담당자가 바로 코잇이었다. 그는 내한 전 미국에서 국내 선교 사역을 경험하면서 문

21) Rev. R. T. Coit, 위의 글, p.604.

22) Rev. R. T. Coit, 위의 글, p.604.

23) Rev. R. T. Coit, "Good News from Kwangju," The Missionary, 1912, p.789.

24) Rev. R. T. Coit, "Country Expieriences," The Missionary, 1910, p.618.

25) 이덕주, 『한국 교회 처음 이야기』, 홍성사, 2006, 243쪽.

서 전도의 중요성을 익히 알고 있었기에 큰 관심을 갖고 이 운동에 참여하였다. 여기서 코잇은 미국의 정유사인 스탠더드오일(Standard Oil Co.)의 마케팅에 주목하였다. 즉 스탠더드오일의 기름이 한국인들의 조명용 호롱불 열풍을 타고 전국의 거의 모든 마을과 시장에서 거래되듯이 이 나라의 모든 가정에 복음이 들어가야 한다는 것이다. 그래서 코잇은 우선 1년 동안 3개 군(郡)을 대상으로 한 실험적인 쪽복음 전도 사업을 전개하였다. 먼저 전도할 수 있는 한국인을 뽑아 그들이 마을에서 마을로, 가정에서 가정으로 다니며 쪽복음과 낱장 전도지를 배포한 후 시간이 좀 지난 후 다시 그들을 방문하여 가장 가까운 교회로 초청한 후 좀 더 진전된 기독교의 복음을 전하는 방식으로 진행하였다.[26] 또 이 운동을 겨냥하여 성서공회(Bible Society)가 0.5센트의 가격으로 50만부의 쪽복음 보급판을 저렴하게 공급한 것도 도움이 되었다. 코잇은 그 해에 쪽복음과 전도지 매입을 위한 기금 마련과 전도인 교육에 힘썼고, 특별히 전담 한국인 조사를 두어 그가 실질적으로 사업을 진행할 수 있도록 지원하였다.[27] 그리고 이때부터 그는 문서 선교에 지속적인 관심을 갖고 권서들(colporteurs)과 함께 협력 사역하였다. 또 코잇은 '예수교서회'(Christian Literature Society)의 평생회원이기도 했다.[28]

1910년 초여름 선교부 연례회의를 앞두고 코잇은 프레스톤과 함께 두 주 간에 걸쳐 전남 동부 지역 일대를 돌아보았다. 그때까지는 아직 새로운 스테이션의 입지가 정해지지 않은 상태에 있었다. 그 답사를 통해 프레스톤과 코잇은 스테이션의 최적지로 순천을 지목했다. 순천은 광주에서 100km나 떨어져 있고 그 사이에는 산악지대가 있어 단순 접근이 불가능한 곳이라는 점, 그리고 순천에는 중심적인 역할을 수행할 수 있는

---

26) Rev. R. T. Coit, "The Gospel in Every Home," The Missionary, 1910, p.28.

27) Rev. R. T. Coit, "The Word in Every Korean Home," The Missionary, 1910, p.77.

28) Rev. Donald W. Richardson, D. D., 앞의 글, p.757.

교회가 이미 조직되어 있으며 그 교회를 포함 모두 22개의 교회와 225명의 세례교인(광주스테이션 개설 당시의 두 배 규모)이 선교사들의 사역과 관리를 기다리고 있다는 점이 주된 이유였다. 당시 전남 남부 구역을 담당하고 있던 프레스톤은 전임자 오웬이 그러했던 것처럼 장거리 순회 활동으로 인해 몹시 지쳐있는 상태였다. 의료선교사 윌슨은 프레스톤에게 휴식할 것을 강력하게 권고했다. 코잇은 오웬의 예를 들면서 새로운 스테이션 설치만이 해법이라는 것을 선교부에 역설했다.29) 순천은 그렇게 해서 남장로교의 다섯 번째 선교거점이 될 수 있었다.

1910년 여름의 연례회의에서 코잇은 본격적인 현장 선교사로서 다양한 임무를 부여받았다. 먼저 안식년으로 귀국하는 프레스톤을 이어서 전남 남부 구역을 순회 사역하게 되었고, 선교부의 회계로서 장부 관리와 은행 입출금 업무, 선교비 모금을 위해 본국에 수십 통의 편지를 써야 했다. 또 광주 선교 구내의 서점 운영과 스테이션의 회계 업무도 맡았다. 그에게는 모두 8명의 권서(3명의 전도부인 포함)와 4명의 조사가 배정되었다.30)

당시 코잇의 선교 영역은 광주에서 반경 160㎞ 이내의 거리에 있는 57개의 공동체가 그 대상이었다. 그곳들을 모두 방문한다면 말을 타고 서른 개의 산을 넘어 965㎞를 다녀야 했다. 1911년 가을에서 1912년 여름까지의 12개월 동안 코잇은 매달 20일씩 자신의 담당 구역을 순회하며 모두 560명에게 세례를 주었다.31)

지역적인 범위가 넓고 목회 대상 인원이 많았으므로 코잇은 학습·세례문답 중심의 공동체 순회 활동 외에 크게 두 가지 사역에 초점을 맞추었다. 첫째는 조사를 비롯한 한국인 교회 지도자들을 교육하는 일이었

---

29) Rev. R. T. Coit, "A New Station in Korea," The Missionary, 1910, p.468.
30) Rev. R. T. Coit, "The Work in the Kwangju Field," The Missionary, 1911, p.116.
31) Rev. R. T. Coit, "Good News from Kwangju," The Missionary, 1912, p.790.

다. 그들은 열정은 있었지만 공부할 수 있는 경로는 막혀 있었다. 그래서 코잇은 기존의 사경회를 적극적으로 활용했다. 그는 매년 2월 초에 열흘간 열렸던 스테이션 사경회(중사경회)의 참가 범위를 확대하여 기존의 150명에서 500명으로 그 수를 늘렸다. 그리고 자신의 구역에서 지역교회 차원의 사경회(소사경회)를 연 1회 이상 개최하기로 원칙을 정하였다.32) 둘째는 역시 쪽복음 및 낱장 전도지의 광범위한 배포였다. 코잇의 최종 목표는 자신의 영역 모든 가정에 그것들을 투입하는 것이었다. 그래서 5명의 권서와 3명의 전도부인으로 하여금 모든 시간을 투자하고 다양한 방법을 총동원하여 전도에 매진하도록 독려하였다.33)

1912년 여름 유진 벨이 안식년으로 귀국하면서 이번에는 광주교회와 장성 지역 30개의 공동체를 더 맡게 되었다.34) 그곳들은 대부분 50㎞ 밖에 산재해 있었는데, 지난 1년 동안 세례 받은 수는 195명에 달했다. 또 광주교회에서도 60명 이상의 수세자가 발생했다.35) 광주교회는 1912년 봄 두 배 이상의 용적으로 증축공사를 완료했지만 최흥종의 장로 안수가 있던 가을에는 다시 예배당 좌석의 부족을 걱정해야만 했다.36) 당시 코잇이 목회한 교회들을 개별적으로 모두 알기는 어려우나 『조선예수교장로회사기』를 통해 그 일단을 확인할 수 있다.

순천스테이션 부지는 1910년에 집중적인 매입이 이루어진 것 같다. 코잇 그리고 프레스톤을 비롯한 선교사들은 땅값 상승을 고려하여 사냥꾼의 복장으로 토지를 물색했다고 한다. 또 그 사실을 함구하여 많은 수의 소규모 땅주인들은 매입의 주체가 누구인지를 몰랐다는 얘기가 전해

32) Rev. R. T. Coit, "The Work in the Kwangju Field," p.117.

33) Rev. R. T. Coit, "Good News from Kwangju," p.790.

34) Minutes, 1912, p.27.

35) Rev. R. T. Coit, "A Note of Cheer from Korea," The Missionary, 1912, p.908.

36) Rev. R. T. Coit, "The Building of Soonchun Station," The Missionary, 1913, p.266.

<표 1> 코잇 담임 교회

교회 이름	설립 년도	코잇의 목회	처음 방문 선교사
순천군 평촌교회	1906	오웬의 후임자로 시무	오웬
화순군 대포리교회	1907	프레스톤의 후임자로 시무	프레스톤
보성군 운림리교회	1907	설립된 이후 시무	-
순천군 용당교회	1907	재건된 후 시무	-
구례군 구례읍교회	1908	유진 벨 후임 시무	유진 벨
광양군 백남리교회	1909	설립된 이후 시무	코잇
광양군 섬거리교회	1909	설립된 이후 시무	코잇
순천군 구상리교회	1909	설립된 이후 시무	코잇
보성군 대치리교회	1910	설립 및 시무	코잇
구례군 대유리교회	1910	설립 및 시무	코잇
순천군 압곡리교회	1912	설립 및 시무	코잇

출처: 차재명 편, 『조선예수교장로회사기』, 조선기독교창문사, 1928; 한국교회사학회 편,
『조선예수교장로회사기 하권』, 연세대학교 출판부, 1968, 쪽수 생략.

진다.[37] 그렇게 해서 선교부가 확보한 순천 매산등(매산 언덕)의 땅은
모두 14.5km²로 비용은 2,000불이 소요되었다. 코잇은 그 후 2년 새 땅값
이 세 배나 뛰어 올라 6,000불을 주어도 구하지 못할 것이라고 했다.
1911년 말에는 진입을 위한 도로 공사가 일단 시작되었다.[38]

문제는 바로 그 구내에 들어설 사택·학교·병원 건물에 대한 막대한 건
축 비용이었다. 안식년을 맞아 1911년 1월 5일 일본 코베를 떠나 도미
(渡美)했던 프레스톤은 이듬해 9월 20일 귀환할 때까지 순천스테이션 건
립 비용 마련을 위해 동분서주했다. 그리고 프레스톤은 전주에서 선교

---

37) Rev. R. T. Coit, "The Building of Soonchun Station," pp.265~266.
38) Rev. R. T. Coit, "Opening of Soonchun, Korea," p.378.

하다 순직한 전킨(William M. Junkin, 전위렴)의 처남이자 노스캐롤라이나주 더럼제일장로교회(the First Presbyterian Church in Durham)의 담임목사였던 레이번(E. R. Leyburn)을 통해 그 교회 장로였던 조지 와츠(George Watts)에게 거액의 후원 약속을 받아낼 수 있었다. 그는 새로운 스테이션을 위해 매년 13,000불씩 보내주겠다는 전보를 보냈는데, 이는 선교부 역사상 가장 큰 규모의 기부금이었다. 이로써 순천스테이션은 단기간에 건설비를 집중 투자하여 일괄 시공 방식으로 조성된 거의 유일한 선교 거점이 될 수 있었다.[39]

순천 선교 구내는 읍성 바로 옆 언덕의 경사진 언덕에 자리하고 있었다. 읍내가 잘 내려다 보이는 곳에 위치해 있어 스테이션으로서는 최적지였다. 코잇은 "원래 스테이션을 위해 예비 되었던 장소"라면서 만족감을 드러냈다.[40] 언덕을 가로 지르는 세 개의 시내와 그 뒤에 다시 두 개의 샘이 있어 용수가 풍부했다. 그래서 파이프를 연결해 수도꼭지로 물을 마실 수 있었다. 1912년 봄 코잇은 우선 구내에 1,500그루의 나무를 심었다. 2월의 급성맹장수술로 몸의 상태가 좋지 않았지만 어느 정도 회복이 되자 곧 조경 공사에 매달렸다. 이어서 건축 자재 확보에 나섰다. 매산 언덕의 뒷산에는 다행히 양질의 화강암이 풍부하게 분포하고 있어 그것을 캐서 건축 자재로 사용하기로 하였다. 코잇은 봄부터 여름까지 한국인·일본인·중국인 일꾼들을 동원하여 화강암을 채석하고, 기와를 굽고, 길을 놓는 작업을 지휘하였다. 이 과정에서 선교부의 회계 및 시설·관리 담당자로 건축 전문가였던 스와인하트(Martine L. Swinehart, 서로득)의 도움을 많이 받았다.[41]

스테이션 구내의 건물 신축 공사는 1912년 8월부터 본격적으로 진행

39) 조지 톰슨 브라운, 천사무엘·김균태·오승재 역, 앞의 책, 135쪽.
40) Rev. R. T. Coit, "The Building of Soonchun Station," p.265.
41) Rev. R. T. Coit, "A Note of Cheer from Korea," p.909.

되었다. 먼저 뒷산에서 채석된 화강암을 알맞게 잘라 한국인 인부들이 선교 구내의 운동장으로 등짐 져 날라 오면 중국 석공들이 그 돌과 벽돌을 이용해 건물을 지었다. 그리고 지붕은 직접 가마에서 구워낸 기와로 마감했다. 다른 한 팀은 50㎞ 밖에서 50~200파운드 무게의 석회 자루를 한 짐씩 지어 운반했고, 또 다른 한 팀은 5㎞ 떨어진 포구에 부려진 미국산(미국에서 보낸) 자재들을 실어 왔다. 화강암 1피트 당 원가는 12센트였고, 일꾼들에게는 일당 35센트가 지급되었다.[42] 그렇게 해서 1913년 4월 무렵에는 4채의 선교사 사택과 병원·시약소(dispensary) 건물 1동, 남학교와 여학교 그리고 사경회를 위한 작은 기숙사가 일괄 완공되었고, 스테이션의 입구에는 400석 규모의 순천읍교회 예배당이 들어섰다.[43]

순천 선교 구내 신축 공사가 한창이던 1912년 9월 20일 목포에 13명의 신임 선교사가 도착했다. 조지 와츠의 후원으로 충원된 선교 인력들이었다. 프레스톤은 안식년 기간 동안 매우 효과적인 기금 모금과 인원 선발 업무를 수행하여 순천스테이션이 출범하는데 결정적인 기여를 하였다. 그는 매리 닷슨(Mary Dodson, 도마리아), 에버솔 부부(Mr. and Mrs. Finley M. Eversole, 여부솔), 린튼(William A. Linton, 인돈), 존 매커첸(John McEachern, 매요한), 힐 부부(Mr. and Mrs. Pierre B. Hill, 길변하), 래스롭(Lillie O. Lathrop, 라두리), 리딩햄 부부(Mr. and Mrs. Roy S. Leadingham, 한삼열), 티몬스 부부(Mr. and Mrs. Henry R. Timmons, 김로라), 그리어(Anna L. Greer, 기안라), 듀피(Lavalette Dupuy, 두애란) 등과 함께 내한하였는데, 이는 남장로교 선교 역사상 가장 큰 규모의 파송이었다.[44] 이들 가운데 의료선교사 티몬스와 간호선교사 그리어 그리고

---

42) Rev. R. T. Coit, "The Building of Soonchun Station," p.266.

43) Rev. R. T. Coit, "Soonchun, Our Newest and Last Mission Station in Korea," The Missionary Survey, Jan. 1917, pp.31~32.

44) Minutes, 1913, p.9.

여성교육선교사 듀피는 이듬해 곧바로 순천 스테이션에 합류하였다. 그
에 더하여 이미 1910년에 내한한 비거(Meta L. Biggar, 백미다)가 순천에
서 여성·어린이 사역을 맡기로 하였고, 1912년 10월에 온 프랫(Charles
H. Pratt, 안채륜)은 프레스톤·코잇과 함께 순회 선교사에 임명되었다.
순천남학교 운영은 1913년 9월 도착 예정이었던 존 크레인(John C.
Crane, 구례인) 담당이었다. 이로써 아래와 같은 순천 선교 진용이 편성
되었다.[45] 1913년 5월 1일 공식 출범한 순천스테이션의 지경은 전라남
도 구례·광양·흥양·보성·여수·순천·곡성의 7개 군으로 그 안의
인구는 30만 명이었다. 그 중 코잇은 동부구역의 구례와 광양을 맡았고,
프레스톤은 남부와 북부구역인 여수·순천·곡성의 담당자였다. 서부구
역의 흥양(고흥)과 보성군은 프랫이 신임 선교사인 점을 감안하여 일단
코잇과 프레스톤의 공동 구역으로 정리되었다.[46]

〈표 2〉 1913~1914년 순천스테이션 선교 진용

목회사역		병원사역 (순천알렉산더병원)		학교사역 (매산남·녀학교)		여성/ 어린이사역
동부	코잇 R. T. Coit	의사	티몬스 H. L. Timmons	남학교	크레인 J. C. Samuel	비거 Miss Biggar
서부	프랫 C. H. Pratt					
남부	프레스톤 J. F. Preston	간호사	그리어 Miss Greer	여학교	듀피 Miss Dupuy	
북부						

출처: Minutes, 1913, p.37; Minutes, 1914, pp.36-37.

---

45) Rev. R. T. Coit, "Notes from Kwangju," The Missionary Survey, 1913, p.647.
46) Minutes, 1913, p.37.

IV. 순천에서 ①: 구례와 광양, 교회초등학교와 장막전도(1913~1922)

코잇 가족은 4년 1개월여의 광주 생활을 뒤로 하고 1913년 4월 20일
경 프레스톤 네와 함께 순천으로 이사했다. 공사 직후의 어수선한 선교
구내를 정리하기 위해 예정보다 열흘을 앞당긴 것이다. 그런데 불과 일
주일도 안 되어 코잇 평생 잊지 못할 가슴 아픈 일이 일어났다. 악성 이
질이 코잇 가족을 덮쳐 두 아이가 죽고 부인도 생사를 넘나들게 되었던
것이다.[47] 완성되지 못한 주거지의 불량한 위생 환경 때문이었다. 장남
토마스(Thomas Hall Woods)는 코잇 부부가 미국에서 가진 아이로 내한
6개월 만인 1909년 9월 14일 광주 선교 구내에서 태어났고, 장녀 로버타
(Roberta Cecile)는 1911년 9월 7일 역시 광주에서 출생했다. 이 두 아이
는 4월 26일과 27일 잇달아 사망하였다. 더구나 부인은 셋째 로버트
(Robert Thornwell, Jr.)를 임신하고 있어 크게 위험한 상황이었다.[48]

하지만 코잇 부인은 서서히 회복되었고, 그 해 9월에는 사내아이를
순산할 수 있었다. 광주와 순천의 선교사들은 그녀를 위해 열정적인 기
도를 아끼지 않았는데, 후에 그들은 그 경험을 '불세례'(baptism of fire)라
고 불렀다.[49] 이 사건은 신생 스테이션 구성원들의 마음을 하나로 묶어
동질감을 형성하는데 크게 기여하였다. 코잇 부인은 자신들에게 닥친
일이 오히려 순천 선교 사역에 방해가 될 까봐 조심스러워 했다고 한다.
자녀를 잃은 큰 충격 속에서도 코잇 내외는 한국 선교 현장을 떠나지 않
았고, 이듬해인 1914년부터 1년 동안의 안식년을 거쳐 1915년 봄 다시
순천으로 복귀하였다.[50] 미국에 있는 동안 그는 전도용 대형 천막 확보

---

47) Rev. Donald W. Richardson, D. D., "In Memorium Robert Thornwell Coit, D. D.,"
    p.757.
48) Biographical Information-Coit.
49) 조지 톰슨 브라운, 천사무엘 · 김균태 · 오승재 역, 앞의 책, 136쪽.

등 선교 물자 마련을 위해 여러 가지로 노력하였다.[51]

미국에 가기 직전인 1914년 봄 코잇은 노회가 열리는 전주를 방문하여 당시 식민지 조선의 상황을 묘사하였다.[52] 목포에서 기차를 타고 도착한 전주는 이전과는 너무 다른 모습이었다. 스테이션 개울 건너 서문교회를 지나면 새롭게 형성된 도심이 펼쳐졌다. 전매청과 신작로가 보이고 그 양 옆으로 일본인 가게들이 들어서 있었다. 코잇을 놀라게 한 것은 그 중심에 있던 우체국이었다. 청사 안에는 예금과 소포, 전보, 전화 부스가 있어 일본어뿐만 아니라 영문으로도 전보를 칠 수 있었다. 또 영어를 구사하는 직원이 1명 있어 서양인도 별 불편 없이 모든 사무를 처리할 수 있었다. 우체국 업무 안내문은 한글, 한문, 일본어, 영어로 인쇄되어 있었고, 그 영어 문장은 아주 인상적일 정도로 유려했다. 전주우체국 옆 차고에 대기하고 있던 영업용 택시들은 미국식 모델을 일본에서 제작한 차량들이었다. 확실히 일본 지배 하의 조선에는 '20세기 문명'(the twentieth century civilization)이 출현하고 있었다.[53] 전주뿐만이 아니라 이미 많은 마을에는 미국의 초등학교(grammar school)에 해당하는 공립보통학교들이 세워져 있었고, 일본 동경에는 500여 명의 한국 유학생들이 대학에 재학 중이었다. 코잇은 이런 가운데 선교사들의 병원과 학교들이 계속 필요한지 묻고 있다. 하지만 코잇의 결론은 분명하다. 모든 공립학교 학생들이 천황의 신격화를 가르치는 식민지 상황에서, 한국인들은 이전 공자를 추앙하도록 교육받았듯이 이제 천황 숭배에 내몰리고 있으므로, 자신들이 한국 선교 현장을 떠날 것이 아니라 오히려 교활한 신도(神道, Shinto)의 도전에 맞서 더욱 십자가와 생명의 빛을 비

---

50) Minutes, 1914, p.36; Minutes, 1915, p.37.

51) R. T. Coit, "Tent Meeting in South Chulla," The Korea Mission Field, 1920, p.169.

52) 「예수교쟝로회조선절라로회림시회록」, 1914.5.15, 1쪽.

53) Rev. R. T. Coit, "Is Our Work in Korea Finished?," The Missionary Survey, 1914, p.567.

추어야 한다고 일갈하고 있다.[54]

1915년 5월 순천으로 돌아온 코잇은 동부구역의 구례와 광양 순회 사역에 전념하였다. 그의 구례와 광양 선교는 질병으로 한국을 떠나는 1929년까지 17년 동안 계속되었는데, 다만 동료 선교사들의 안식년 기간 동안에는 그 구역까지 돌보아야만 했다. 실제로 코잇은 1919년 같은 스테이션의 프레스톤과 크레인이 동시에 안식년을 떠나자 1년 동안 순천 영역 7개 군 전체를 담당하였고, 1921년 크레인이 매산남학교 교장으로 시무하게 되자 그의 구역이었던 서부구역 순회 사역을 지원하였다. 1916년 프랫이 철수하면서 순천 선교는 1929년까지 코잇(구례·광양) - 프레스톤(여수·순천·곡성) - 크레인(고흥·보성)의 정립(鼎立) 체제로 운영되었다.[55]

1914년 복귀 이후 코잇이 광양·구례의 순회 사역 외에 집중한 것은 두 가지이다. 하나는 교회초등교육이고 다른 하나는 장막전도(Tent Meeting)였다. 먼저 코잇은 현장에서 어린이 교육의 가능성에 크게 고무되었다. 그것은 아이들의 열정적인 어린이·소요리문답 암송 장면을 목도하면서 시작되었다. '어린이문답'은 전주 선교사 잉골드(Martha B. Ingold Tate)가 만든 것인데, '소요리문답'의 번역 역시 그녀가 했다.[56] 이것은 순천 영역에서 교회의 시상품으로 이미 많이 배포되어 있었는데, 코잇은 광양의 어느 섬에 있는 교회에서 일곱 살 먹은 여자 아이가 바닥에 앉아 소요리문답 전체를 완벽하게 암송하는 것을 지켜보았다. 묻고 답하기가 너무 신속하게 이루어졌다. 이 날 그곳에서는 그뿐만이 아니

---

54) 위의 글, p.568.

55) Minutes, 1929, pp.26~27.

56) 마르타 잉골드는 이 요리문답을 확대 개정하여 1923년 『예수교 초학문답』이라는 책을 출간했다. 이 책은 1969년도에 다시 인쇄될 정도로 오랫동안 널리 사용되었다. 류대영, 앞의 글, 29~30쪽.

라 세 명의 자매와 학교 다니는 아이들 몇 명 그리고 나이든 집사와 부인들까지, 1명만 제외하고 모두가 요리문답 전체를 암송했다. 코잇은 동양인들의 선천적인 암기력과 한문 경전의 암기식 공부법에서 그 원인을 찾으면서도 놀라움을 감추지 못했다. 그런데 이런 일은 그 후에 빈번하게 일어났다. 다른 교회의 한 장애인 소년은 비기독교 가정 출신임에도 소요리문답을 순식간에 암송하고 또 다른 문답서를 제공해 줄 것을 요청했다. 그 아이는 자신의 신앙에 관해 어떤 질문에도 대답할 준비가 되어 있었다. 신구약성경을 구하기 위해 16㎞을 걸었다는 얘기가 곁들여졌다. 또 다른 교회의 8살의 여자아이는 혼자 두 요리문답서를 묻고 답하며 코잇이 끼어들 틈을 주지 않았다. 그는 단지 들으면서 책을 쫓아가기에 바빴다. 코잇은 광양과 구례에서 100명 가까이 암송하는 것을 지켜보며(그들 가운데 다수는 불신가정 출신이었다), 1년 이내에 1,000명 이상이 그렇게 할 수 있을 것이라고 내다보았다. 한국인들의 공부에 대한 열정을 몸소 확인했던 것이다.[57] 물론 이것은 프랫 등 다른 동료 선교사들도 경험한 바 있었다.

이어서 코잇은 개교회 부설 초등학교 운영에 주목했다. 근대식 교육에 대한 수요가 팽창하고 있었음에도 불구하고 당시 전체 학령 아동의 공립보통학교 수용률은 10%정도였다. 나머지는 서당 등의 사설학교에서 지식의 조각들을 모으는 수준이었다. 코잇은 교회부설학교들이 이 공백을 메워야 한다고 생각했다. 이미 선교부에 의해 스테이션을 중심으로 초·중등학교가 설립·운영되고 있었고, 개교회 부설 초등학교들에 대한 지원도 시행되고 있었지만 코잇은 특히 교회초등학교들(Church Primary Schools)에 대해 각별한 관심을 기울였다. 이것은 현장 선교사

---

57) Rev. R. T. Coit, "Reciting the Child's and Shorter Catechisms in Korea," The Missionary Survey, 1915, p.734.

코잇의 경험 때문이었다. 스테이션 중등학교의 재학생들이 방학 중에 하나의 마을로 파송되어 아이들에게 문법·일본어·성경·신앙고백 등을 가르치면 곧 그 부모들이 관심을 갖고 모여들어 새로운 공동체를 형성하는 과정을 지켜본 것이다. 그들은 교회와 학교를 동시에 세워 새로운 시대의 흐름에 적응하려고 노력하고 있었다. 또 그 아이들은 머지않아 순천 선교 구내의 중등학교에서 공부한 후 다시 마을로 돌아가 교회와 지역사회의 중추로 활동하게 되었다. 지역교회 부설의 초등학교가 갖는 파급 효과에 주목한 것이다. 자신의 구역 안에서 교인들에게 교회 초등학교 설립을 적극적으로 권유하고 또 선교부에 그 학교들의 교사 봉급 절반 부담을 지속적으로 요구한 것은 바로 이러한 생각과 상황 때문이었다.[58]

교회초등교육과 아울러 코잇은 장막전도에 큰 관심을 기울였다. 그는 이미 1914년 안식년으로 미국에 체류하던 중에도 장막전도에 사용할 텐트를 구입하여 한국에 들여온 바 있다. 이것은 복음이 아직 들어가 않은 마을의 중심지에 기존 교인들이 가서 천막을 설치하고 집중적으로 전도하는 형태로 특히 남장로교 한국 선교부가 주로 사용했던 독특한 (unique) 포교 방법이었다.[59] 처음에는 대형 천막을 사용했으나 후에는 마을마다 비치되어 있었던 행사용 차일(遮日)을 빌려 쓰는 경우가 더 많았다. 장터 같은 곳에서 천막에 멍석을 깔아 집회 장소를 가설한 뒤 기존의 사역자(목사·장로·조사·권서·전도부인)와 자원자들이 남자 4~5명과 여성 2~3명으로 전도대를 꾸려 낮 동안에는 축호 및 개인 전도를 하고 밤에는 부흥회 형식의 전도집회를 갖는 것이 일반적이었다. 그 후에는 유급조사 1명이 그곳에 남아서 관심을 갖는 이들에게 찬송과 성

---

58) Rev. R. T. Coit, "An Open Field for Christian Education," The Missionary Survey, 1921, p.762.

59) R. T. Coit, "Our Evangelistic Work," The Korea Mission Field, 1921, p.233.

경을 팔고 또 신앙의 기초를 가르친 후에 초기 형태의 공동체가 형성되면 가장 가까운 인근의 교회와 연결시켜 그들이 매주일 예배를 인도하며 성장시키는 조직적인 전도 방식이었다.[60] 코잇은 자신의 구역이었던 구례와 광양에 위의 두 가지를 조밀하게 적용시켰다.[61]

새로 조성된 순천스테이션은 1910년대 지역 사회의 명물로 구경꾼들이 많이 찾아왔다. 웅장한 2층 서양식 2층 주택에 부드럽고 안락한 침대와 담요, 여성들이 온 가족과 함께 식사하는 장면은 당시 한국인들의 생활과 극적으로 대비되었고, 매일 수 백 명의 사람들로 인산인해를 이루었다. 선교사들은 남성 교인 1명과 여성 교인 1명을 안내인으로 배치해 선교 구내를 소개하도록 하는 한편 그 기회를 이용해 전도지를 배포하였다. 코잇은 지속적으로 스테이션 구내를 관리하고 조경하는 일에 많은 관심을 기울였다. 순천 선교 구내의 아름다움은 거의 그의 손을 통해 이루어졌다고 해도 과언이 아니다. 특히 후원자 조지 와츠가 1920년 가을 순천을 방문하였을 때는 다시 그에게서 8만 불의 후원을 추가로 약속받아 스테이션의 회계로서 그 기금을 적절한 곳에 사용하였다.[62]

코잇은 선교사로서의 생애 10년을 보내면서 흉중에 갖고 있던 소회를 피력한 적이 있다. '선교사는 어떤 사람들인가?' 자신이 관찰한 선교사들은 다른 이들에 비해 귀족적이고 고결한 측면이 있다는 것을 인정하면서도 그는 선교사들이 다른 동료 선교사들을 무자비하게 비난하는 것은 치욕이라고 말한다. 선교사들의 대부분은 스테이션이라고 하는 한정된 공간에 갇혀 있으며 그러기에 거의 매일 얼굴을 마주치는 동료 선교사들의 일거수일투족을 끊임없이 비평하게 된다는 것이다. 또 많은 선교사들이 동료애를 갖지 않고 있다고 말한다. 즉 미국 같으면 사역지를 쉽

---

60) R. T. Coit, "Tent Meeting in South Chulla," p.169.

61) Rev. R. T. Coit, "An Open Field for Christian Education," pp.762~763.

62) Rev. Donald W. Richardson, D. D, "In Memorium Robert Thornwell Coit, D. D.," p.757.

게 옮길 수 있지만, 이국의 선교지에서는 결국 선교부라고 하는 작은 영역에서 서로에 대한 사역을 함께 논의하고 투표해서 결정해야 하기 때문에 그 과정에서 감정의 골이 계속 깊어져 갈 수밖에 없다는 것이다. 또 하나는 인생에 대한 광범위한 조망의 부족이다. 즉 예술, 음악, 문학의 세계를 지속적으로 누릴 수 없기 때문에 그만큼 사고의 폭이 좁아진다는 점 그리고 그것은 부인 선교사들의 경우에 더욱 심하게 나타날 수 있다고 말한다. 마지막으로는 고국의 교회가 자신을 잊었다고 생각하는 소외감을 얘기한다. 처음에는 많은 이들이 관심을 갖고 편지를 보내오지만 점차 가족 1~2명만 남게 되고 격절의 상황에서 남모르는 눈물을 흘려야 한다. "선교본부는 임금을 줄 수는 있지만 그 보다 더 큰 것을 지급할 수는 없다."[63] 코잇 가족은 1922년 두 번째 안식년을 맞아 도미한 후 1923년 다시 순천으로 돌아왔다.[64]

V. 순천에서 ②: 구례와 광양, 사역의 지속과 득병 귀국(1923~1929)

복귀 후 1920년대 코잇의 사역 내용은 이전과 크게 달라지지 않았다. 계속 구례와 광양을 순회하였고, 그에 더하여 '전남성경학원'의 위원으로도 활동하였다. 3남매의 자녀들이 장성하면서 이 시기에는 부인 세실 우즈의 참여가 두드러진다. 그녀는 순천의 선교사자녀학교 교사로 일하기 시작했고, 또 매산여학교에서 학생들에게 영어를 가르치기도 하였다. 순천읍교회 성가대 지휘도 그녀의 몫이었다.[65]

---

63) Rev. R. T. Coit, "Missionaries are just Men and Women," The Missionary Survey, 1918, pp.248~251.

64) Minutes, 1923, p.58.

65) Minutes, 1928, p.25.

1920년대 코잇의 선교지였던 식민지 조선의 경제적 상황은 이전에 비해 악화되고 있었다. 이른바 지주 - 소작인(머슴)의 지주전호제와 문중 위주의 도덕경제가 호남 지역 농촌 사회의 기본 구조를 이루고 있었지만 지난 20년 동안 일제의 의한 미곡 수탈과 일본인 지주들의 토지 경영권 장악이 계속되면서 경제적인 여건은 악화되고 있었다. 코잇은 대부분의 남부 한국인들이 이러한 시대적 변화에 적응하지 못하고 있다고 보았다. 그리고 또 하나 1910년대의 교육 열풍으로 사람들이 자신의 자녀들을 총독부 또는 선교사들이 제공한 근대식 학교에 진학시켰으나 결과적으로 그들은 부모가 원하는 (교회 또는 정부 산하의) 직장에 일자리를 얻지 못하고 돌아왔다. 중등학교나 대학 등 상급학교들은 이미 만원이고 웬만한 일자리의 평균 경쟁률은 10:1을 웃돌았다. 사실 한국인 서민들의 경제력은 자녀들에게 초등교육을 시키면서 대부분 소진되었다. 코잇은 그러한 그들을 기다리고 있는 것은 '소비에트의 강령'이라고 말한다. 반기독교적이며 때로는 반서구적인 '볼셰비키'가 전체 한국 특히 남쪽의 비옥한 평야지대에 확산되고 있었다. 다만 일본군의 무기와 경찰력이 그것을 억제하고 있을 뿐이었다.[66]

이런 상황에서 코잇은 두 가지 해법을 제시한다. 물론 이것은 남장로교 선교부가 공유하고 있던 방법이었다. 첫째는 한국인들의 중등교육 수요에 부응하여 일제의 지정학교 표준에 맞춘 교육기관 설립이 꼭 필요하다는 것이다. 코잇은 한국교회의 주도권 이양을 위해서라도 양질의 인문적 교육을 받은 고급 인력 배출이 필요한 시점이라고 생각하고 있었다.[67] 둘째는 실업교육의 활성화였다. 전주의 신흥과 광주의 수피아를 제외한 나머지 선교부의 학교들은 상업 또는 농업의 실과 중심으로

---

66) Rev. R. T. Coit, "The Situation in Korea," *The Presbyterian Survey*, 1926, p.416.

67) Rev. R. T. Coit, "The Open Door for Evangelistic Work in Korea," *The Presbyterian Survey*, 1927, pp.620~621.

교육과정을 편제하여 당시의 인력 수급 상황에 대처하자는 것으로 요약된다.[68] 또 여성들에게 선교부와 관련을 맺고 있는 각 급 학교의 문호를 더욱 개방하여 지성적인 지도력으로 육성시킬 것을 제안하고 있다.[69]

위의 내용과 아울러 코잇이 자신의 선교 과정에서 계속 강조하고 있는 것 가운데 하나는 교회초등학교의 중요성이다. 한국 선교 17년째를 맞은 1926년 여름에 그는, 현재 작은 시골교회의 리더들 대부분이 그 전에 그 교회 부설 초등학교(the small Church Primary School)의 학생들이 었음을 환기시킨다. 즉 코잇 부임 당시의 교회초등학교 학생들이 다시 순천스테이션의 중등학교에서 공부한 후 귀향하여 지역교회와 지역사회의 중추적인 인물로 성장하였다는 것이다. 교회초등학교와 스테이션 중등학교의 선순환구조가 정착된 것으로 풀이된다. 코잇은 한걸음 더 나아가 충직한 천황의 신민으로 교육받는 식민지 공교육에는 희망이 없다고 잘라 말한다. 그것은 흡사 고대 로마 황제에게 했던 숭배와 다름이 없다는 것이다. 만약 그들이 공립보통학교에 들어간다면 그들은 여호와 대신에 천황 숭배를 배우게 될 것이다. 1926년 현재 순천 영역에는 모두 30개의 교회초등학교가 운영되고 있었고, 선교부는 1년에 한 학교 당 최대 100불을 지원하였다. 학생 수는 보통 20~30명, 많은 곳은 100명이 넘게 재학하고 있었다.[70]

1929년 코잇이 작성한 순천스테이션 보고서는 1913년 시작된 그 선교 거점의 변화된 상황이 잘 담겨 있다. 1929년 현재 순천스테이션에서 활동하고 있는 선교사는 모두 12명이었고, 지역 인구는 55만 명 정도였다. 교인 수 1,350명에 93개의 신앙공동체가 있었는데, 그 중 13개는 조직교회였다. 조사는 24명으로 권서 5명과 전도부인 5명이 포함되어 있었다.

68) Rev. R. T. Coit, "The Situation in Korea," p.417.

69) Rev. R. T. Coit, "A Field of opportunity," The Presbyterian Survey, 1927, p.280.

70) Rev. R. T. Coit, "Church Primary School in Korea," The Presbyterian Survey, 1926, p.620.

1928년 한 해 동안 149명이 새로이 세례 받았고, 8개의 교회가 예배당을 신축하였다. 그런데 교인 수가 많이 늘지 않은 이유는 지난 몇 년 동안 전체 교인의 30%가 다른 곳으로 이주하였기 때문이다. 특히 자녀 교육을 위해 인근 대도시로 이주하는 교인의 수가 크게 증가하였다.[71] 하지만 순천스테이션은 1922년 전국에서 처음으로 군 단위 노회인 순천노회를 출범시킨 바 있고, 코잇은 그 노회의 부회계(1924년, 1928년)와 회계(1929년)를 역임하였다.[72]

1920년대에도 순천스테이션의 외형은 계속 확장되었다. 조지 와츠의 부인이 다시 거액의 기부금을 내어 남학교 기숙사와 두 채의 선교사택이 지어졌고, 와츠의 교회에서 성경학교 건물을 기증하였다. 여학교 실과 건물도 완성되었다. 코잇은 스테이션 주변에 뽕나무와 아카시아, 포플러를 심고 담장을 수리하여 선교 구내의 조경을 새롭게 하였다. 또 순천스테이션이 운영하고 있던 여수 애양원도 실질적으로 완공되어 광주에 있던 한센병 환자들 대부분이 이주하였다.[73]

그리고 코잇의 선교 구역이었던 구례와 광양은 1929년 현재 인구가 15만 명이었고, 그 안에 30개의 교회가 서있었다. 한국인 목사는 모두 2명이었다. 또 8개의 교회초등학교와 3개의 유치원에서 모두 250명의 학생들이 재학하고 있었으며, 그 교사들은 모두 순천 매산학교 졸업생들이었다.[74]

코잇 부부는 1913년 두 아이를 잃은 후 순천에서 다시 네 명의 자녀를 낳아 길렀다. 로버트는 1913년 9월 18일에 태어났고, 주디스(Judith Knox)는 1915년, 로라(Laura May)는 1917년, 막내인 밀드레드(Mildred

---

71) Coit-SOONCHUN.

72) 대한예수교장로회 순천노회, 『순천노회 회의록(제1집)』, 1986, 15쪽, 52쪽, 80쪽.

73) Coit-SOONCHUN.

74) R. T. Coit, Dear Friends in the States, Jul.22, 1929.

Woods)는 1918년 각각 출생했다. 코잇은 1928년 그 중에 큰 애 셋을 평양외국인학교에 입학시켰다. 코잇은 그것이 자신의 인생에서 새로운 경험이라고 술회한다.[75]

원래 코잇 가족은 아이들의 학교 사정 때문에 안식년을 1년 미루어 1930년 미국에 가려고 계획하고 있었다. 하지만 1929년 2월 독감에 걸린 코잇의 병세가 지속적으로 악화되었다. 20년 전의 오웬과 같은 상황이 또다시 발생한 것이다. 여름 동안에도 호전의 기미가 보이지를 않자 의료선교사들은 코잇의 귀국을 종용했다. 결국 코잇은 그 해 10월 도미하여 메릴랜드주 볼티모어의 존스홉킨스병원에 입원했다.[76] 그 후 병세에 조금 차도가 있어 요양 생활에 들어갔지만 결국 투병 2년 6개월여 만인 1932년 5월 12일 노스캐롤라이나 애쉬빌에서 사망하여, 자신이 학창 시절을 보냈던 솔즈베리에 묻혔다.[77] 순천의 한국 교인들은 크게 4번의 추모예배를 열어 그를 기렸고,[78] 1934년에는 코잇의 체취가 남아있는 지리산선교사수양관 뜰에 기념비를 세워 오랫동안 그를 기억하고자 했다.[79]

VI. 맺음말

1892년 한국 선교를 시작한 미국 남장로교는 그 후 20여 년 동안 모두 5개의 스테이션을 호남에 설치 · 운영하였다. 그 곳들은 대개 10만㎡ 이상의 넓은 면적에 병원과 학교 그리고 선교사 주택과 예배당 등이 들어

---

75) 위의 편지.

76) Cecile Woods Coit, My Dear Friends, Oct. 10, 1929.

77) Cecile Woods Coit, My Faithful Friends, Jun. 1, 1932.

78) Rev. Donald W. Richardson, D. D, 앞의 글, p.758.

79) Rev. J. F. Preston, "In Memory of Rev. R. T. Coit, D. D", *The Presbyterian Survey*, 1934, pp.230~231.

서 있었다. 머나먼 나라에 와서 땅과 자재를 사고 사람들을 부려서 건물을 짓는 일이 쉽지만은 않았을 것이다. 전주 선교 구내는 테이트가 주로 조성을 맡았다면, 군산은 전킨이, 목포는 해리슨이, 광주는 유진 벨이 그렇게 했다. 순천스테이션 건설 공사는 코잇의 몫이었다. 선교가 실질적으로 진행되었던 최일선의 현장으로서, 선교사들의 일상생활과 선교 활동이 모두 스테이션을 중심으로 이루어졌던 것을 고려한다면 그것을 조성하고 관리하는 일은 중요한 선교 행위의 하나라고 볼 수 있다.[80] 코잇은 선교 구내의 안정적인 운영을 통해 순천스테이션이 전남 동부 지역을 관장하는 하나의 선교거점으로 기능하는데 기여하였다.

코잇은 현장 선교사였다. 그의 선교 생애는 개척지 순회전도 끝에 순직한 선임 선교사 클레멘트 오웬의 삶과 많이 닮아 있다. 1909년부터 오웬의 담당 구역을 이어 받아 전남 동부 지역 순회에 나선 그는 1929년 병을 얻어 귀국할 때까지 시종일관 지역에 점점이 세워져있던 교회들을 순회하여 지역 교인들을 돌보았다. 어린 두 남매를 순천에서 잃었음에도 굴하지 않았다. 선교 인력의 보충으로 1915년 이후 그의 사역 범위는 구례와 광양으로 좁아졌지만 순회전도자로서의 삶은 지속되었다. 17년 동안 코잇은 인구 15만 명의 두 개 군을 맡아 93개의 공동체와 1,350명의 교인들을 일삼아 기르고 섬겼다. 그의 열정은 소천 후 연거푸 네 차례에 걸쳐 있었던 추모예배에서 확인된다. 거기에는 한국인들의 마음의 정성이 담겨있다. 그는 그와 접촉한 사람들에게 선한 영향을 끼친 것이 분명하다.

코잇의 사역에서 눈여겨 볼 점은 개교회 부설 초등학교 운영과 장막 전도의 활성화에 있다. 물론 이것은 군산의 윌리엄 불(William F. Bull,

---

80) 송현강, 「'미국 남장로교 한국선교부'의 목포스테이션 설치와 운영」, 『종교연구』 53, 2008, 250쪽.

부위렴)처럼 다른 선교사들도 구사한 선교 방법이긴 하지만 코잇은 자신의 사역에서 특히 이 두 가지를 강조하였다. 그는 이미 1914년 안식년으로 미국에 있으면서 장막전도에 사용할 텐트를 구입하여 들여온 바 있고 그 후에는 자신의 구역에 장막전도의 방법을 조밀하게 적용시켰다. 또 그는 지역교회 부설의 초등학교가 갖는 파급 효과에 주목하여 자신의 구역 안에서 교인들에게 학교 설립을 적극적으로 권유하고 또 선교부에 지속적인 재정 지원을 요청하였다. 코잇은 근대식 교육에 대한 지역민들의 갈망을 알고 그에 적절히 대처하였다.

〈참고문헌〉

Annual Reports of Presbyterian Church U. S. in Korea Missionary 1-1(한국교회사
　　문헌연구원, 1993).
Minutes of Annual Meeting of the Southern Presbyterian Mission in Korea.
The Korea Mission Field.
The Missionary.
The Missionary Survey.
The Presbyterian Survey.

「예수교쟝로회조션결라로회림시회록」.
대한예수교장로회 순천노회, 『순천노회 회의록』 1, 1986.
조지 톰슨 브라운, 천사무엘·김균태·오승재 역, 『한국 선교 이야기(Mission to
　　Korea)』, 동연, 2010.
이덕주, 『한국 교회 처음 이야기』, 홍성사, 2006.

미국 남장로회의 전남지역 선교기지 구축과 건축 활동: 윌슨과 스와인하트를 중심으로*

우승완

Ⅰ. 미국 남장로회의 전남 선교기지 구축

1. 전남 최초의 선교기지

미국 남장로회(이하 남장로회)는 1882년 이후 미국 북장로회와 감리교, 영국 성공회, 오스트레일리아 빅토리아장로교에 이어 다섯 번째로 선교를 목적으로 한국을 방문한다. 남장로회의 선교시설은 선교지 분할 협정에 따라 전라남도와 전라북도 그리고 광주광역시에 집중되어 있는데, 거점 선교기지를 구축했던 전주, 군산, 목포, 광주, 순천이 그 중심에 있다.

남장로회는 전남지역 최초로 1897년 3월 나주에 선교용 건물을 확보하지만 선교기지 구축으로까지 이어지지 않는다. 하지만 같은 해 10월

---

* 순천대 인문학술원에서 발간하는 학술지 『인문학술』 3(2019.11)에 실린 「전남지역 선교기지 구축과 건축 활동-윌슨과 스와인하트를 중심으로-」을 수정, 보완한 글이다.

대체 선교 부지를 목포에 마련하고 1898년 가을부터 선교사들이 거주하기 시작한다.[1] 1894년 4월 남장로회의 레이놀즈와 드루 선교사가 처음

일제강점기 목포시가지 전경(좌측 상단이 목포 선교기지, 우측 상단이 삼학도)

방문했을 때 가구 수 150여 호에 약 600여 명에 지나지 않았던[2] 목포에 선교기지가 구축된 것이다.

　선교 활동 초기의 목포지역 선교 공간은 기존 한국 건물을 이용하다가 벽체나 내부 공간을 개조한 한양절충형 건물로 마련한다. 이후 선교활동이 안정화 되면서 서양식 조적조로 건축한다. 이후 건축물의 배치, 규모, 구조, 재료, 의장 등 거의 모든 면에서 기존의 한국 건축과 차이를 보인다.

　목포 선교기지는 남장로회가 전라북도 전주, 군산에 이어 전라남도에 최초로 설립한 곳이다. 1896년 나주에 선교기지 설립 추진이 실패하면서 대안으로 1897년에 설립되었다. 목포는 각국 거류지로의 개항과 비옥한 평야를 가진 성곽도시 나주와 인접한 해상 교통로를 끼고 있고, 인구가 많은 도서지역이 가까운 거리에 있어서 매우 유리한 선교 거점이었다.[3] 선교기지 구축이 추진될 즈음 목포는 일본의 전관거류지로 출발

1) 차종순, 「광주 양림동 근대도시공간의 성격」, 『한국건축역사학회 추계학술발표대회 논문집』 11, 2011, 31~32쪽 참조.
2) 김양호, 『목포 기독교 120년사·초기 목포 기독교 이야기』, 세움북스, 2016, 21쪽 참조.

한 것이 아니어서 목포 거류지에 대한 일본의 접근은 집요했다.[4] 목포
거류지 경매물의 93% 이상을 일본인이 장악[5]했을 만큼, 일본인 주도의
신도시에서 일본인에게 밀려난 한국인 거주지역 인근에 집회 기능이 부
가된 주택, 병원, 학교 등이 차례로 들어섰다.

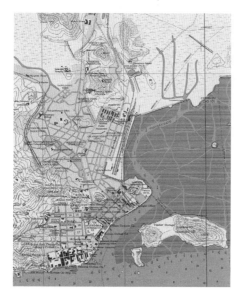

지형도 중앙부의 철도관사
좌측 부분이 목포 선교기지
(1945년 미군지도)

개항된 도시공간에서 선교기지의 위치는 동남쪽에 신시가지로 조성
된 거류지와는 반대편인 북쪽 끝자락이었다. 하지만 지형이 병목처럼

---

3) 목포는 전남 내륙지역으로 접근도 용이하고 겨울에도 얼지 않는 항구로 ~중략~ 많
   은 섬에도 주민 수가 적지 않아 내륙지역과 도서지역까지 선교활동이 가능(송현숙,
   「호남지방 미국 남장로회의 확산, 1892-1942」, 고려대학교 대학원 박사학위 논문,
   2011, 86쪽).
4) 일본은 목포 개항을 영토의 연장 성격인 특별 거류지로 추진하였으나 조선은 각국
   거류지로 1897년 개항함.
5) 德間一芽, 「개항기 목포 이주 일본인의 도시 건설과 도시 생활」, 전남대학교 대학원
   석사학위 논문, 2010, 23쪽.

좁고 목포로 진입하는 도로가 분기되는 곳으로[6] 목포 방문객은 선교기지 주변을 반드시 지나가야 하는 위치이다.[7] 한국인 거주지역으로 접근하는 도로에는 영흥학교와 정명여학교가 양 옆에 배치되었고 있고, 신시가지로 향하는 도로 양쪽에 선교사 주택과 프렌취병원[8]이 자리하고 있어서 육로 이용자의 접근성이 고려된 위치였다.

2. 한국 최초의 종합계획 선교기지 순천

남장로회의 선교기지가 있었던 전주, 군산, 목포, 광주 등의 공통점은 복음, 교육, 의료 등의 시설이고 광주가 나병원을 일시적으로 운영하는 데 그치지만 순천은 한센인 시설 외에 수양시설까지 갖춰 그 종류와 규모 면에서 찾기 어려운 선교기지다. 즉 순천 선교기지는 복음, 교육, 의료 등이 집약된 선교사 마을 외에 한센인 질병공동체 마을인 여수애양원, 순천결핵요양원, 노고단과 왕시루봉의 수양시설 등, 기독교(개신교)가 한국 선교 과정에서 보여준 각종 선교시설을 모두 선보인 한국 내 유일한 선교기지이다.

순천 선교기지는 조선시대 전통 도시에 한국 최초이자 마지막으로 종합계획에 따라 구축되었다. 남장로회가 여러 선교기지 구축 과정에서 축적된 경험을 바탕으로 읍성의 북문 밖 시가지가 내려다보이는 언덕에 미국식의 독립적인 영역으로 구축하였다. 한국인 활동 영역의 배치 형식은 서양적인 공간 개념인 사적 공간과 공적 공간이라는 조닝플랜과

---

6) 1894~1906년에 측량한 구한말 한반도 지형도는 일본군 간첩대가 비밀 제작한 지도로 조선후기 대한제국의 한반도를 나타내고 있음(남영우 편, 『舊韓末 韓半島 地形圖』 1, 성지문화사, 1997).

7) 목포 선교기지는 한국인 마을과 해상과 육상 교통로에 접근성이 우수한 구릉지에 미국식의 독립적인 선교마을로 구축됨.

8) 목포 선교병원의 명칭은 자료에 따라 부란취, 보인취, 프렌치 등으로 나타남.

남녀의 영역을 분리하여 한국의 윤리적 관념을 수용하였다.

순천 선교기지는 1913년에 선교사용 주택, 1914년에 순천병원, 1916년에 조지와츠기념 남학교를 완성시키는 등 종합계획에 따라 선교사 마을을 구축한다. 이후 선교사 마을이 안정됨에 따라 1920년대에 지리산 노고단에 수양관 마을을 만들고, 광주나병원을 이전시켜 한센인 공동체 마을인 여수애양원을 완성한다. 그리고 1930년 철도개통으로 도시인구 증가와 교세 확장으로 선교사 마을의 교육시설과 병원을 증축하고 광복 이후에는 교육시설에 꾸준한 투자와 관리로 1960년대 우리가 볼 수 있었던 선교기지를 완성한다.

II. 전문직 선교사와 선교건축

1. 전문직 선교사

선교사는 넓은 뜻으로는 직접 선교활동에 종사하는 사람 외에 교육, 의료사업 등에 종사하는 성직자, 평신도도 포함된다고 사전9)에서 정의하고 있다. 여기에 문화적인 부분까지 고려한다면 전문직(또는 전문인) 선교의 폭은 훨씬 넓어질 것이다. 근대기 한국에 입국한 선교사들의 전문직 비율은 시간이 흐름에 따라 점진적으로 증가했고, 감리교의 경우 1922년 23명의 여성 전문가를 파송하는 등10) 교육이나 의료 활동을 통해 가능한 많은 사람들이 기독교를 받아들이게 했다.

남장로회 선교사들 가운데 전문직 선교활동으로 그 활약이 두드러진 분

---

9) 두산백과(http://terms.naver.com/entry.nhn?docId=1111774&cid=40942&categoryId=31575).

10) 최훈재, 「전인적 전문인 선교의 관점에서 본 한국 개화기 서구 선교사들의 교육 전문인 사상 및 사역 고찰」, 총신대학교 선교대학원 석사학위 논문, 2004, 53쪽.

야는 의료와 교육 분야이다. 전문직 선교사 가운데는 오웬 선교사와 같이 전문 분야를 복수로 전공하여 활동한 경우도 있고 의료 선교사로 활동하다가 남편의 목회 활동을 조력하는데 전념한 잉골드 선교사의 사례도 있다.

전문직 선교사 활동의 대부분이 의료와 교육 분야로 집중되어 있는 것은 당시 선교 활동의 큰 흐름이기도 했지만 현재 우리의 관점이 제한되어서가 아닌가 생각한다. 물론 전문직 선교사라고 해서 특정 전문분야만 한정해서 활동한 것은 아니지만 이번 연구는 전공이나 파견 전 경력을 바탕으로 건축 분야에서 지속적으로 활동한 선교사를 대상으로 하였다.

선교 초기에는 복음 선교를 목적으로 파견된 건축 경험이 없는 선교사라 할지라도 본인이 거주할 주택과 선교 건축을 위해, 재료 준비, 벌목, 치목, 벽돌용 가마 제작, 벽돌 굽기, 석회 바름 등 건축공사를 직접 감독할 뿐만 아니라[11] 여러 방면의 일에 능통한 소위 팔방미인을 요구하는 선교사업이었다.

2. 전문직 선교사의 활동과 선교 건축

남장로회에서 1892~1987년 사이에 한국에 파견한 선교사 수는 약 450명이다. 이들은 크게 복음 선교사 136명(30.2%), 교육 선교사 149명(33.1%), 의료 선교사 114명(25.3%), 미확인 51명(11.3%)으로 파악된다. 이처럼 복음, 교육, 의료 선교의 세 분야가 한쪽으로 편중되지 않고 균형을 이루고 있어서, 복음전도에 치중하지 않고 당시 한국의 필요에 따라 교육과 의료분야 등을 균형감을 갖고 보완한 것으로 보인다.[12]

---

11) 에너벨 메이저 니스벳, 한인수 역, 『호남선교 초기 역사』, 도서출판 경건, 1998, 38쪽 참조.
12) 김빛나, 「미국 남장로교 선교회 광주지역 선교연구」, 장로회신학대학교 세계선교대학원 석사학위 논문, 2010, 18~21쪽 참조.

전문직 선교사들의 한국 선교 활동은 반드시 처음 파송한 기관의 선교지에서만 이뤄진 것은 아니다. 몇몇 선교사들은 결혼으로 파송 기관의 선교지역과 활동 근거지를 바꾸거나 전문분야를 달리하는 경우도 있다. 테이트(최의덕, Lewis B. Tate)는 복음 선교를 목적으로 한국에 파송되고 활동했지만 웨스터민스터대학에서 의학을 공부했다가 다시 신학을 전공한 선교사이다.13) 1900년 전후의 미국 의과대학 학제 변화는 의료 선교사 파견에 영향을 미쳤을 것으로 추측된다.

근대기 전라남도의 남장로회 선교 건축은 그 수와 양을 고려해 볼 때 일본식 건축과 비교하면 상대적으로 적은 편이다. 하지만 선교 건축은 우리 건축이 근대 건축으로 발전하면서 내재된 변화를 유도해 한국 건축의 한 축을 이루고 있다.14) 개신교 선교 초기에 선교사들은 전통 한옥을 자신들의 필요에 따라 개조하였고 이는 시간이 지나면서 한국 내 서양 건축으로 정착한다.15) 남장로회의 선교 건축 역시 다른 교파의 한국 선교 건축과 크게 다르지 않다.

남장로회의 선교건축은 120년이 넘는 역사와 공간적 범위에서 짐작할 수 있듯이 선교정책과 그 필요에 따라 다양한 용도의 건물을 건축하였다. 선교활동의 근간으로 구축된 선교기지는 각종 시설이 집약되었으나, 그 배경에 따라 제한적이거나 폐쇄적으로 운영되는 등 개성이 뚜렷하게 나타나고 있다.

---

13) 정옥균, 「전북지역 개신교 초기 교회의 형성과 그 전개 과정에 대한 연구(1892년 -1945년)」, 한신대학교 목회학박사원, 1999, 106쪽 참조.
14) 도선봉, 「한국 근대건축 형성과정에서 나타난 미국장로회 선교건축의 특성」, 충북대학교 박사학위논문, 2002, 73쪽 참조.
15) 8자×8자 크기의 초가집 방은 선교사들에게 안락한 거주 공간을 제공하지 못해 겉은 유리창과 벽돌로 치장하고 기와지붕의 흙집에 방을 넓게 만들어서 거주함(에너벨 메이저 니스벳, 한인수 역, 앞의 책, 38쪽 참조).

Ⅲ. 남장로회 건축 전문 선교사와 참여 기술자

1. 남장로회 건축 전문 선교사

| 광주 선교기지 여자 독신 선교사 주택 | 미주리 목재 및 채광회사의 윌슨 |

전남지역에서 선교 건축에 적극적으로 참여하면서 서양 건축의 이입에 영향을 많이 미친 사람은 토목회사 근무 경력을 갖고 있는 윌슨(Robert Manton Wilson)과 철도회사 근무 경력의 스와인하트(Martin Luther Swinehart)이다. 윌슨은 탁월한 건축적 재능을 바탕으로 성실한 중국인 기술자와 함께 광주 수피아여학교,16) 여수 애양원 건축을 직접 감독하였다. 특히 선교기지의 영선과 재정을 담당했던 스와인하트가 내한한 이후에는 회색 벽돌, 개량 기와, 시멘트 슬레이트 등의 건축자재가 사용되고, 한양 절충형 건축에서 서양식 건축으로 변화한다.

선교기지 설립 초기에 목포의 경우 기존의 전통 한옥에 교회의 기능을 부가시켜 이용하고, 순천은 향교 소유의 한옥을 이용하여 학교와 함께 운영된다. 1910년 전후에는 중국인 기술자와 일본인 목수 그리고 한국인이 석공사와 노무자로 선교 건축에 참여한다. 지붕 마감은 한식 기와

---

16) 윌슨의 건축적 경험은 미주리 목재 및 채광회사에서 체득된 것으로 보임(메리스튜어트 윌슨 메이슨, 최병택 역, 『베스와 맨튼』, 사회복지법인 여수애양원, 2009, 184쪽).

를 사용하고 벽체는 지역에서 공급 가능한 석재로 바른층 쌓기를 하고, 벽돌은 부분적으로 사용되거나 특정 건축물에 제한적으로 이용한다.

1920년 이후 선교기지는 중국인 공사 감독과 윌슨이 양성한[17] 한국인 기술자들에 의해 구축된다. 이들의 능력은 1923년 부산의 메킨지(James Noble Mackenzie) 선교사가 운영하는 부산나병원의 건축공사와 1926년 여수 애양원 구축에서 입증된다. 특히 1926년부터 구축된 애양원과 1930년 건축된 매산관은 석재를 허튼층으로 쌓아 선교 초기의 석조 건축물과 구별된다. 일제강점기까지 건축된 일정 규모 이상의 선교 건축에서 1층 바닥의 일부에 지하 공간을 구축해 설비 공간이나 창고로 활용하고 있다. 1950년 이후 선교기지 건축에 바른층 쌓기 석조가 다시 나타나고, 1960년대 구축된 왕시리봉 수양관은 다양한 양식의 목구조가 주류를 이루는 가설 건축물로 건축되었다. 왕시리봉 수양관의 교회와 창고, 주택 1동이 경량 철골조로 건축되고 일부 목조 주택에 조립식 콘크리트 자재가 혼용된 것은 자재 운송의 어려움을 극복하기 위한 것으로 보인다. 특히 난방을 위해 한국 건축의 온돌문화가 선교 건축에 반영된 사례로 남아있다.

애양원 여자 병사   왕시루봉 경량 철골조 교회

17) 채진홍, 『나는 너희를 치료하는 여호와임이라』, 한남대학교 출판부, 2008, 57쪽 참조.

2. 선교 건축 참여 기술자

전남지역에서 근대기 선교 건축에 참여한 기술자나 기능인들을 구체적으로 기술한 자료는 없다. 그렇지만 목포, 순천 등 여러 선교기지의 구축에 대한 문헌자료에서 주된 기술 인력으로 중국인과 일본인이 등장하고 한국인은 이들을 보조하거나 단순 노무인력으로 나타난다. 한국인의 참여가 저조했던 것은 19세기 후반 이후 장인들이 강제부역에서 도시 진출이나 조직화는 진전되지만, 서양식 건축 공사 참여 기회도 드물었고 몇몇 장인을 제외하고는 관심도 없었기 때문이다.[18]

1898년에 전남 최초의 선교 건물인 '베리 하우스'를 목포 선교기지에 한옥의 기와지붕과 목구조를 기본 골격으로 벽돌과 서양식 창호로 건축하였다. 한옥에 양식을 혼용한 이른바 한양절충형[19] 건축은 1903년 목포 최초의 교회로 건축된 로티 기념 예배당에도 적용된다. 초기 선교 건축이 한양절충형으로 진행된 것은 서양식 건축 공사를 진행할 기술인력 수급의 한계 때문이었다. 일제강점기 목포에 일본인 거류자 가운데 야마구치현 출신이 많은 것은 이 지역에 '쵸슈목수(長州大工)'[20]가 많아 새롭게 조성되는 도시의 신축 수요에 맞춰진 것도 있을 것이다. 하지만 목포가 1897년 개항되었고 개항 직후에는 기반기설은 고사하고 매축 공사에 매달렸던 때로, 선교 건축에 참여할 일본인 기술인력을 구하기가 어려웠을 것이다. 그나마 공사에 참여했던 일본인들은 공사 중에 계약 변

---

18) 도선봉, 앞의 논문, 30~31쪽 참조.

19) 북장로교 선교사로 건축 경험을 갖고 한국에 파견된 그래함 리(이길함Graham Lee)의 영향도 생각해 볼 수 있음. 그는 1898년부터 웰(Well) 주택, 장대현교회, 숭실학당, 라드병원 등을 한국인 도편수와의 건축했고, 1906년에는 숭실학당의 수공부 '안나 데이비스 기념 공작소'에서 한국인을 교육해 청부업자로 성장시킴(정창원, 「한국 미션건축에 있어서 개신교 개척선교사의 활동과 영향에 관한 연구」, 『건축역사연구』 13(2) 통권38호, 2004, 65~67쪽 참조).

20) 다른 지역에 출장하여 집을 짓고 돈을 버는 목수(大工).

경 요구나 조건 변경 등의 관행으로 선교 건축에서 점차 배제된다.

이후 목포의 선교 건축은 의사 헤리슨의 책임 아래 1909년 선교사집 두 채, 1910~1912년 세 채의 주택과 진료소, 여학교를 건축하고 1911년에 62×66피트 크기의 현재 목포양동교회의 원형이 건축된다. 이후 목포뿐만 아니라 광주, 순천의 선교기지 건축에 중국인 기술자의 참여가 계속 나타나지만 그들의 소속이나 참여 형태는 드러나지 않는다. 하지만 중국인 기술자의 참여 양상은 1920년대 이후 기술자로서의 직접 참여 보다는 현장 감독으로 바뀐다.

1926년 스와인하트는 15년간 화교 건축청부업자와 같이 공사를 한 경험을 토대로 중국기술자들의 장점을 세 가지로 꼽고 있다. 첫째 직공의 선택과 재료의 사용에서부터 완성까지 전반적으로 균형이 잘 잡혀있고 실행력이 있는 점. 둘째 건축 자재를 스스로 잘 지켜 도난을 방지할 수 있는 점. 셋째 미국의 일반적인 착실한 건축 청부업자의 활동과 비교적 유사하다는 점[21]을 들면서 중국인 기술자와의 교류가 본인이 방한 초기부터 이뤄졌음을 밝히고 있다. 그리고 1933년 이화여대 신촌 캠퍼스 공사에서 스와인하트와 함께 청부 시공에 참여한 개성사람 마종윤과 중국인 왕공은이 참여하고 있는 점으로 미루어[22] 중국인 기술자들과의 관계는 한국을 떠나기 전까지 지속된 것으로 보인다.

광복 이후 남장로회 선교건축은 주로 교육시설에서 나타나고 휴양시설인 왕시루봉 수양관은 건축 전공자인 인휴 선교사를 중심으로 현장 관리자 신호우 그리고 배용갑, 마요셉과 그의 조카, 일본식 지붕이기(가야부키, 茅葺き)가 가능했던 광양 거주 초공[23] 등이 참여한다. 또 여수

---

21) 이정희, 「조선 화교의 성당건축 시공활동(1880년대~1930년대)」, 『교회사연구』 51, 한국교회사연구소, 2018, 56쪽 참조.
22) 김정동, 「강윤과 그의 건축 활동에 대한 소고」, 『한국건축역사학회』, 2008년 춘계학술발표대회, 203쪽.

미국 남장로회의 전남지역 선교기지 구축과 건축 활동 79

의 질병공동체 마을의 상징인 여수애양병원이 1968년 지금의 위치에 완공될 때 참여한 기술자는 유진 보스웰과 조자룡이었다.

Ⅳ. 월슨과 스와인하트의 건축 활동

1. 월슨의 건축 활동

월슨은 의료 선교를 목적으로 한국에 파견된 선교사이기는 했지만 복음 선교사들이 했던 것처럼 건축공사 감독을 겸했다. 1908년 월슨은 병실 4개의 병원을 개원하고 본인의 주택 건축을 직적 감독하면서 수피아 여학교 건축공사도 감독했다.[24] 월슨에게 건축 감독이라는 임무가 주어진 것은 멀리 떨어진 곳에서 며칠씩 보내는 복음 선교사들과 달리 근무지가 진료소로 고정된 점이 주요 이유였을 것이다. 그리고 미국에서 근무했던 미주리 목재 및 채광 회사에 근무하면서 체득한 건축적 경험이 배경이었다고 생각한다.

월슨은 1909년에 최고의 병원 디자인을 찾기 위해 한국의 모든 병원을 신혼여행으로 방문한다.[25] 뿐만 아니라 3년 동안 한국 내 대부분의 병원과 의사들을 만나고 검토하여 톰슨(J. Arthur thompson)[26]에게 설계

---

23) 사단법인 지리산선교유적지보존연합, 『지리산 선교사 유적 조사와 문화재적 가치 연구』, 2009, 211~212쪽 참조.
24) 메리 스튜어트 월슨 메이슨, 최병택 역, 『베스와 맨튼』, 사회복지법인 애양병원, 16쪽 참조.
25) 메리 스튜어트 월슨 메이슨, 앞의 책, 17쪽 참조.
26) 1907년 송도로 내한하여 1914년까지 활발하게 활동한 건축가. 대학에서 건축을 이수한 선교사로 서울, 원산, 춘천 등지의 거의 모든 남감리교 건축에 참여함. 톰슨이 상대한 중국인 건축가 유한복(You Han Pok)을 언급하고 있으나 확인되지 않음 (고혜선, 「배화여고 생활관의 구축방법에 관한 연구」, 서울시립대학교 대학원 석사

를 의뢰하고 1912년 1월에 엘렌 라빈 그레엄 병원을 개원한다. 그리고 1912년 영국의 '극동과 인도 구라협회' 지원으로 한센인을 위한 광주나 병원을 E자형 평면의 한양절충형으로 건축한다.

월슨의 건축 활동은 1923년 이후 타지역 기술인력 파견과 광주나병원 여수 이전에서 전환기를 맞이한다. 1908년에 건축된 월슨 주택이 1920년 화재로 소실되자, 1923년 가을 이후에 결혼 전 부인이 거주하던 한양절충형의 여자 독신자 숙소에 임시 거주하면서 주택과 병원을 건축한다. 특히 1923년 부산의 메킨지(James Noble Mackenzie) 선교사가 운영하는 '부산나병원'의 건축공사를 지원하는데, 이때 월슨이 체계적으로 양성한 건축분야 기술 인력[27]의 능력을 인정받는다. 광주에서 부산으로 파견된 10여 명의 훈련된 벽돌 제조공과 타일 제조공들은 여성용 건물 2개 동과 남성용 건물 1개 동을 완성하였다. 또한 이들은 단순한 기술 지원에 그치지 않고 부산나병원의 환자들을 교육한다.[28]

1926년 광주나병원을 지금의 애양원[29]으로 옮기면서 목수 20명, 미장공 20명, 함석공 20명, 기타 기능공 등 110명을 여수에 보내 마을을 구축한다.[30] 1940년에는 6개 촌락 79개 동으로 자체 기술력에 의해 증축하고 관리하는데 이 모든 것이 월슨의 자조 자립에 기초한 관리 정책에 힘입은 결과이다.

논문, 2007, 77~80쪽).

27) 월슨은 실업학교를 운영하여 신발 기술을 숙련시키거나, 양철 가공 기술자를 길러 냄. 양성 기간은 목수나 석공은 1년 여 동안, 직조기술은 1개월, 의료기술은 3개월, 양철공은 1개월이 소요됨.

28) 정근식, 「식민지적 근대'와 신체의 정치」, 『사회와 역사』 51, 1997년 봄호, 237~241쪽 참조.

29) 이전 당시 정식 명칭은 '비더울프 나환자 요양원(Biederwolf Leper Colony)'이였음.

30) 정근식, 앞의 논문, 241쪽 참조.

애양원 남자 병사 전경

2. 스와인하트의 건축 활동

스와인하트는 남장로회 광주 선교기지에서 영선과 재정을 담당했던 선교사로 『기독교대백과사전』에서[31] 미국 남장로회의 장로이자 선교사, 건축가로 소개하고 있다. 그의 한국명은 서로득(徐路得) 또는 서로덕(徐路德)으로 미국에서 철도국장, 사범학교장을 지냈으며 금융업에도 종사한 토목기술자로, 기존에 활동하던 복음이나 교육 경력의 선교사와는 다른 경력의 소유자이다. 그는 1911년 봄에 부인(Louis Hawks, 1869~1971)과 함께 한국에 선교사로 방문하여 1937년 귀국할 때까지 광주 양림동의 선교기지에 거주하면서 교육사업과 선교 건축에 종사하였다. 특히 주일학교 운동의 전문가로 유아교육 사업에 헌신하여 영선 담당 선교사로서의 기록 보다는 육영에 대한 언급이 많다.

스와인하트가 1911년에 한국에 왔다고는 하지만 선교사들이 한국어 습득에 3년 정도 소요한 것을 감안하면 초기 활동은 다소 제한적이었을 것으로 생각한다. 광주 선교기지에 미국식 선교건축이 본격적으로 구축

---

31) 기독교대백과사전편찬위원회 편, 『기독교대백과사전』 9, 기독교문사, 1983, 1007쪽.

된 것은 1908년에 공사가 진행된 수피아여학교이지만 그 건축 시기가 스와인하트의 방한 이전으로 그와의 관계를 특정할 수는 없다. 그리고 1911년에 공사가 진행된 엘렌 라빈 그레엄 병원은 톰슨이 설계한 것으로 스와인하트의 광주 거류 시기와는 겹치지만 참여 정도는 확인되지 않는다.

스와인하트의 건축 활동이 본격적으로 언급된 것은 순천 선교기지 구축에서이다. 순천 선교기지는 1912~1913년에 주택 공사가 먼저 진행되는데 이때 프레스톤 선교사와 함께 공사 감독을 수행한다. 특히 순천 선교기지의 특징은 애너벨 메이저 니스벳(Anable Major Nisbet)[32]이 언급한 것처럼 필요한 인적, 물적 장비를 모두 갖춘 상태에서 개설된 조선 최초이자 유일한 선교거점으로 종합계획(마스터플랜)에 의해 구축됐다는 점이다. 이러한 종합계획에 의한 선교건축은 노고단에 구축한 하계 휴양 선교마을, 한센인을 위한 애양리 질병공동체 선교마을 등으로 스와인하트 내한 이후에 나타나고 있다. 이들 시설은 공간의 성격에 따라 교회와 지원시설 등의 거점공간을 중심으로 마을을 조성하고 있다.

스와인하트가 건축 기술자로서 남긴 건축사적 흔적은 우리나라 구석구석에 남아 있다. 이화여대가 정동에서 이전하여 건축한[33] 현재 본관 건물은 그의 대표작이면서 그가 이 땅에 남긴 마지막 작품이다. 당시 주요 건축 재료였던 화강암은 개성에서 운반하고 연인원 30만 명 가량 동원한 2년간의 대공사[34]였다. 그리고 1927년에 완공시킨 광주 수피아 여

---

32) 목포정명여학교 제5대 교장(1911~1919), 전주선교부의 교육선교사 Rev. John Samuel Nisbet(유서백) 목사의 부인으로 1906년 한국에 온 남편의 임지를 따라 전주와 목포 지방에서 선교동역자로 활약 1920년 목포 프렌취병원에서 사망.

33) 설계는 1908년부터 1936년까지 일본에서 활동하면서 많은 대학 캠퍼스를 설계한 보리스 설계사무소가 맡음. 부감독으로 한국 사무소 책임자인 강윤이 설계에 직접 참여함.

34) 이화백년사편찬위원회 편, 『이화100년사』, 이화여자대학교출판부, 1994, 227쪽.

고의 윈스보로홀(Winsborouch hall)은 가장 아름다운 건물[35]로 손꼽힌다.

V. 결론

근대기 선교건축은 선교사들의 한국 적응에 따른 한옥 개조와 한국인
들의 변용을 위한 개량이 반영되어 독특한 형식의 건축물을 형성하였
다. 이를 통해 서양 근대 건축의 이해를 쉽게 했고 현대건축으로 이행하
는 계기로 작용하였다.[36]

선교사들은 복음 선교를 목적으로 파견된 선교사라 할지라도 건축에
직간접적으로 참여했는데 그들의 선교활동이 활발해지면서 전문화된
활동이 요구되었다. 이러한 선교건축의 전남지역 이입에 적극적으로 활
동한 윌슨과 스와인하트 선교사의 건축 활동을 정리하면 다음과 같다.

첫째, 남장로회 선교사 가운데 윌슨은 의료선교사로 파견되었지만 건
축 감독을 하면서 한국인 기술자를 양성했고, 스와인하트는 영선 선교
사로서 남장로회의 선교지역 뿐만 아니라 이화여대 공사에 참여하는 등
건축 활동은 전국적이었다.

둘째, 윌슨과 스와인하트는 토목회사 근무라는 공통된 직업 경험을
갖고 있다. 특히 의료 선교사 윌슨이 미주리 목재 및 채광 회사에 근무하
면서 체득한 건축적 경험은 선교건축 초기에 그대로 반영되었을 것이다.

셋째, 한국인의 분야별 전문 기술인 양성을 들 수 있다. 선교 초기 건
축은 중국인 건축 기술자에 의존하지만 한국인을 기술 분야별로 양성해

---

35) 양국주, 일제강점기 조선땅에 온 碧眼의 선각자들 ⑫ 문화유산으로 남은 선교사의
    건축물들, 월간조선(http://monthly.chosun.com/client/news/viw.asp?ctcd=&nNewsNum
    b=201507100051).

36) 도선봉, 앞의 논문, 73~74쪽.

활용하였다. 특히 이들의 기술력은 부산에서 활동한 메킨지 선교사의 요청에서 입증되었다.

넷째, 스와인하트 이후 선교마을 구축은 종합계획으로 진행되었다. 순천 선교기지와 애양리 질병 공동체마을 등은 계획에 따라 체계적인 공간 배치가 이뤄진다.

끝으로 선교 건축은 그 수와 양을 고려해 볼 때 일본식 건축과 비교하면 상대적으로 적은 편이지만 우리 건축이 근대 건축으로 발전하면서 내재된 변화를 유도해 한국 건축의 한 축을 이루었다는 점에서 이와 관련된 지속적인 연구와 관심이 필요하다고 본다.

〈참고문헌〉

기독교대백과사전편찬위원회 편,『기독교대백과사전』9, 기독교문사, 1983.

김양호,『목포 기독교 120년사 · 초기 목포 기독교 이야기』, 세움북스, 2016.

남영우 편,『舊韓末 韓半島 地形圖』1, 성지문화사, 1997.

메리스튜어트 윌슨 메이슨, 최병택 역,『베스와 맨튼』, 사회복지법인 여수애양
　　　원, 2009.

사단법인 지리산선교유적지보존연합,『지리산 선교사 유적 조사와 문화재적
　　　가치연구』, 2009.

에너벨 메이저 니스벳, 한인수 역,『호남선교 초기 역사』, 도서출판 경건, 1998.

이화백년사편찬위원회 편,『이화100년사』, 이화여자대학교출판부, 1994.

채진홍,『나는 너희를 치료하는 여호와임이라』, 한남대학교 출판부, 2008.

고혜선,「배화여고 생활관의 구축방법에 관한 연구」, 서울시립대학교 대학원
　　　석사논문, 2007.

김빛나,「미국 남장로교 선교회 광주지역 선교연구」, 장로회신학대학교 세계선
　　　교대학원, 석사학위 논문, 2010.

김정동,「강윤과 그의 건축 활동에 대한 소고」,『한국건축역사학회』, 2008년 춘
　　　계학술발표대회.

德間一芽,「개항기 목포 이주 일본인의 도시 건설과 도시 생활」, 전남대학교 대
　　　학원 석사학위 논문, 2010.

도선봉,「한국 근대건축 형성과정에서 나타난 미국장로회 선교건축의 특성」,
　　　충북대학교 박사학위논문, 2002.

송현숙,「호남지방 미국 남장로회의 확산, 1892-1942」, 고려대학교 대학원 박사
　　　학위 논문, 2011.

이정희,「조선 화교의 성당건축 시공활동(1880년대~1930년대)」,『교회사연구』
　　　51, 한국교회사연구소, 2018.

정근식,「식민지적 근대'와 신체의 정치」,『사회와 역사』51, 1997년 봄호.

정옥균,「전북지역 개신교 초기 교회의 형성과 그 전개 과정에 대한 연구
　　　(1892년~1945년)」, 한신대학교 목회학박사원, 1999.

정창원,「한국미션건축에 있어서 개신교 개척선교사의 활동과 영향에 관한 연

구」, 『건축연사연구』 13(2), 통권38호, 2004.

차종순, 「광주 양림동 근대도시공간의 성격」, 『한국건축역사학회 추계학술발표
　　대회 논문집』 11, 2011.

최훈재, 「전인적 전문인 선교의 관점에서 본 한국 개화기 서구 선교사들의 교
　　육 전문인 사상 및 사역 고찰」, 총신대학교 선교대학원 석사학위 논문,
　　2004.

두산백과 (http://terms.naver.com/entry.nhn?docId=1111774&cid =40942&categoryId
　　=31575)

양국주, 「⑫ 문화유산으로 남은 선교사의 건축물들」, 『일제강점기 조선땅에 온
　　碧眼의 선각자들』, 월간조선(http://monthly.chosun.com/client/ news/viw.
　　asp?ctcd=&nNewsNumb= 201507100051).

인휴(Rev. Hugh MacIntyre Linton) 선교사의 순천지역 선교에 관한 연구*

이홍술

I. 들어가는 말

호남지역의 선교는 미국 남장로교 선교사들의 활동에 의한 선교였다고 할 수 있다. 호남권역에 속한 순천지방 역시 미국 남장로교 선교사들에 의해 교육, 의료, 선교회 조직 등 다양한 분야에서 선교 사역들이 진행되었으며 그 결과 또한 매우 훌륭했다. 물론 미국 남장로교의 한국선교를 호남에만 국한 시킨 것은 아니다. 다만 미국 남장로교 선교사들이 호남지역에 중점을 두고 활동하였다는 것을 강조하고자 한 것이다. 미국 남장로교회의 한국 선교는 분명 한국인의 신앙에 지대한 영향을 미쳤고 한국교회가 이만큼 성장하게 되는데도 기여한 바가 매우 크다.

그러나 안타깝게도 미국 남장로교 선교사들의 활동에 대한 연구는 미

* 이 글은 2019년 한국교회역사복원논총 제 1집에 발표한 후 일부 수정하여 올린 것임을 밝혀 둔다(ISSN 2671-9762).

진한 상태이다. 이에 비해 북장로교에 대한 연구는 상대적으로 활발하게 진행되었는데, 최근에는 숭실대학교에서 북장로교 한국선교에 대한 연구를 '불휘총서' 시리즈로 발간하기도 했다.[1] 사실 선교사들이 펼친 선교 활동도 중요하지만 그 선교사들이 행한 다양한 형태의 선교사역들을 잘 정리하여 후대에 물려주는 일 또한 중요하고 의의 있는 일일 것이다. 왜냐하면 선교사들의 활동들이 잘 정리되어 전수될 때, 그 선교의 내용들은 후대의 신앙인들에게 좋은 영향을 미칠 수 있기 때문이다. 그런 면에서 그동안 미국 남장로교 선교사들의 선교 활동들에 대한 연구가 미진했던 부분은 아쉬운 일이 아닐 수 없다.

그런데, 뒤늦게나마 뜻을 가진 여러 학자들이 미국 남장로교 한국선교의 역사적 사료 작업의 중요성을 인식하고 남장로교 한국선교에 대한 자료 발굴과 함께 저서들을 펴내고 있어서 다행스러운 일이다. 더욱이 최근 곽근열 목사, 박기철 목사, 장재환 목사 등을 중심으로 "한국교회 역사복원프로젝트"가 조직이 되어 여러 후원교회들과 많은 연구위원들을 확보하고 미국 남장로교의 한국 선교에 대한 심도 있는 대화와 연구가 진행되고 있어서 큰 기대감을 가지게 한다. 바라기는 목숨을 걸고 머나먼 타국에 와서 이름도 없이 빛도 없이 오직 하나님의 사랑과 예수 그리스도께서 분부하신 복음전파의 명을 받들어 선교한 선교사들의 선교정책과 선교의 과정 그리고 선교의 열매들에 대한 내용들이 잘 정리 되어 현재와 다음 세대에 신앙의 아름다운 유산들을 물려주었으면 한다.

이에 필자는 선교사의 후손으로 한국에서 태어나 3대째 호남, 특히

---

1) 숭실대학교, 『불휘총서』 12, 숭실대학교출판부, 2017. 리처드 베어드, **윌리엄베어드**(1); 김선욱 박신순, **마포삼열**(2); 곽신환, **윤산온**(3); 오순방, **방위량**(4); 곽신환, **편하설**(5); 이상규, **왕길지와 한국선교**(6); 김회권, **곽안련**(7); 이덕주, **백아덕과 평양 숭실**(8); 김명배, **위대모와 평북기독교**(9); 이철 김명배, **숭실의 순교자**(10); 민경찬, **숭실과 한국의 근대음악**(11); 임희국, **평양의 장로교회와 숭실대학**(12).

순천지역을 중심으로 활발하게 선교의 사명을 감당하던 중에 순직한 인
휴 선교사[2]의 선교정책과 선교내용들을 살펴보고, 그것이 순천지역 교
회 성장에 어떻게 영향을 미쳤는지에 대해 조명하고자 한다.

II. 인휴 선교사(Rev. Hugh MacIntyre Linton)가
   선교의 사역을 감당하게 된 배경

　　인휴 선교사의 선교 사역에 대하여 좀 더 깊이 알기 위해서는 그의
가정적인 배경을 살펴보는 것이 도움이 되리라고 생각한다. 왜냐하면
인휴 선교사는 그 선친들인 외조부 배유지(Rev. Eugen Bell) 선교사와 그
의 부친 인돈(William A. Linton) 선교사를 이어 3대째 한국에서 선교를
하였기 때문이다. 이런 경우는 선교역사에 있어서 그리 흔치 않을 것이
다. 그래서인지 인휴 선교사의 부모도 그 부분을 언급하고 있다. 어머니
인사례는 그의 편지에서 "그들은 한국선교의 첫 번째 삼 대 선교사들이
라"[3]고 언급했으며, 아버지 인돈 역시 "…… 한국의 첫 삼대 째 선교사
들"이라고 말하며 자랑스러워했다.[4] 충분히 자랑스러워할만 한 일이다.
대를 이어 선교의 일을 한다는 것은 무엇보다도 선교지에 대한 남다른
애정을 가지게 될 것이며, 처음 선교지에 도착한 사람들보다 새로운 환
경에 대한 적응 기간과 문화적 괴리감이 적기 때문에 그만큼 효율적인
선교를 할 수 있을 것이다. 인휴 선교사의 선교가 바로 그렇다. 필자는

---

2) 인휴 선교사는 목사이지만 그가 선교사로 활동하였기에 가급적 선교사로 기술하고
　자 한다.
3) Mrs. William A. Linton, "*Letters November 8, 1953*", The Archives for Korea Church
　History Study, *Personal Reports of the Southern Missionaries in Korea,* 1집, vol.11.
4) William A. Linton, "*Letters December 5, 1953*", The Archives for Korea Church History
　Study, *Personal Reports of the Southern Missionaries in Korea,* 1집, vol.11.

인휴 선교사의 선교 사역들을 조명하기에 앞서 먼저 그의 선친들인 배유지 선교사와 인돈 선교사의 선교 사역에 대해서 살펴보고자 한다.

1. 외조부 배유지(Rev. Eugen Bell) 선교사

1) 미 남장로교 선교회 소속 한국 선교사로 파송되다

미국 남장로회(The Presbyterian Church in United States)는 한국에 많은 선교사들을 보내 선교활동을 전개했다. 1892년 3명의 청년 목사들과 4명의 여자 선교사 등 7명이 남장로회 한국선교사로 파송되었는데,[5] 이들은 주로 군산, 전주를 중심으로 선교 하였다. 그 뒤를 이어 배유지(Rev. Eugen Bell) 선교사가 미국 남장로회 한국선교사로 임명을 받고 한국에 파송되었다. 그는 신학교를 졸업하기 전인 1893년 11월 13일에 한국 선교사로 임명을 받았고, 그 이듬해인 1894년에 루이빌노회에서 목사안수를 받았다. 그리고 같은 해 6월 26일에 루이빌신학교 은사인 설교학 교수 토마스 드와이트 위더스푼의 딸인 샬롯 잉그램 위더스푼(배주량, 애칭 로티)과 결혼하였다.[6] 이들 부부는 1895년 2월 1일 미국을 출발하여

---

5) 광주제일교회 역사편찬위원회, 『광주제일교회 90년사』, 호남문화사, 1994, 246쪽. 7인의 선교사의 명단은 테이트(30세, Rev. Lewis Boyd Tate) 목사, 전킨(27세, Rev. William McCleery Junkin) 목사, 레이놀즈(25세, Rev. William Davis Reynolds) 목사와, 테이트 목사의 여동생 테이트(Miss Mattie Samuel Tate) 양, 그리고 데이비스(Miss Linnie Fulkerson Davis, 1898년에 하리슨 목사와 결혼), 전킨 목사 부인 레이번(Mrs. Mary Leyburn Junkin) 여사, 레이놀드 목사 부인(Mrs. Patsy Bolling Reynolds) 등이다. 이들은 1892년 9월 7일에 한국을 향해 미국을 떠나기로 되어있었지만, 전킨 목사의 후두염 치료 때문에 데이비스 양과 데이트 목사와 그의 여동생 등 세 사람만 먼저 떠나고 레이놀즈 목사 부부는 전킨 목사 부부와 함께 오기로 하였다. 세 사람이 일진으로 먼저 미국을 떠난 것이다. 처음 일행 3명은 오는 길에 일본에 기항했는데, 데이비스양은 일본에 내리지 않고 바로 한국에 오게 되어 1892년 10월 17일에 제물포 항에 도착하여 남장로회 선교사로서는 처음으로 한국 땅을 밟은 선교사가 되었다. 그리고 후두염 치료를 위해 미국에서 늦게 출발한 4명의 선교사들과 일본에 머물던 2명의 선교사들은 일본에서 만나 1892년 11월 3일에 함께 제물포 항에 도착했다.

1895년 4월 9일 마침내 서울에 도착했다.[7] 이 때 의사 유대모(Dr. A. Damer Drew)부부가 배유지 선교사 부부와 함께 한국에 오게 되었는데, 이들 4명이 함께 선교사 임명을 받고 한국 땅을 밟은 것으로 전해진다.[8]

2) 나주와 목포 그리고 광주의 선교 책임을 맡아 사역하다

미국 남장로회 선교사들은 1895년 전주에, 1896년 군산에 선교부를 세우고, 그 뒤를 이어 1896년 12월 나주에 세 번째로 선교부를 세웠는데, 배유지 선교사가 나주 선교부 개설 책임을 맡았다.[9] 배유지 선교사는 전주에 와 있던 하위렴(Rev. William Butler Harrison) 선교사와 더불어 나주에서의 처음 사역을 시작했다.[10] 하지만 배유지 선교사가 1897년 9월에 나주를 방문했을 때에는 살해의 위험마저 있었을 정도로 지역민들의 반대가 심했다고 한다. 이 일을 경험한 후 그는 나주에 대해 "사악한 도시"라고 평가했다.[11] 결국 배유지 선교사는 나주에서의 선교를 접고, 1897년 12월 목포로 내려가 1898년 5월 그곳에 임시거주지를 마련하고, 그 해 9월 서울에 있던 그의 가족을 데리고 목포로 완전히 이주하였다. 이는 그의 전남 지역 선교의 새로운 시작을 의미한다.[12]

배유지 선교사의 목포 선교가 매우 성공적으로 진행이 되어가던 중에 뜻하지 않은 안타까운 일이 발생했다. 그의 아내 로티가 1901년 4월 12일에 심장질환으로 사망한 것이다(당시 그들에게는 다섯 살 된 아들 헨리

---

6) 한남대학교 교목실 엮음, 『미국 남장로교 선교사 열전』, 도서출판 동연, 2016, 90쪽.
7) 한남대학교 교목실 엮음, 위의 책, 89쪽.
8) 광주제일교회 역사편찬위원회, 앞의 책, 247쪽.
9) 한남대학교 교목실 엮음, 앞의 책, 92쪽.
10) 광주제일교회 역사편찬위원회, 앞의 책, 248쪽.
11) Eugen Bell to sister, September 5, 1897. 한남대학교 교목실 엮음, 앞의 책, 93쪽에서 재인용.
12) 위의 책, 93~94쪽.

와 두 살도 채 안 된 딸 샬롯 - 후에 인휴 선교사의 어머니가 된 - 이 있었다). 당시 배유지 선교사는 목포에서 전주로 순회 전도를 나가 있었기 때문에 아내의 죽음을 지켜보지 못했다. 그가 비보를 받고 목포에 돌아왔을 때는 아내가 죽은 지 이미 나흘이 지난 뒤였다.[13] 로티는 남장로회 선교사들 가운데 한국 선교지에서 순직한 첫 번째 선교사가 되었다. 배유지 선교사는 부인의 시신을 서울의 외국인 묘지에 장사한 뒤 목포에서의 선교를 더 이상 이어가지 못하고 어린 두 자녀 헨리와 샬롯을 데리고 미국으로 돌아갔다.[14]

그는 미국에 머물면서 마음을 추스른 후, 1902년 12월 다시 목포로 내한하여 선교사역을 이어갔다. 그런데 그 바로 다음해에 변요한(Rev. John Fairman Preston) 선교사 부부가 증파되어 목포 선교부는 활기를 되찾았고 선교의 성과 또한 기대 이상이었다. 목포 교회는 교인들이 늘어남에 따라 200여 명을 수용할 수 있는 최초의 양옥 예배당을 건립하였는데, 건축비용의 4/5를 교인들이 부담하고 나머지는 부채로 남게 되었는데, 얼마 후에 그 부채마저 다 청산하고 1903년 6월 28일(주일) 헌당예배를 드렸다.[15] 배유지 선교사는 목포의 성공에 힘입어 선교 영역을 광주지역으로 넓혀가게 되었는데, 미 남장로교 선교회가 1904년에 4번째로 광주에 선교 거점을 정하고 그 책임을 배유지 선교사와 오웬 선교사에게 일임했기 때문이다. 이로 인해 배유지 선교사는 목포에 이어 광주에서도 선교의 책임을 맡게 되면서, 미국 남장로교 선교회 전남 지역 선교의 선구자로 이름을 올리게 되었다.[16]

---

13) 위의 책. 샬롯은 인돈과 관련되어 사용 된 인사례와 같은 인물임을 밝혀둔다.
14) 광주제일교회 역사편찬위원회, 앞의 책, 250쪽. 연락을 받고 서둘러 목포로 향했지만 군산을 거쳐 배편을 통해 목포로 와야 하는 당시의 불편한 교통수단 때문에 그렇게 늦게 도착한 것이다.
15) 위의 책, 251쪽.
16) 한남대학교 교목실 엮음, 앞의 책, 96~97쪽.

광주에서의 선교는 교육선교와 의료선교를 병행하였는데, 1908년 배유지 선교사가 설립한 교회와 연관 된 23개의 교회학교(소학교), 광주 남학교(숭일학교)와 여학교(수피아 여학교)에서 학생 수가 꾸준히 증가하면서 많은 학생들이 공부할 수 있었다. 그리고 의료선교 역시 배유지 선교사의 집에서 시작 된 광주 제중의원이 윌슨(Robert M. Wilson, 우월순)의 합류로 더욱 발전해갔다.[17] 그 외에도 배유지 선교사는 1907년부터 1923년까지 평양의 장로교신학교에서 교수를 역임하면서 조직신학과 성서학을 강의했다.[18]

3) 선교의 사명을 감당하던 중 별세하다

배유지 선교사는 아내 로티가 세상을 떠난 후 1904년 5월 10일에 군산에서 선교사로 사역하던 남장로교 선교사 윌리엄 불(William F. Bull, 부위렴)의 여동생 마가렛 휘태커 불(Margaret Whitaker Bull)과 재혼을 했는데,[19] 그녀 또한 갑작스런 사고를 당해 세상을 뜨고 말았다. 1919년 3월 26일 배유지 선교사는 아내와 동료 선교사들과 함께 일제의 제암리 학살 만행의 현장 조사를 마치고 광주로 돌아오는 길에 자신의 차 뒷부분이 기차와 충돌하는 사고를 당했다. 이 때 그의 아내 마가렛과 선교사 크레인이 현장에서 사망한 것이다. 그래서 그는 이 사고의 수습을 마무리한 후 큰 상처를 안고 자녀들과 함께 재차 귀국길에 올랐다. 하지만 그는 1922년 3월 9일 다시 광주로 복귀하여 광주 북문교회 협동목사로 있으면서 평양신학교에 출강을 하고 저술활동을 하다가 1925년 9월 28일

---

17) 위의 책, 100쪽.
18) 위의 책, 101쪽. 당시 평양장로교신학교는 북장로교 선교회 지역에 있었지만 네 개의 서로 다른 장로교 선교회(미국 북장로교, 미국 남장로교, 호주 장로교, 캐나다 장로교)가 교수를 파송하여 신학교육을 하는 장로교 연합 신학교였다.
19) 위의 책, 97쪽.

광주에서 별세하여 30년 동안 한국선교사역의 귀한 사명을 완수하고 광주 양림동 묘역에 안장되었다. 이 때 그의 나이는 57세였다.[20]

2. 부친 인돈(William A. Linton) 선교사

1) 한국 선교사로 부름 받다

인휴 선교사의 부친인 인돈은 1891년 2월 8일 조지아 주 토마스빌 (Thomasville, Georgia)에서 아버지 와델 린튼(Wyche Waddel Linton)과 어머니 아만다 폰더 앨더만(Amanda Ponder Alderman) 사이에서 4남매 중 셋째로 태어났다. 그런데 그가 두 살 되던 해에 첫째 누나를, 네 살 되던 해에는 형을 잃었다. 그리고 후에 그의 부모가 이혼을 하게 되어 그는 어머니와 이모와 함께 살게 되었는데, 그가 대학에 재학 중이던 1908년 에 어머니마저 세상을 떠나고 말았다.[21] 인돈은 어머니가 감리교인이었기 때문에 감리교에서 세례를 받았지만 후에 장로교로 교적을 옮기게 되었다. 그는 1907년 애틀랜타로 가서 조지아 공대(Georgia Institute of Technology)에 입학하여 1912년 조지아 공대를 수석으로 졸업했다.[22] 대학을 졸업한 후 그는 한국선교사의 꿈을 가지게 되었는데, 그 때 그의 이모는 인돈이 미국에 남아서 사업을 하도록 권유하며, 그가 사업을 한다면 무엇이든 돕겠다고 했지만 인돈은 이모의 제안을 거부하고 한국선교의 길을 택했다.[23]

인돈이 한국선교를 지원하게 된 배경은, 당시 한국 선교사인 변요한

---

20) 위의 책, 103~104쪽.

21) 위의 책, 136쪽.

22) 오승재 · 김조년 · 채진홍, 『인돈 평전: 윌리엄 린턴의 삶과 선교사역』, 지식산업사, 2003, 34~36쪽.

23) Ko Sung Mo, "*Letter, 1965.2.11.*", The Archives for Korea Church History Study, *Personal Reports of the Southern Missionaries in Korea*, 1집, vol.11.

(John Fairman Preston)의 영향이라 할 수 있다. 변요한은 1903년 한국 선교사로 파견되어[24] 목포를 중심으로 해남, 강진 지방의 교회를 개척했고, 1905년 목포 영흥학교 교장, 1908년 광주 숭일학교 초대 교장을 역임했던 선교사이다. 변요한은 안식년을 맞아 1911년에 미국에 들어가 있으면서, 33명의 선교사를 선발하는 일을 하고 있었다.[25] 이 때 인돈은 대학을 졸업하기 전인 1912년 4월 9일 이미 해외 선교부 실행위원회가 교부한 선교사 임명장을 받고 있었기 때문에, 그해 6월, 그의 나이 21세 때 조지아 공대 전기공학과를 졸업한 후, 같은 해 8월 23일 변요한 목사와 함께 샌프란시스코를 출발하여 한국으로 향했다.[26] 인돈은 1912년 9월 20일 목포항에 도착하여 한국 선교사역의 첫발을 내딛었다. 그는 군산으로 이동해 1913년에 한국어 교사 고성모를 만나 한국말을 배우기 시작했고 군산에 온 지 1년 뒤 영명학교에서 한국어로 성경을 가르치면서 선교를 시작했다.[27]

2) 교육가로서 선교의 사명을 감당하다

인돈은 1917년에 영명학교의 교장 직을 맡았다. 그가 영명학교 교장으로 재직 중일 때, 범국가적으로 3·1운동이 전개되었는데, 영명학교에서도 교사와 학생들이 1919년 3월 6일 군산 장날을 기해 만세운동에 참여 하였고[28] 그 후에도 그 운동은 계속되었다. 지식인과 젊은이들의 이런 애국심과 정의감에 불타 외치는 큰 함성이 인돈으로 하여금 선교 현

---

24) 광주제일교회 역사편찬위원회, 앞의 책, 251쪽을 참조하기 바란다.
25) 오승재·김조년·채진홍, 앞의 책, 38쪽.
26) 위의 책, 41쪽.
27) 위의 책, 42~46쪽.
28) 조지 톰슨 브라운, 천사무엘·김균태·오승재 역,『한국 선교 이야기』, 동연, 2010, 157쪽. 당시 군산에서 일어났던 만세운동의 상황을 목격한 불 목사의 목격담이 상세히 기록되어 있다.

장인 한국에 대한 사고를 새롭게 하는데 도움을 주었으리라 생각된다. 그 후 인돈은 안식년을 맞아 1919년 5월 4일에 미국으로 들어가[29] 컬럼비아 사범대학에 입학하여 교육학 석사학위를 받았다.[30] 이 때 그의 아내가 될 Charlotte Witherspoon Bell(샬롯)을 만나, 1922년 6월 10일에 일본 고베에서 그녀와 결혼을 하고 선교사역을 함께 하게 되었다.[31]

군산 영명학교에서 5년 동안 교장으로 일한 인돈은 선교부의 뜻에 따라 1926년 초가을에 선교지를 전주로 옮겨 1927년부터 1954년까지 전주 신흥고등학교에서 일하였다.[32] 전주 신흥학교에서 여부솔과 함께 동사교장(공동 교장) 역할을 하면서 여러 명의 외국인 교육 종사자들을 대동하고 일본을 다녀오게 되었는데, 그 이유는 일본이 우민정책의 일환으로 선교사들에게도 그 생각을 주입시키고자 했기 때문이다. 일본을 다녀온 인돈은 일제가 사립학교에 대한 제재를 강화할 수 있다는 생각을 하였다. 그리고 인가를 받아야 상급학교 진학과 취업에 도움이 된다는 것도 알고 있었기 때문에 그는 우선적으로 전주 신흥학교를 총독부 지정학교로 인가받기 위한 기초 작업에 착수했다.[33] 이로보건데 인돈은 지정학교로 인정을 받는 것이 일제의 교육제도 아래서 기독교 학교가 생존하며 한국에서 교육선교의 사명을 감당할 수 있는 최선의 길이라고 생각했던 것 같다.[34] 신흥고등학교는 1937년 일제의 핍박에 의해 해방되기까지 폐교하게 되었는데 인돈은 친구에게 보낸 편지에서 그 때의

---

29) 오승재 · 김조년 · 채진홍, 앞의 책, 54~55쪽.

30) 위의 책, 58~59쪽.

31) 위의 책, 62쪽. 그녀는 배유지 목사와 그의 부인 배주량 선교사의 막내딸이었다. 이에 대해서는 광주제일교회 역사편찬위원회, 앞의 책, 250쪽을 참고하기 바란다. 그리고 앞에서 밝힌 바와 같이 그녀는 후에 인휴 선교사의 어머니가 된다.

32) 송현숙 엮음,『미남장로회 선교사역 편람(1892-1982)』, 도서출판 현대문화, 2012, 325쪽.

33) 오승재 · 김조년 · 채진홍, 앞의 책, 75-77쪽.

34) 한남대학교 교목실 엮음, 앞의 책, 147쪽.

아픔을 "많은 상심을 불러일으켰다"(caused many heartaches)고 알렸다.[35]

해방을 맞아 새로운 비전을 가지고 일하던 학교가 6 · 25 발발로 또다시 휴교를 해야 했다. 1950년 7월 11일 화요일 그의 일기에는 "특별한 일이 없었다 - 금요일에 학교를 닫기로 결정하였다 - 한국의 젊은이들이 징집되었다."[36]고 기록하고 있다. 그러나 상황이 급박해져서 금요일보다 이틀 앞인 7월 12일 수요일 오후에 학교의 문을 닫는다고 알리고 학교의 문을 닫았다.[37] 물론 일시적으로 문을 닫은 것이다. 그의 편지를 보면 인돈은 학교의 문을 닫은 후에 잠시 미국을 다녀온 것 같다. 그는 자신들이 한국에 들어왔을 때의 반응을 "도착하자마자 우리를 기다리고 있던 이들의 환영은 압도적이었다. 모인 많은 사람들은 당신은 지금 여기 남아서 한국 땅에 묻혀야 한다. 그런 표현은 우리에게 이상하지만 그들에게는 그렇지 않다."고 밝히면서 선교사들에게 거는 한국 교회의 기대를 편지를 통해 알리기도 했다.[38] 선교사들에게 건 한국교회의 그런 희망이 그의 사명감을 더욱 강하게 자극했을 것이며 후에 그의 뒤를 이어 한국에서 선교를 감당하게 될 아들 인휴에게도 선교사로서의 소중한 사명을 일깨워 주었을 것이다.

인돈은 현 한남대학교가 세워지기까지에도 큰 역할을 하였다.[39] 여러

---

35) William A. Linton, "Letter, January 22, 1938", The Archives for Korea Church History Study, *Personal Reports of the Southern Missionaries in Korea,* 1집, vol.11, 2.

36) William A. Linton, "Diary, July 11, 1950", The Archives for Korea Church History Study, *Personal Reports of the Southern Missionaries in Korea,* 1집, vol.11, 2. 특별한 일이 없었다(nothing special happened)는 것은 상황이 바뀌지 않았다는 것으로 봄이 좋을 것 같다. 그래서 학교의 문을 닫기로 결정을 했다는 것이다.

37) 위의 책. 그의 일기에서는 당시의 급박한 상황에 대해서 말하고 있는데, 7월 11일 화요일 오후에 이리가 폭파 되어 200명의 희생자가 났다고 기록하고 있다.

38) William A. Linton, "*Letters, December 17, 1952*", The Archives for Korea Church History Study, *Personal Reports of the Southern Missionaries in Korea,* 1집, vol.11.

과정들을 거쳐 1956년 2월 5일에 성문과, 영문과, 화학과 3개 학과로 대전기독학관의 설립 인가 신청을 하여 그 해 3월 13일에 인가를 받아 4월 10일에 개교하게 되었는데, 이 때 인돈은 대학설립위원장과 초대 학장으로서 학교 설립의 과정에 주도적인 역할을 하였다. 그리고 1959년 2월 26일에 4년제 정규대학인 대전대학 설립 인가를 받아 마침내 인돈은 1959년 4월 15일 대전대학교의 개교와 함께 학장으로 취임하게 되었다.[40] 인돈은 교육실천의 강령을 정하여 실천토록 하였는데, 그 내용을 보면 다음과 같다. "첫째, 수업은 정시에 시작할 것. 둘째, 수업은 정시에 끝낼 것. 셋째, 모든 학생에게 과목마다 숙제를 내 줄 것. 넷째, 교수와 학생은 결강하지 말 것. 다섯째, 기독교 분위기를 유지할 것. 이것이 지켜질 때 교육은 자연스럽게 수준이 높아질 것이고, 교육기관은 자연스럽게 우수해질 것이다."[41] 이 지침을 보면 인돈이 교육에 있어서 어떤 부분에 중점을 두고 있었는지를 파악할 수 있다.

이렇게 교육계에 헌신하며 선교의 사명을 다하던 그는 평소에 가진 지병 때문에 1948년에 수술을 받았지만 상태가 안 좋아 다시 같은 수술을 받기 위해 1955년도 도쿄로 건너가 미군 병원에 입원하였다.[42] 그러나 그 이후에도 그의 병세는 더욱 악화되어 의사들의 권고에 따라 병의 치료를 위해 1960년 6월 말 미국으로 떠났는데, 끝내 한국으로 돌아오지 못하고 1960년 8월 13일 그의 나이 70세에 테네시 주 녹스빌에서 별세하여 노스캐롤라이나 블랙마운틴 공원묘지에 묻혔고, 그의 부인 인사례도 1974년 4월 30일에 별세했다.[43]

---

39) William A. Linton, "*Letters, April 9, 1956*", The Archives for Korea Church History Study, *Personal Reports of the Southern Missionaries in Korea,* 1집, vol.11.

40) 한남대학교 교목실 엮음, 앞의 책, 158쪽.

41) 오승재 · 김조년 · 채진홍, 앞의 책, 7쪽.

42) Mrs. William A. Linton, "*Letters June 6, 1955*", The Archives for Korea Church History Study, *Personal Reports of the Southern Missionaries in Korea,* 1집, vol.11.

III. 인휴 선교사의 선교 사역

어느 지역이든 마찬가지겠지만 순천지역 역시 선교사들의 헌신과 탁월한 선견지명의 영향으로 인해 교회가 보다 효율적으로 성장 발전할 수 있었다. 선교사들의 사역 범위는 학원선교, 교회개척, 의료선교, 선교회 조직 등 다양한 방향에서 이루어졌다. 교육을 통해 복음을 전함과 동시에 열린 의식을 갖도록 도왔으며, 선교회의 활동으로 인해 다양한 지역들에 교회가 세워졌다. 그리고 의료선교를 통해 병약하고 소외된 사람들을 더 많이 만날 수 있는 기회를 만들었다.

필자는 여러 선교사들 가운데 순천지역을 중심으로 활발하게 선교활동을 전개했던 인휴 선교사에 대해 조명하고자 한다. 외조부 배유지 선교사와 부친 인돈의 선교 영향 아래서 태어나고 자란 인휴 선교사는 한국 선교에 남다른 애정을 가진 선교사였다. 왜냐하면 자신이 태어난 곳이 한국이었고 어려서부터 몸으로 체득하면서 자란 곳이 한국이었기 때문이다. 그는 선친들의 영향 아래서 선교의 꿈을 키우며 자신이 가진 좋은 환경들을 최대한 활용하면서 선교를 위해 열심히 준비하였다. 인휴 선교사의 어머니 인사례가 인휴의 아내에게 보낸 편지의 내용을 보면, "휴는 늘 그렇듯이 자신의 주변 환경을 최대한 활용하고 있으며 한국어를 배우고 주를 위해 일할 수 있는 모든 기회를 이용하는 것 같다. 나는 그가 한국말을 그가 생각하는 만큼 많이 기억하는 것이 좋다고 생각한다. 그리고 나는 그가 그것을 빨리 배울 것이라는 것을 안다."[44]고 했다. 그의 부모는 아들 인휴가 자신들처럼 한국에서 선교사로 일하기를 원했던 것 같다. 그래서 인휴로 하여금 선교의 꿈을 키우도록 돕고 기도로

43) 오승재 · 김조년 · 채진홍, 앞의 책, 269~270쪽.
44) Mrs. William A. Linton, "*April 8, 195_ Letter*", The Archives for Korea Church History Study, *Personal Reports of the Southern Missionaries in Korea,* 1집, vol.11.

협력 했다고 볼 수 있다.

인돈 부부는 아들과 그의 가족을 많이 사랑했다. 인돈은 인휴가 1953년 선교사로 한국에 오기 전인 1952년에 인휴의 가족들과 함께 했던 시간을 이렇게 기록하고 있다. "서해안으로 가는 길에 그랜드캐니언에서 하루를 보냈고 샌디에고에 있는 휴와 그의 가족들과 긴 일주일을 보냈다. 오클랜드에서의 마지막 이틀은 휴와 베티와 아이들이 우리를 배웅하러 왔기 때문에 특히 행복했다. 우리 가족이 선착장에 와서 작별인사를 한 것은 처음이었다."45)고 기록하고 있다. 이 때는 시기적으로 인휴가 선교사로 한국에 오기 약 일 년 전이기 때문에 인돈은 인휴의 가족들과 만나 한국 선교에 대한 많은 얘기들을 나눴을 것이라고 생각 된다.

인휴 선교사의 부모님은 그들의 선교를 위해 늘 기도로 준비하였다. 인휴 가족이 한국에 선교사로 들어왔을 때 그의 부모는 "이번에 그들이 온 것은 한국에서 우리 남장로교회의 사역에 정말 획기적인 사건이다. 하나님께서 한국에서 여러 해 동안 하나님의 사역에 그들을 기꺼이 사용하시기를 바라는 것이 부모의 기도이다."46)고 했다. 물론 인휴 선교사 자신이 선교에 대한 꿈이 있었기 때문이긴 하겠지만, 그의 부모 역시 아들이 한국에서 선교하기를 희망했고 이를 위해 오랜 기간 기도로 준비하였음을 보게 된다.

이로보건데 인휴 선교사는 부모의 뜻에 동의하며 자신 스스로도 한국에서의 선교를 꿈꾸면서 잘 준비했다고 볼 수 있다. 그는 그의 부모와 의논하는 가운데 자신의 선교 방향을 농어촌으로 정하고, 이를 위해 자

---

45) Mrs. William A. Linton. William A. Linton, "*Letters by regular mail 5ø, September 28, 1952*", The Archives for Korea Church History Study, *Personal Reports of the Southern Missionaries in Korea,* 1집, vol.11.

46) William A. Linton, "*Letters, December 5, 1953*", The Archives for Korea Church History Study, *Personal Reports of the Southern Missionaries in Korea,* 1집, vol.11.

신이 가진 장점들과 기회들을 선용하면서 선교를 준비하였다고 보아야 할 것이다. 왜냐하면 인휴와 비슷한 시기에 내한하여 광주 지역에서 선교를 하였던 인돈의 넷째 아들 인도아(Rev. thomas Dwight Linton) 선교사 역시 농어촌을 중심으로 한 선교를 펼쳤기 때문이다.[47] 그러나 비록 부모의 생각이 들어있다 할지라도 본인들의 생각이 더 깊이 작용했다고 보아야 할 것이다. 왜냐하면 선교는 현실이기 때문이다.

인휴 선교사는 그 누구보다도 농어촌 선교에 관심이 많은 선교사였다. 그래서 그는 도시선교보다는 섬지방과 간척지 농촌으로 다니면서 농어촌 선교의 뚜렷한 비전을 제시하고 그 비전에 따라서 선교하며 많은 교회를 세웠다.[48] 그가 농어촌에 특별한 관심을 가진 것에 대해 그의 선교동역자였던 안기창 목사는 "바다가 좋아 해군이 되었고 섬에 관심 갖고 객선을 여덟 시간 타고 가는 거문도에 자주 다니면서 복음 전하고 섬마다 교회 개척 먼 바다를 바라보며 해군 시절을 그리워하였어라."[49]고 회고 한다. 평소에 바다와 섬지방을 좋아하던 사람이었는데, 1950~1960년대 한국 농어촌의 상황이 심히 낙후되어 있었기 때문에 그 마음과 현실이 하나로 연결되어 그 방향에 선교의 초점을 두고 사역했다고 할 수 있을 것이다. 인휴 선교사의 선교 영역은 다양한 방향에서 이루어졌지만 필자는 그가 가장 중점을 두고 사역하였던 등대선교회를 중심으로 정리하게 될 것이다.

인휴 선교사의 사역에 대해 기록하기에 앞서 그에 대하여 이력서 형식으로 정리된 자료를 살펴보면 아래와 같다.[50]

---

47) 안기창, 『선교 이야기』, 쿰란출판사, 2006, 94쪽.
48) 주명준, 『장천교회 110년사』, 신하출판사, 2017, 133쪽.
49) 안기창, 앞의 책, 94쪽.
50) 송현숙 엮음, 앞의 책, 316~317쪽.

인휴 선교사의 이력서

Linton, Hugh MacIntyre

성 명	(영문) H. M. Linton			(한글) 인휴		
국적	미국	성별	남	출생	한국 군산	
가족사항	• 출생 1926-1984년 • 1947년 Lois E. Flowers와 결혼 • 자녀 7명					
소속	미남장로회	내한연도	1952	이한연도	1984	
선교지	대전, 순천			선교분야	목회(목사)	

선 교 사 역

기 간		내용	기관명
연도	선교부		
1952	대전	어학. 지역전도사역	
1953	대전	어학. 지역전도사역	
1954	순천	어학. 지역전도사역	
1855	순천	어학. 지역전도사역	
1956	순천	지역전도사역	
1957	순천	지역전도사역	
1958	순천	지역전도사역, 안식년	
1959	순천	지역전도사역	
1960	순천	지역전도사역	
1961	순천	지역전도사역	순천성서신학원
1962	순천	지역전도사역, 순천고등성경학교 교사	
1963	순천	지역전도사역, 순천고등성경학교 교사, 시청각사역, 안식년	
1964	순천	지역전도사역	
1965	순천	촌락전도사역, 순천노회	
1966	순천	촌락전도사역, 순천노회	
1967	순천	촌락전도사역, 순천노회	
1968	순천	촌락전도사역, 순천노회	
1969	순천	촌락전도사역, 순천·목포노회	
1970	순천	촌락전도사역, 순천·목포·제주노회, 구제사역	
1971	순천	촌락전도사역, 순천·목포·제주노회, 구제사역, 선교회자동차관리	
1972	순천	순천노회 전도사역	
1973	순천	순천·진주노회 전도사역	

경 력 사 항

기 간		기관 및 부서명	직위

	부터	까지		
학력	1944 1948 1950	1947 1950 1953	에르스킨대학 콜롬비아신학교 프린스턴신학교	학사 학사 석사
경력	1962 1970	1963	순천고등성경학교 등대선교회	교사 초대회장
안식	1958 1963	1959 1964	안식년으로 귀국	
은퇴	1984		교통사고로 사망	
기타			• 「내 고향은 전라도」 • 「미국남장로교 선교 100년사」	

이 자료는 2012년 대한예수교장로회 한서노회에서 1892~1982년까지 호남지방을 중심으로 한 미국 남장로회 소속 선교사들의 인적 사항, 선교사역, 경력사항 등을 데이터베이스화 한 결과물이며, 이 자료의 출처는 Minutes 1903~1940, Minutes 1947~1992에 기초하고 있는데, 그 중 "Work of Assignment"를 중심으로 정리한 작업이라고 한다.[51]

1. 한국에서 태어나 한국의 선교사가 되다

인휴 선교사는 1926년 2월 22일 인돈 선교사의 셋째 아들로 전북 군산에서 출생하였다.[52] 아버지 인돈이 군산에서 전주로 선교지를 옮기면서 그도 태어난 그 해에 가족과 함께 수레를 타고 전주로 가게 되었다.[53] 아직 간난아이의 몸으로 먼 거리를 불편한 수레를 타고 이동한다는 것은 매우 힘든 여정이었겠지만, 그는 태어나면서부터 한국의 환경에 적응하며 어린 시절을 보냈다. 그는 1941년 미국으로 돌아가 1943년 고등학교를 마치고 미 해군에 입대하여 제2차 세계대전에 참전했다. 1946년 제대 후 엘스킨대학을 졸업하였으며, 1950년 콜럼비아신학교를 졸업하고 프린스턴신학대학원에 진학했다. 그러나 6·25 한국전쟁 발발로 미 해군에 징집, 인천상륙작전에 참전, 2년 동안 한국에서 종군했고, 1953년 프린스턴신학대학원을 졸업하며 신학석사학위를 취득하고, 그 해 미국 장로교에서 목사 안수를 받았다.[54]

51) 송현숙 엮음, 앞의 책, 머리말 참조.
52) 등대선교회,『등대의 빛』재창간 제2호, 2007.4, 3쪽.
53) 오승재·김조년·채진홍, 앞의 책, 75쪽.
54) 등대선교회,『등대의 빛』재창간 제2호, 2007.4, 3쪽. 엘스킨 대학으로 표기 된 부분은 어스킨 대학으로 봄이 타당하다고 본다. 김형균,「순천지역 의료선교에 대한 연구: 선교사 인애자의 결핵사업을 중심으로」, 장로회신학대학교 신학대학원 석사학위논문, 2010, 13~15쪽 참조. 이 때 인휴 선교사와 인애자 선교사가 만났을 가능성이

그는 1953년에 한국 선교사로 임명을 받은 후 일본 도쿄를 거쳐 한국으로 들어오게 되었는데, 그의 자녀들이 한국에 들어올 수 있도록 허락을 받기까지 도쿄에서 그의 아내와 함께 한국어를 공부하며 준비했다.[55] 그는 1954년[56] 대전에 온 후 그 해에 순천에 내려와 광양 여수지방을 담당했는데, 특히 섬 지방 선교에 사명을 가지고 거문도 각 섬과 남해안의 여러 섬들에 교회를 개척하였다. 그는 해군출신이어서인지 유난히 바다를 좋아했고 섬을 사랑했다고 한다.[57] 그는 1947년 5월 31일에 사우스캐롤라이나의 앤트레빌(Antreville)에서 Lois Elizabeth Flowers와 결혼하여[58] 슬하에 5남 1녀를(이력서에는 7명으로 기록됨) 두었다.[59]

있다고 볼 수 있다.

55) Mrs. William A. Linton, "*Letters nov. 16, 1953*". The Archives for Korea Church History Study, *Personal Reports of the Southern Missionaries in Korea*, 1집, vol.11.

56) William A. Linton, "*Letters, december 5, 1953*". The Archives for Korea Church History Study, *Personal Reports of the Southern Missionaries in Korea*, 1집, vol.11. 1953년 12월에 편지를 쓰면서 봄에 한국에 들어가기를 희망한다고 했기 때문에 1954년 봄으로 추정하여 기록하였음을 밝혀둔다.

57) 등대선교회, 「등대선교회 30년사」, 『등대의 빛』, 도서출판 벧엘, 2000, 55쪽.

58) 김형균, 앞의 논문, 14쪽. 그녀는 남편 인휴 선교사를 도와 선교의 사명을 감당하면서도, 후에는 결핵퇴치 사업에 매진하며 선교의 사역을 감당했다. 1962년 8월 밤, 큰 홍수로 순천지방이 큰 피해를 입었는데, 수백 동의 가옥이 유실되고 인명피해도 많았다. 순천 선교부는 미국 본부에 구제금을 요청하여 1만 달러를 지원 받아 피해를 입은 가정에 이불 300채를 전달하였고 기독교봉사회에서는 의복을 신청하여 수재민들에게 나누어 주었다. 그리고 시에서는 식량을 배급하였다. 이 때 인애자 선교사는 수재민들이 피해 있는 천막을 방문하여 환자들을 돌보고 치료해주었으며, 자기 주택의 서쪽 방을 개방하여 환자들을 계속 치료하게 되었다. 환자 수가 많아짐에 따라 1963년경 직원 사택으로 건축한 매곡동 253의 9번지의 주택(석조)을 수리하여 그곳에서 진료를 계속하였는데, 이 때 물론 각종 환자들을 돌보아주었지만 특히 결핵 환자들을 중심으로 진료를 확대 해 가게 되었다. 안기창 목사는 "그녀는 평소에 가난하고 병든 사람들을 사랑하고 도와주는 인정이 많은 여성이었다."고 평가했다. 안기창, 『미국 남장로교 선교 100년사』, 도서출판 진흥, 2010, 243쪽 참조. 그런데 인애자 선교사가 이렇게 결핵사업에 더욱 집중하게 된 데는 하나의 큰 계기가 있었다. 1957년 겨울 그녀의 세 아들들이 결핵에 걸린 것이다. 그녀의 아들인 요한 박사는 그 때의 일을 회고 하며 어머니가 결핵퇴치 사역에 큰 의미를 둔 이유에 대해서 이렇게 말한다. "한국 아이들과 함께 순천의 일반 초등학교에 다니던 형들 셋마

2. 검소하고 헌신적인 자세로 선교하다

인휴 선교사는 검소하고 헌신적인 선교사라는 평을 받았다. 안기창 목사는 인휴 선교사를 '매우 소박하고 검소한 분'이라고 말한다. 그에 의하면 "1970년도에 인휴 목사와 함께 진주노회 농어촌 선교를 지원하기 위하여 노회를 방문했을 때 노회 임원들이 환영하고 융숭한 대접과 진주에서 제일 고급스러운 여관을 예약해 놓았는데, 이것을 안 인휴 선교사는 못마땅하게 생각할 뿐만이 아니라 그 여관에 투숙하는 것을 거절하고 평소에 이용하던 대로 여인숙으로 자리를 옮겼다"[60]고 한다. 이유인즉 고급 여관에서 잠자면서 어려운 농어촌 선교를 어떻게 하겠느냐고 반문했다는 것이다. 물론 그의 이런 행동에 대해 한편으로는, 귀한 손님에 대해 배려하려는 호의를 무시하거나 선교지 한국민을 자신들보다 낮게 생각하는 경향이 있었다고 평가할 수도 있을 것이다. 그러나 다른 한편으로 보면, 그는 그만큼 검소하고 현실에 입각하여 선교의 사명을 감당한 선교사였다고 생각할 수 있을 것이다.

뿐만 아니라 그는 평소에 고무신을 즐겨 신었으며 섬지방을 순회할 때 시간이 없으면 길거리에서 군고구마 혹은 풀빵을 사가지고 여객선에

저 폐결핵에 걸리고 만다. 자연스럽게 어머니에게 결핵퇴치사업은 최우선 과제가 되었다". 인요한, 『내 고향은 전라도 내 영혼은 한국인』, 생각의 나무, 2006, 83~84쪽. 인요한 박사가 밝힌 것처럼 인애자 선교사의 결핵퇴치사업은 자신의 가족이 직접 당한 그 일이 계기가 되었다고 볼 수 있다. 그 당시에는 한국 사회에 수많은 결핵환자들이 있었는데 바로 그 결핵퇴치 사업에 중점을 둔 인애자 선교사의 사랑과 헌신의 마음이 더욱 크고 귀하게 느껴진다. 인애자 선교사는 결핵퇴치를 위하여 헌신한 공로를 인정받아 1979년 4월 7일 국민훈장(목련장)을 받았으며, 1992년 9월 의료봉사부분 공로패(대한예수교장로회총회 창립 80주년 기념), 1993년 3월 대한결핵협회 복십자 대상(봉사부분), 그리고 1996년 호암 사회봉사상(삼성 호암재단) 등을 받으며 그의 사랑과 헌신이 빛을 보게 되었다. 안기창, 앞의 책, 2010, 245쪽 참조.

59) 등대선교회, 『등대의 빛』 재창간 제2호, 2007.4, 3쪽.
60) 위의 책, 55~56쪽.

서 먹기도 하면서 시간을 아끼고 선교에 집중했다고 한다.[61] 그의 이런 행동은 시간을 아끼려고 한 점도 있었겠지만 또한 그와 같은 모습을 통해 주민들 속으로 깊이 들어가 그들과 하나 되고 싶은 마음이 있었을 것이라고 본다. 1974년에 미국 풀러 신학교에서 선교학을 담당한 도날드 맥카부란 박사(Dr. Donald A. Mcgavean)가 한국을 방문했을 때 인휴 선교사 일행이 선교하는 프로그램을 정리하여 논문을 쓰면 박사학위를 주겠다고 제안을 했는데, 그것마저 거절했다고 한다. 이유인즉 박사가 되면 농어촌 선교에 지장이 있기 때문이라고 말했다는 것이다.[62] 더 많이 공부하고 자신들이 가진 선교 프로그램이 보다 넓게 인정받아 활용되는 것도 바람직한 일이었을 것이다. 하지만 인휴 선교사는 현실적인 문제가 더욱 시급하다고 판단하고 선교에 전념했던 것 같다.

3. 등대선교회를 조직하다

등대선교회는 순천지역 교회성장에 크게 기여하였는데, 그 중심에는 인휴 선교사(Rev. Hugh MacIntyre Linton)가 있다. 등대선교회는 "한국 농어촌에 효과적으로 교회를 개척하고 육성함으로 한국 농어촌복음화에 기어코자"[63] 할 목적으로 1970년 인휴 선교사를 중심으로 창립되어, 1972년 10월 16일 정식으로 조직되었다. 초대회장은 인휴 선교사가 맡아 선교회를 이끌었다.[64] 창립위원으로는 인휴 목사, 타요한(John Edward Taimage) 목사, 부명광(George Thompson Brown) 목사, 조요섭(Joseph Barron Hopper) 목사, 인도아(Thomas Dwight Lintin) 선교사, 노우암

---

61) 위의 책.
62) 위의 책.
63) 등대선교회, 『등대의 빛』 재창간 제2호, 2007.4, 83쪽.
64) 등대선교회, 『등대선교회와 농어촌복음화』, 삼화문화사, 1987, 28~29쪽.

(Clarence Gunn Durham) 목사 안기창 목사, 홍대집 장로 등 8명이다.[65]

등대선교회는 순천지역을 중심으로 조직되긴 하였지만 순천지역 선교만을 목적으로 조직 된 선교단체는 아니다. 전국적인 농어촌 비전을 가지고 세워진 선교단체이다. 등대선교회에서 인휴 선교사와 함께 사역했던 안기창 목사는 등대선교회의 초기 선교 전략을 다음과 같이 설명하고 있다. 즉 "순천지역을 모델로 기성교회에서 10리 간격 100호 이상 되는 부락을 상대로 조사한 결과 1,181개의 개척 후보지를 발굴하고 여기에 개척하면 전국적으로 10리 간격으로 교회가 설립되면 농어촌복음화를 앞당길 수 있다고 믿으면서 1975년 1월 1,000교회 개척운동을 전개하고, 그 후 각 지역에 교회를 개척했다."[66]

위 내용에서 볼 수 있듯이 등대선교회는 순천지역에서 먼저 선교정책을 진행한 후 그 결과를 모델삼아 전국으로 확산시키면서 자연부락 단위에 교회를 세워 농어촌선교에 박차를 가하고자 했던 것이다. 뿐만 아니라 등대선교회는 관광교회를 건축하기도 하였는데, 그 동기는 관광지 근처에 교회를 세워 관광지를 찾는 사람들에게 교회의 이미지를 새롭게 심어주면서 전도하려는 취지에서였다. 그래서 합천 해인사 입구에 가야교회를, 순천 송광사 입구에 낙수교회를, 그리고 구례 화엄사 입구에 노고단교회(현, 마산제일교회)를 세우게 되었다.[67] 또한 등대선교회는 1982년에 시범지구를 선정하여 효율적인 복음화 정책을 펼치기도 하였는데, 순천 별량 지방이 그 한 예이다. 그 전략을 보면 기독교인 수가 5%밖에 안 되는 농어촌에 기독교인 50%를 목표로 하고 그 정책을 실행해 간 것이다.[68] 등대선교회는 교회개척과 함께 지원사업도 펼쳤는데,

---

65) 등대선교회, 등대선교회 30년사, 『등대의 빛』, 도서출판 벧엘, 2000, 83쪽.
66) 위의 책, 84쪽.
67) 위의 책, 86~87쪽. 이 중 낙수교회는 1987년 주암댐 건설로 그 건물은 철수당하고 새롭게 교회가 세워져 있다.

교역자 생활비 지원과 건축비 보조, 그리고 농어촌 교역자 양성에도 크게 도움을 주었다.

등대선교회가 밝힌 자료에 의하면 1961년부터 1986년까지 미 자립교회 및 개척교회 건축비 지원 등 총 334개 처 교회를 지원했으며(순천지역 145개 처), 1971년부터 1986년까지 농어촌 목회자 양성을 위하여 374명에게 장학금을 지급했다(순천지역 245명).[69] 이는 등대선교회가 처음에 의도한 바대로 사역한 결과이며, 그렇게 되기까지에는 인휴 선교사의 뚜렷한 선교 정신과 방향성이 있었기 때문이라고 본다. 현재도 등대선교회는 활발하게 활동하고 있다. 다만 전과는 달리 그 방향을 세계 선교로 돌려 그곳에 주로 치중하고 있다.

4. 막중한 선교 사명을 감당하던 중 순직하다

인휴 선교사는 1984년 4월 10일 오후 5시경 매곡동 선교부 창고에서 콘크리트 교회 건축자재를 트레일러에 싣고 조례동 자택으로 귀가하던 중 앞 도로에서 관광버스와 충돌하여 순천 도립병원(현, 순천의료원)으로 옮겨졌으나 병원시설 미비로 응급치료를 받지 못하고 광주 기독병원으로 이송하던 중 순직하였다.[70] 안기창 목사는 그 때의 일을 이렇게 회고 한다. "1984년 4월 10일 등대선교회 초대 회장이요 선교 동역자인 인휴 목사는 순천 조례동 자택으로 귀가하던 중 집 앞 도로에서 관광버스와 충돌하여 순천 도립병원으로 옮겼으나(당시 인휴 목사 자신이 병실

---

68) 위의 책, 87쪽.
69) 등대선교회,『등대선교회와 농어촌복음화』, 삼화문화사, 1987, 31쪽. 여기 미 자립교회 및 개척교회 건축비 지원의 시점을 1961년으로 잡은 것은 등대선교회가 창립되기 전부터 선교사들의 활동이 있었기 때문에 시점을 그렇게 잡은 것으로 보인다. 같은 책 27쪽 참조.
70) 안기창, 앞의 책, 2010, 312쪽.

로 걸어갔다), 병원 설비 미비로 치료를 못하고 광주로 이송 하던 중, 죽어서는 안 된다는 말을 이어가며 고요히 잠들었다."[71]

안 목사는 인휴 선교사가 죽어서는 안 된다는 말을 이어간 이유에 대해 "한국 농어촌에 일천교회 개척을 위하여 대전에 선교회를 설립하고 젊은 선교사들을 초청하여 그들의 가슴 속에 한국 농어촌 선교에 대한 정열의 불을 지펴야 할 사명을 생각할 때 죽어서는 안 된다는 것이다"라는 의미로 해석한다. 실제로 인휴 선교사 별세 후, 대전선교회는 수년 후에 폐쇄 되고 말았다.[72] 물론 인휴 선교사가 죽어서는 안 된다고 한 그 말 안에는 다양한 의미들이 들어 있었을 것이지만 안 목사가 밝힌 부분도 일정 부분 있었을 것이라고 본다.

안기창 목사는 인휴 선교사에 대해 "첫째, 그는 철저한 복음주의 신앙의 소유자였다. 그의 몸에는 청교도들의 신앙이 철저하게 배여 있었다. '선교는 내가 하는 것이 아니라 내 안에 계시는 주님께서 스스로 하신다.'(요14:10), '주님 안에서 능치 못 할 일이 없다는 원대한 비전과 무한한 가능성'(빌3:14), '주님께서 하나님의 영광을 위하여 모든 것을 주신다는 확신'이 넘치는 신앙이다. 개척교회를 방문하기로 작정하면 비가 오나 폭설이 내려 차를 타고 가는 길이 위험하여 가로막고 애원해도 아랑곳 하지 않고 간다. 둘째, 장인정신이 투철하였다. 셋째, 희생적이며 헌신적이었다. 넷째, 한국 사람처럼 살았다. 다섯째, 한국 사람처럼 가셨다."[73] 라고 평가했다. 안기창 목사는 인휴 선교사의 가장 가까운 곳에서 그리고 가장 많은 일을 협력하며 사역을 감당한 사람이었기에 그 누구보다도 인휴 선교사를 잘 알고 있는 사람이다. 인휴 선교사에 대한 안 목사의 이런 평가는 함께하면서 평소에 보고 느낀 바를 마음에 담아 표

---

71) 등대선교회, 「등대선교회 30년사」, 『등대의 빛』, 도서출판 벧엘, 2000, 88쪽.
72) 안기창, 앞의 책, 2010, 312쪽.
73) 위의 책, 313쪽.

현한 것이라고 할 수 있겠다.

5. 인휴 선교사 기념교회가 세워지다

인휴 선교사가 별세 한 후에, 적극적인 추진력으로 한국 농어촌 선교를 위해 헌신하다가 순직한 그의 선교의 얼을 기리고 보존하며 전수하기 위해 진주노회와 순천노회에 각각 한 곳씩 기념교회가 세워졌다. 진주노회의 경우 1987년 그가 생전에 많은 정성을 드려 개척한 구룡교회(경남 함양읍 구룡리)를 적 벽돌로 건축하였으며, 순천노회는 1988년 순천시 별량면 덕정리에 덕정교회를 건축했다. 두 곳 다 교회가 부흥하여 신축을 하였으며 덕정교회는 기념교회를 원형 그대로 보존하고 있다.[74]

인휴 선교사의 선교활동 중에는 그의 부인 인애자 선교사와 함께 했던 결핵퇴치 사업도 있지만, 그 부분은 인애자 선교사가 중심이 되어 진행된 사역이었기에 여기서는 다루지 않았다. 하지만 그 부분에 있어서도 그가 담당한 큰 역할이 있었음을 인정해야 할 것이다. 어떻든 인휴 선교사는 그의 선교 사역을 통해 많은 사람들에게 기독교에 대한 인식을 새롭게 해 주었고, 사람들에게 예수 그리스도의 복음을 전하여 교회 부흥에 크게 기여했다. 특히 농어촌을 향한 그의 선교의 열정은 남달라서 다양한 섬들과 시골 지역들에 교회가 세워지게 하였고, 교회개척 뿐만이 아니라 어려운 형편의 신학생들과 교회 그리고 목회자들을 도와 복음전파에 매진할 수 있도록 하였다. 한국에서 태어나 3대를 이어 한국에서 선교하다가 한국 땅에 묻힌 그는 분명 한국을 위해 선택받은 선교사였다고 말할 수 있을 것이다.

---

74) 위의 책, 315~316쪽.

IV. 인휴 선교사의 선교 사역이 순천지역 교회 성장에 미친 영향

일제치하인 1940년 교단이 분열되기 이전 순천노회 교회 통계수치를 보면 예배당의 수는 91개소, 신도 수는 5,938명이었다.[75] 그리고 1980년 4월 22일 순천노회 제62회 정기노회에서 순천노회(순천과 구례 곡성 그리고 광양지역을 중심으로)와 여수노회(여수와 여천지역을 중심으로)와 순서노회(벌교와 고흥과 보성지역을 중심으로), 이렇게 3개 노회로 분립을 가결하여 각각의 자리에서 선교의 사명을 감당하게 되었는데,[76] 세 노회 분립 이후 1981년에 처음으로 조사 된 순천노회(순천, 구례, 곡성, 광양지역)의 통계에 따르면 예배당 수가 116개 처, 세례교인 수가 8,507명, 유아세례교인 수가 4,902명, 학습교인 수가 3,344명, 원입교인 수가 16,985명, 교인세대 수가 5,850세대, 신도 총 수가 33,788인으로 집계되었다.[77]

그리고 2010년 06월 30일 기준 순천시가 조사한 〈기독교 종교시설 현황〉을 보면 예배당의 수가 343개소이며, 신도의 수는 남성이 18,592명, 여성이 30,226명, 합계 48,818명으로 집계가 되었다.[78] 이는 〈2010년 순천시 주민등록인구 및 세대별 현황〉보고에 나타난 인구수가 274,195명인 점을 감안할 때 순천시 기독교인 수가 순천시 인구수의 약 18%에 해당하는 수치이다. 그 이후 순천시 2015년 통계를 보면 인구수는 280,594명이고 기독교인 수는 66,814명(약 24%)으로 나타났다.[79] 그러나 교회가 이

---

75) 김수진 · 주명준, 『일제의 종교 탄압과 한국교회의 저항』, 쿰란출판사, 1996, 70쪽. 순천노회사를 중심으로 한 통계치 인데, 이 책 안에는 당시 교회 직원과 교회학교의 통계치도 나타나 있다. 이 수치 안에는 현재 순천노회 안에 있는 광양, 구례, 곡성 지역까지 포함된 수라고 할 수 있다.

76) 장중식, 『순천노회 회의록』 4(58-65회), 순천문화인쇄소, 1997, 422쪽. 노회의 결정은 1980년 9월 25일 제 65회 교단총회의 허락을 받아 분립이 확정 되었다.

77) 위의 책, 497쪽.

78) 이홍술, 「해방 이후 순천지역 교회의 성장과 전망」, 『남도문화연구』 34, 2018, 149쪽.

79) 이홍술, 위의 논문, 149~150쪽.

를 조사한다면 실제로는 더 높은 수치가 나올 수도 있다. 왜냐하면 시가 조사한 것과 교회가 조사한 방식에는 차이가 있을 수 있기 때문이다. 하지만 시가 조사한 통계치만 놓고 보더라도 인구 대비 기독교인의 수는 낮은 수치는 아니다.

순천지역에 기독교인 수가 증가한 것은 물론 다양한 교단들의 전도열정과 노력의 결과라고 할 수 있을 것이다. 순천지역은 처음에는 장로교가 먼저 선교를 시작했지만 시간이 흐르면서 다양한 교단 교회들이 세워져 전도를 시작하였다. 예장통합과 합동을 제외하고 순천지역에 세워진 교단별 초기 교회들을 순서대로 정리해 보면 다음과 같다.[80] 1948년 3월 15일에 현재의 기독교대한하나님의 성회 순천 순복음 오순절교회의 전신인 한국 오순절회 순천교회가 세워졌고, 1951년 4월 19일에 기독교대한 성결교회 한소망교회가 세워졌으며, 1955년 10월 9일에는 기독교대한 감리회 순천중앙감리교회가 세워졌다. 그리고 그 이후 1972년 8월 6일에 대한예수교 장로회 고신총회에 속한 순천 삼일교회가 세워졌고, 1976년 6월 27일에 대한 기독교장로회인 중부교회가 세워졌으며, 1979년 2월 28일에 기독교한국침례회 순천 침례교회가 세워져 각각 그 교단들의 특성들을 살리면서 순천지역에서 복음사역을 감당하게 되었다.[81] 여러 교단들이 열정을 가지고 전도하였기에 순천지역에 복음화 율이 높은 것은 사실일 것이다.

그러나 필자는 순천지역에 이렇게 복음이 잘 심어지게 된 배경에는

---

80) 이홍술, 위의 논문, 147~148쪽. 예장통합과 합동에 대해서는 그 시작이 해방 전으로 거슬러 올라가기 때문에 따로 처음 시작한 교회를 표기하지 않았으며, 또한 여러 교단들이 뜻을 같이 하여 순천지역교회의 성장에 기여하였다는 점을 보이기 위한 의도이기에 해방 이후에 시작된 교단의 교회들에 대해서만 기록하게 되었다. 그리고 여기에 기록된 연대들은 현재 교회 담임목사 전화통화를 통해 확인 한 내용임을 밝혀둔다.
81) 이홍술, 위의 논문, 148쪽.

선교사들의 헌신과 노력 있었다고 본다. 특히 순천을 중심으로 선교한 인휴 선교사의 노력이 순천지역 교회 성장에 상당부분 영향을 미쳤다고 보고자 한 것이다. 인휴 선교사가 다른 분들과 함께 설립한 등대선교회는 많은 교회들을 세웠을 뿐만이 아니라 수많은 목회자들과 신학생들에게 도움을 주었기 때문에 그의 영향이 순천의 복음화에 지대한 영향을 미쳤을 것이라는 데는 의심의 여지가 없을 것이다. 비록 인휴 선교사가 전개하던 전도사역을 마무리하지 못하고 순직하였지만 인휴 선교사의 별세 후에도 등대선교회는 1986년에 3,000교회 개척운동을 전개하는 등 여러 사역들을 진행하였다.[82] 세운 목표치에 다 이르지는 못했지만 등대선교회는 1970년 4월 15일에 창립 된 이래 600여 교회를 개척하기에 이르렀다.[83] 이는 분명 인휴 선교사가 뿌린 씨앗의 열매들이라고 보아야 할 것이다.

V. 나가는 말

이상에서 필자는 인휴 선교사의 순천지역 선교에 대해서 살펴보았다. 인휴 선교사의 선교는 그의 외조부 배유지 선교사, 그의 부친 인돈 선교사, 그리고 인휴 선교사에게 이어지는 3대의 대를 이은 의미 있는 선교였다. 그리고 인휴 선교사의 아들들인 인세반(Steven Linton)과 인요한(John Linton) 박사를 비롯한 인휴 선교사의 자녀들이 1994년에 유진벨 재단을 설립하여 4대째 이어서 선교의 사명을 감당하고 있다. 그의 자녀들은 북한선교에 헌신하고 있는데, 북한에 밀가루와 의약품을 전달하

---

82) 등대선교회, 「등대선교회 30년사」, 『등대의 빛』, 도서출판 벧엘, 2000, 89~92쪽.
83) 등대선교회, 『등대의 빛』 재창간 제2호, 2007.4, 3쪽.

는 활동을 하고 있으며, 우물파기와 결핵퇴치운동도 전개하고 있다.[84] 인휴 선교사는 한국에서 태어나 한국에서 선교를 하다가 한국에서 순직하였다. 그가 가장 심혈을 기울인 선교의 현장은 순천이었으며 순천에서 사명을 감당하다가 순천에서 하나님의 부름을 받았다. 그러므로 인휴 선교와 순천은 서로 뗄 수 없는 깊은 관계라고 보아야 할 것이다. 인휴 선교사의 농촌과 어촌을 향한 남다른 사랑과 열정은 선교에 대한 그의 마음을 보여준 것이며, 선교사로서 선교지의 문화에 적응하고 그 문화 안에서 주민들과 동화되어 복음을 전하고자 했던 그의 삶은 선교사로서의 좋은 모델을 보여준 것이라 할 수 있을 것이다. 말보다 행동으로 본을 보이고 치밀한 계획 가운데 빈틈없이 사역을 진행해 가려 했던 그의 자세는 함께하는 이들에게 큰 울림을 주었고 훌륭한 귀감이 되었다. 이런 다양한 그의 선교의 마음과 사랑과 헌신과 열정이 순천지역의 복음화에 큰 기폭제가 되었음이 분명하다.

---

84) 오승재·김조년·채진홍, 앞의 책, 240쪽.

〈참고문헌〉

Ko Sung Mo, "Letter, 1965.2.11.", The Archives for Korea Church History Study, Personal Reports of the Southern Missionaries in Korea, 1집, vol.11.

Mrs. William A. Linton, "Letters November 8, 1953", The Archives for Korea Church History Study, Personal Reports of the Southern Missionaries in Korea, 1집, vol.11.

Mrs. William A. Linton, "Letters nov. 16, 1953", The Archives for Korea Church History Study, Personal Reports of the Southern Missionaries in Korea, 1집, vol.11.

Mrs. William A. Linton, "Letters June 6, 1955", The Archives for Korea Church Study, Personal Reports of the Southern Missionaries in Korea, 1집, vol.11.

Mrs. William A. Linton, "April 8, 195 Letter", The Archives for Korea Church History study, Personal Reports of the Southern Missionaries in Korea, 1집, vol.11.

William A. Linton, "Letter, January 22, 1938", The Archives for Korea Church History Study, *Personal Reports of the Southern Missionaries in Korea*, 1집, vol.11, 2.

William A. Linton, "Diary July 11, 1950", The Archives for Korea Church History Study, Personal Reports of the Southern Missionaries in Korea. 1집, vol.11.

William A. Linton, "Letters, December 17, 1952", The Archives for Korea Church History Study, Personal Reports of the Southern Missionaries in Korea, 1집, vol.11.

William A. Linton, "Letters, december 5, 1953", The Archives for Korea Church History Study, Personal Reports of the Southern Missionaries in Korea, 1집, vol.11.

William A. Linton, "Letters, April 9, 1956", The Archives for Korea Church History Study, Personal Reports of the Southern Missionaries in Korea, 1집, vol.11.

Mrs. William A. Linton, William A. Linton., "Letters by regular mail 5ø, September 28, 1952", The Archives for Korea Church History Study, Personal Reports of the Southern Missionaries in Korea, 1집, vol.11.

광주제일교회 역사편찬위원회, 『광주제일교회 90년사』, 호남문화사, 1994.

김수진·주명준, 『일제의 종교 탄압과 한국교회의 저항』, 쿰란출판사, 1996.

등대선교회, 『등대선교회와 농어촌복음화』, 삼화문화사, 1987.

등대선교회, 『등대의 빛』 재창간 제2호, 2007.4.

등대선교회, 등대선교회 30년사, 『등대의 빛』, 도서출판 벧엘, 2000.

송현숙 엮음, 『미남장로회 선교사역 편람(1892-1982)』, 도서출판 현대문화, 2012.

숭실대학교, 『불휘총서』 12, 숭실대학교출판부, 2017.

안기창, 『미국 남장로교 선교 100년사』, 도서출판 진흥, 2010.

안기창, 『선교 이야기』, 쿰란출판사, 2006.

오승재·김조년·채진홍, 『인돈 평전: 윌리엄 린턴의 삶과 선교사역』, 지식 산
    업사, 2003.

인요한, 『내 고향은 전라도 내 영혼은 한국인』, 생각의 나무, 2006.

장중식, 『순천노회 회의록』 4(58-65회), 순천문화인쇄소, 1997.

조지 톰슨 브라운, 천사무엘·김균태·오승재 역, 『한국 선교 이야기』, 동연,
    2010.

주명준, 『장천교회 110년사』, 신하출판사, 2017.

한남대학교 교목실 엮음, 『미국 남장로교 선교사 열전』, 도서출판 동연, 2016.

김형균, 「순천지역 의료선교에 대한 연구: 선교사 인애자의 결핵사업을 중심으
    로」, 장로회신학대학교 신학대학원 석사학위논문, 2010.

이홍술, 「해방 이후 순천지역 교회의 성장과 전망」, 『남도문화연구』 34, 2018.

미국 남장로교 선교사 인애자(Lois Elizabeth Flowers Linton)의 결핵퇴치사업

송현강

Ⅰ. 머리말

1954년부터 1984년까지 순천에서 사역했던 인휴(Hugh MacIntyre Linton)는, 외조부 배유지(Eugene Bell)와 부친 인돈(William Alderman Linton)·모친 인사례(Charlotte Witherspoon Bell Linton)를 이어 한국에서 3대째 활동한 미국 남장로교 선교사이다. 또 그의 부인 인애자(Lois Elizabeth Flowers Linton) 역시 결핵사업을 통해, 한국인을 위해 헌신한 고마운 선교사로 순천사람들에게 후한 평가를 받고 있다. 이 글은 제3대 선교사인 인휴 선교사 부부에 주목하면서, 특히 부인 인애자가 수행했던 순천에서의 결핵퇴치사업을 중심으로 그들의 활동을 객관적으로 복원해보고자 한다. 기왕의 배유지와 인돈의 선교 생애에 관한 연구와 비교해 볼 때, 인애자·인휴에 대한 학문적 관심은 이제 시작이라고 할 만큼 그다지 큰 조명을 받지 못하고 있다. 지난 2010년 나온 석사 논문

1편이 전부이다.[1]

인휴의 조부인 배유지는 1895년 내한하여 1925년까지 서울과 목포, 광주에서 활동한 남장로교의 1세대 선교사였다. 그는 1898년 목포스테이션을 개척하여 전남 선교의 교두보를 확보한 다음, 남쪽 지역을 광범위하게 순회하며 양동교회 등 많은 신앙공동체를 조직하였다. 목포 영흥학교도 그의 손으로 시작되었다. 전남의 두 번째 선교기지인 광주스테이션 역시 배유지의 작품이다. 그는 잇달아 숭일학교와 수피아여학교를 세웠고, 1914년 조선예수교장로회의 총회장으로도 활약하였다. 오늘의 전라남도 교회는 배유지에게 많은 빚을 졌다고 생각한다. 그는 진정한 전남 선교의 코디네이터였다. 배유지와 함께 활동했던 선교사들로는 이눌서(William Davis Reynolds), 전위렴(William McCleery Junkin), 최의덕(Lewis Boyd Tate) 등이 있다. 모두 1860년대에 태어난 이들은 당대 그러니까 19세기 후반 미국 기독교가 지향했던 가치인 근대복음주의를 내면화한 사람들이었다.

인돈은 역대의 남장로교 선교사들이 지향했던 이념적 지평을 가장 잘 알고 있었던 인물이었다. 그가 조지아공대를 졸업하고 내한하던 1912년은, 배유지와 이눌서를 중심으로 남장로교한국선교부의 어떤 전통이 수립된 시점이었다. 그 가운데는 사회개혁과 복음전파에 대한 열정이 마땅히 포함되어 있었다. 당시 선교사들은 19세기 미국 남부지역에서 적지 않게 관찰되는 청교도적 스타일의 신앙 유산을 어느 정도 계승하고 있었던 것이다. 그리고 그 전통을 수립한 제1세대 선교사들이 사망·은퇴하기 시작한 1930년대 이후에도 그러한 남장로교선교부의 정체성이 계속 유지될 수 있었던 것은 바로 1.5세대 선교사 인돈이 있었기 때문이

---

[1] 김형균, 「순천지역 의료선교에 대한 연구-선교사 인애자의 결핵사업을 중심으로」, 장로회신학대학교 신학대학원 석사학위 논문, 2010. 이 글은 선행연구인 위의 논문에 의지한 바가 크다.

다. 그는 배유지, 이눌서, 전위렴 등 1세대 선교사들과 20년 이상 나이 차이가 나지만 비교적 젊은 나이에 선교 현장에 투입되어 그들과 경험을 공유할 수 있었다. 제1세대 선교사들의 선교 이상(理想)은 인돈에게 고스란히 전수되었다. 인휴는 바로 그러한 인돈의 아들로 태어나 미국이 아닌 호남의 스테이션 구내에서 그러한 정체성을 갖고 있는 부모로부터 가정교육을 받으며 성장했다.

이 글은 배유지와 인돈을 통해 계승된 남장로교선교부의 근대복음주의 가치가 거의 흔들림 없이 다시 그 후손에게 계승되었다는 관점에서 인휴 부부의 사역 그 중에서도 인애자의 활동에 집중하고자 한다. 먼저 인애자 부부와 남장로교선교부의 관계를 살핀 후 다시 인애자의 결핵퇴치사업의 흐름을 시간 순으로 조명해 볼 것이다. 그 시기는 인애자 부부가 남장로교를 떠나는 1974년 어간으로 한정한다.

II. 인애자·인휴 선교사와 남장로교선교부

1. 인애자·인휴 선교사-순천으로 오기까지

인애자 선교사는 1927년 1월 7일 미국 플로리다주 마이애미에서 태어났다. 부친은 제퍼슨 플라워스(Jefferson McDowell Flowers)이고, 모친은 메리 요크(Mary Lois York)이다. 인애자는 샌타로자대학(Santa Rosa Jr. College, 1943~1944)과 나파대학(Napa Jr. College, 1944~1945)을 거쳐 얼스킨대학(Erskine College, 1946~1947)에서 저널리즘을 전공(B.A.)하였다. 아마 이때 얼스킨 캠퍼스의 커플로 인휴를 만나 결혼(1947.5.31, 사우스캐롤라이나 앤터빌)한 것으로 보인다. 그 후 첫아이 데이비드(David York)를 낳기 전까지 남편 인휴와 얼스킨신학교에서 함께 공부한 것으

로 보아 그들은 이미 그 전부터 장차 한국 선교를 염두에 두고 있었던 듯하다.[2]

인휴 선교사는, 앞서 말한 바와 같이, 인돈·인사례 부부의 아들로 1926년 2월 22일 군산에서 태어났다. 그는 1940년 11월 태평양전쟁으로 선교현장을 철수한 부모를 따라 미국으로 돌아온 후 1943년 7월 V12(미 해군의 장교양성 프로그램)의 절차에 따라 대학에 진학하여 1년을 수학하였고, 다시 얼스킨대학(1944~1947)과 얼스킨신학교(1947~1948)에서 공부하였다. 얼스킨대학과 신학교를 설립한 미국 연합개혁장로교회(ARPC)는 스코틀랜드장로교회의 분리주의자들이 신대륙으로 이주하여 세운 교단으로 '웨스트민스터 표준'(Westminster Standard)에 대한 높은 충성도를 자랑하는 보수적인 특성을 지니고 있다. 인휴의 동생인 인도아(Thomas Dwight Linton) 역시 일리노이주의 휘튼대학과 얼스킨신학교에서 공부하였는데, 휘튼 역시 미국의 대표적인 복음주의 계통 대학으로 잘 알려져 있다.[3] 이 두 형제가 미국 내의 유수한 다른 신학교를 마다하고 얼스킨을 택한 것은 당시 인돈 가문의 신앙적 분위기가 어떠했는가를 보여주는 어떤 상징이라고 할 수 있다. 뒤에 얘기하겠지만 인돈 가문은 19세기 말 20세기 초 미국 근대복음주의의 중요한 가치였던 교회의 순결을 지키려는 결심, 성결한 삶에 대한 열망, 사회개혁과 복음전파에 대한 각별한 관심을 견지하려는 태도를 갖고 있었는데, 그 일단이 바로 두 형제의 대학과 신학교 입학을 통해 나타난 것이라고 할 수 있다.[4] 미국 복음주의의 중요한 요소 가운데 하나인 사회개혁적 행동주의는 인돈 가문의 행위 양식을 대표한다.

---

2) Biographical Information, Annual Reports of Presbyterian Church U. S. in Korea Missionary 1, 한국교회사문헌연구원, 1993.

3) Biographical Information.

4) 류대영, 『초기 미국 선교사 연구』, 한국기독교역사연구소, 2002, 153쪽.

얼스킨신학교를 마친 인휴는 그 후 컬럼비아신학교(신학사)와 프린스
턴신학교에서 몇 년 더 공부했다. 그는 대학 재학 시절인 1946년 12월
다시 한국으로 복귀하는 어머니 인사례를 배웅하기 위해 시애틀까지 열
흘 동안 여행한 바 있다. 1940년 11월 태평양전쟁으로 한국을 떠났던 인
돈 부부는 미국에 머물면서도 상황이 호전되어 선교 현장으로 복귀하기
를 간절히 원하고 있었기에 그 여행은 매우 특별한 것이었다. 부친 인돈
은 이미 그 해 여름에 한국에 들어갔다. 어머니를 배웅하면서 인휴 역시
머지않아 자신이 태어난 한국으로 갈 수 있을 것이라는 생각을 했을 것
으로 보인다. 그의 신학 수업은 한국 선교를 염두에 둔 결정이었으리라.
그리고 1948년 7월 인돈이 수술을 받기 위해 버지니아의 리치몬드로 오
면서 인애자는 결혼 후 처음으로 시부모님을 만날 수 있었다. 그들은 그
직전인 5월 31일에 결혼식을 올렸기 때문이다. 당시 인휴는 조지아 디케
이터의 컬럼비아신학교에 재학 중이었다. 그리고 1949년과 1950년 인애
자는 첫째 데이비드(David York)와 둘째 스티븐(Stephen Winn)을 출생했
다. 그 사이 인휴는 컬럼비아신학교를 마치고 프린스턴신학교에 들어갔
다. 인휴 부부는 프린스턴에서의 생활에 매우 만족해했다고 전한다.[5]
6 · 25전쟁 중에는 인애자의 삼촌인 롤러(Roller)가 오키나와 주둔 미군
하사관으로 있으면서 당시 부산에 피난 중이던 인돈 부부를 찾아와 생
활에 필요한 여러 가지 물품을 제공해 주었다. 인휴 부부는 원래 프린스
턴에서 신학 공부를 마친 후인 1951년 가을 한국 선교 현장으로 오려고
계획했던 것 같다. 그런데 인휴가 1951년 2월 미해군으로 6 · 25전쟁에
참전하여 인천으로 들어왔다. 인사례는 수소문하여 결국 4월 7일 대전
에서 인휴를 만나 전주에서 며칠 함께 지낼 수 있었다.[6] 인휴는 전주의

---

5) Charlotte Bell Linton, Letter to Dear Betty & Hugh, 1950.12.11.
6) Charlotte Bell Linton, Letter to Dear Betty, 1951.4.8.

교인들에게 열렬한 환영을 받았다. 전주는 그가 유소년기를 보낸 고향과도 같은 곳이었다. 그런데 인휴의 미해군 복무는 그리 오랜 시간 지속되지 않았다. 그는 그 해 8월 제대 신청을 하여 곧 귀국했기 때문이다.[7] 1951년 12월부터 1952년 9월까지는 인돈 부부의 안식년이었다.

인애자 부부는 1952년 12월 2일 남장로교 선교본부로부터 한국선교사에 지명되었다. 군 복무로 지연되었던 인휴의 프린스턴에서의 학업이 종료되기도 전에 임명을 받은 것으로 보아 그의 한국 선교 결심은 이미 그전에 있었던 것으로 보아야 할 것이다. 인휴는 1953년 상반기 모든 공부를 마치고 어느 정도의 준비 기간을 거쳐 1953년 9월 19일 가족과 함께 샌프란시스코항을 출발하여 일본으로 향했다. 그 사이 인애자는 셋째 제임스(James Leavis, 1953.4.9)를 출산했다.

인휴 가족은 1953년 9월 말에 일본에 도착했지만 곧바로 한국에 들어오지 못했다. 어린 아이들은 전쟁 지역에 들어갈 수 없다는 유엔군사령부의 정책 때문이었다. 물론 휴전협정은 1953년 7월에 맺어졌지만, 당시 호남 지역의 빨치산 활동으로 인해 안전이 염려되고 있던 상황이었다. 그리하여 인휴 가족은 의료선교사였던 설대위(David John Seel) 가족 등과 함께 동경 인근에 머물며 6개월 동안 한국어를 공부하였다. 인휴와 거의 동시에 한국 선교에 나선 동생 인도아(Thomas Dwight Linton) 부부는 아직 사이에 자녀가 없었기 때문에 1953년 10월 4일 미국을 출발하여 1953년 11월 14일 부산에 상륙할 수 있었다. 인휴 부부는 1953년 5월 27일 전주에서 열린 남장로교한국선교부 연례회의에서 이미 대전 상주 선교사로 배정받은 상태에 있었다. 인휴는 1953년 12월에 열린 선교부 임시위원회의 요청으로 설대위와 함께 한국 선교 현장을 일시 방문했던 것으로 보인다.[8]

---

7) Charlotte Bell Linton, Letter to Dearest children and grand children, 1951.8.9.

유엔군사령부가 어린아이들의 한국 입국금지령을 해제한 것은 1954년 3월이었다. 그 사이 빨치산들의 위험으로부터 대체로 안전해졌다고 판단한 것이다. 인휴네를 비롯한 남장로교 선교사 7가정은 한 달 사이에 순차적으로 동경을 떠나 선교 현장에 들어올 수 있었다.9) 인휴 가족은 4월 1일 내한하여 대전에 도착했다. 대전은 남장로교선교부가 군산을 대신하여 야심차게 새로 시작한 스테이션으로 향후 여러 교육기관이 들어설 예정이었다. 인휴 부부는 1954년 5월 6일 전주에서 열린 연례회의에 나란히 참석하였다. 인휴는 5월 9일 일요일 오후 예배에서 성경 고린도전서 11장 25~26절을 본문으로 설교하였다. 그런데 바로 이 회의에서 인휴의 부친인 인돈이 남장로교의 고등교육기관인 한남대학의 설립위원장으로 대전 상주가 결정되면서 인휴의 임지도 순천으로 바뀌게 되었다. 부자지간이 함께 동일한 스테이션에서 활동할 수 없다는 선교부 내부의 규칙이 있었던 것이다. 그래서 인휴 부부는 선교부 인사위원회의 결정에 따라 순천스테이션으로 발령을 받게 되었다.10) 인애자와 순천의 길고 긴 인연의 시작이었다.

1892년 한국 선교를 시작한 남장로교는 그 후 20여 년 동안 모두 5개의 스테이션을 호남에 설치 · 운영하였다. 그 곳들은 대개 3만평(약 10만 ㎡) 이상의 넓은 면적에 병원과 학교 그리고 선교사 주택과 예배당 등이 들어서 있었다. 일제강점기 남장로교가 소유했던 부동산의 규모는 현재 가치로 약 3천억 원(북장로교는 1조 원)에 달한다.11) 순천스테이션은 전주-군산-목포-광주에 이어 남장로교가 세운 다섯 번째 선교기지로, 1910년

8) Minutes of Ad Interim Committee of the Korea Mission(이하 Minutes), 1953.

9) George T. Brown, Mission to Korea, Board of World Missions Presbyterian Church U. S, 1962, 206쪽.

10) Minutes, 1954.

11) J. V. N. Talmage, 마성식 · 채진홍 · 유희경 역, 『한국 땅에서 예수의 종이 된 사람』, 한국장로교출판사, 1998, 226쪽.

의 부지 4만 3,800평(14.5만㎡) 매입과 1912년의 건물 신축 공사를 거쳐 1913년 4월 선교사들의 입주가 이루어졌다. 그 선교 구내에는 4채의 선교사 사택과 병원·약국 건물 1동, 남학교와 여학교 그리고 사경회를 위한 작은 기숙사와 순천읍교회 예배당이 나란히 배치되었다. 순천스테이션 건설의 공로자는 고라복(Robert Thornwell Coit)과 변요한(John F. Preston)이었다.[12] 아마 이들은 동료 선교사 인돈의 아들이었던 어린 시절의 인휴를 한두 번 보았을 것으로 짐작된다.

1954년 당시 순천스테이션에는 인휴 부부 외에 보이열(Elmer Timothy Boyer) 부부와 구례인(John Curtis Crane), 김기수(Keith Renn Crim), 민유수(Louis Blanche Miller), 모은수(Claribel Marie Moles), 서고딕(Jack Brown Scott) 부부 등 모두 11명이 배정되어 있었다. 보이열은 1893년 미국 일리노이주 퀸시(Quincy) 출생으로, 웨스트민스터대학과 루이빌신학교를 거쳐 1921년 9월 내한한 베테랑 선교사이다. 그는 일제강점기 20년 동안은 전주에서, 1947년부터 1965년까지는 순천에서 활동했다.[13] 또 인돈 가족과 같이 전주 선교 구내의 바로 이웃에 살면서 그 아들들의 성장 과정을 지켜본 바 있기에, 인휴 부부의 멘토로서 그들의 순천 정착에 큰 도움을 주었을 것으로 본다. 그는 1960년 미국에서 사망한 인돈의 장례식을 집례한 바 있다. 보이열은 애양원 관리와 전남동부지역 전도사역을 맡고 있었는데, 인휴 부임 당시에는 안식년 중이었다. 구례인은 1888년 미시시피주 야주시티(Yazoo City)에서 태어나 미시시피대학과 버지니아 유니온신학교에서 공부한 후 1913년 9월부터 줄곧 순천에서 활동한 이 지역의 대표적 선교사였다. 그의 발걸음은 순천에서 출발하여 벌교와 광양, 고흥과 보성까지 이어졌고, 매산학교와 순천고등성경

---

12) Rev. Donald W. Richardson, D. D, "In Memorium Robert Thornwell Coit, D. D.," *The Presbyterian Survey*, 1932, p.757.

13) 보이열(Elmer P. Boyer), 『한국 오지에 내 삶을 불태우며』, 개혁주의신행협회, 2004.

학교 교장을 역임한 바 있다. 한글 신약성경 개정작업에도 참여했던 구
레인은 1954년부터 장로회신학교 교수로서 서울에 상주하다가 1956년
10월 은퇴하였다.[14] 그러니까 인휴는 구레인과 보이열을 잇는 순천의
3세대 선교사였다. 민유수 선교사는 1888년 조지아주 마틴(Martin) 출생
으로, 시코라대학과 피바디대학에서 공부한 후 1920년 순천에 와서
1959년까지 39년 3개월을 사역한 원로 선교사였다. 그녀는 여수·광
양·곡성·구례 지역의 여성전도 담당자이면서 순천고등성경학교 교장
으로 봉직했다.[15] 인애자는 민유수 선교사의 배려 가운데 그 사역을 어
느 정도 계승하는 입장에 서 있었다.

그 외에 브릿지워터대학과 유니온신학교 신학박사 출신의 김기수 선
교사는 순천스테이션 소속으로 되어 있었지만, 사실은 곧 신설될 한남
대학 교수 요원으로 파송되었기 때문에 대전에 머물고 있었다. 1929년
생으로 퀸즈대학을 졸업한 모은수 선교사는 1954년 9월부터 1957년 6월
까지 약 3년간 전도사역을 수행했다. 서고덕 선교사는 1928년 노스캐롤
라이나주 그린스보로(Greensboro) 출생으로, 데이비슨대학과 컬럼비아
신학교를 나온 후 1952년 내한하여 1957년까지 여수 애양원의 원목으로
목회하였다.[16]

2. 인애자·인휴 선교사의 초기 사역과 순천스테이션

한국에 와서 활동한 선교사들의 일반적인 선교 패턴을 보면, 그들은
먼저 선교 대상 지역의 중심 도시에 자기들만의 생활공간을 건설하고,

---

14) 이재근, 「남장로교 선교사 존 크레인(John C. Crane)의 유산: 전도자·교육자·신학
   자」, 『한국기독교와 역사』 45, 한국기독교역사연구소, 2016.

15) Biographical Information.

16) Biographical Information.

다시 그 안에 병원과 학교 그리고 교회를 세워나가는 방법을 취하였다. 스테이션은 선교사들의 주거와 전도, 의료와 교육의 기능이 하나의 유기적인 조합을 이루는 '복합선교지구'였던 것이다. 한국 선교를 주도했던 장로교와 감리교의 6개 주류 교단 선교부들은 예외 없이 그들의 선교 영역 안 거점 도시들에 대규모(평양 30만 평, 전주 10만 평)의 스테이션을 설치하고 그곳을 중심으로 선교 활동을 벌여 나갔다. 한말·일제강점기 주한선교부가 조성한 스테이션은 모두 37개(만주 3개 포함)에 달한다.[17]

순천스테이션은 '미국남장로교한국선교부'가 한국 선교를 위해 세운 5개 지역 거점 조직 가운데 하나로, 그 운영과 활동은 상위 기구인 선교부와 긴밀한 관계를 맺으면서 진행되었다. 1892년 조직, 1941년 태평양전쟁으로 잠정 해산, 1947년 재조직된 한국선교부는, 남장로교의 한국선교를 총괄하던 회의체 선교기구로서, 그 기능과 성격은 장로교의 치리 조직인 대회(synod) 또는 노회(presbytery)와 유사하다. 내한 남장로교 선교사들은 모두 그 선교부의 정회원으로서 의결권을 갖고 있었다.[18]

선교부의 조직 구성을 보면, 우선 회장(chairman), 총무(secretary), 회록서기(recording secretary) 등의 선출직 임원들(임기 1년)이 있었고, 다시 그 아래로 여러 개의 위원회(committee)를 두어 실질적인 선교 사무를 처리하도록 하였다. 선교사들은 각종 위원회에 배치되어 자신의 전문성을 발휘하였다. 재한 남장로교 선교사들의 총회였던 선교부연례회의(Annual Mission Meeting)은 매년 5월(또는 6월 초) 열흘간의 일정으로 개최되었는데, 바로 스테이션 운영을 비롯한 제반 선교 관련 사항들이 위원회-전체회의의 과정을 거치면서 토의 결정되었다.[19]

---

17) Mission Stations and Places of Interest in Korea, The Korea Missions Year Book, 1932.
18) 송현강, 「미국 남장로교 한국선교부'의 목포 스테이션 설치와 운영(1898-1940)」, 『종교연구』 53, 한국종교학회, 2008, 260쪽.

1955년의 경우 인휴는 연례회의에서 선교부의 남장로교법인조직위원회와 재산위원회 그리고 임시위원회의 위원으로 지명되었다. 법인조직위는 남장로교유지재단을 구성, 한국 정부에 등록하여 재산권을 보전받기 위한 활동을 하기 위한 것으로 인휴와 함께 보이열, 구례인, 서고덕, 타마자(John Van Nest Talmage)가 함께 했다. 또 재산위는 남장로교의 재산을 관리하는 임무를 부여받았는데, 인휴는 그 위원회의 서기로 1년간 일했다. 임시위는 1년에 한 차례 열리는 연례회의를 대신해서 비회기 동안 선교부의 제반 사항을 처리하는 조직으로 각 스테이션에서 두 명씩 선정되어 1년에 두세 차례 모임을 가졌다. 인휴는 보이열과 함께 순천을 대표해 임시위 멤버가 되었다. 그 해에는 인휴의 부친 인돈은 대전 스테이션 대표로, 동생인 인도아는 광주스테이션 대표로, 3부자가 임시위원으로 참여했다.[20] 선교사들에게 큰 부담이었던 것은 한국어 공부였다. 신임 선교사들은 언어 시험이 의무화되어 있었다. 선교부 정회원이 되려면 대개 3년 과정의 언어 시험을 통과해야만 했다. 선교부에는 언어위원회가 설치되어 있어 신임 선교사들의 한국어 구사 능력을 테스트했다. 인휴는 1955년 1년차 한국어 쓰기와 읽기 그리고 2년차 말하기 시험을 치는 등 수월하게 그 관문을 통과했지만, 인애자는 입국 3년째인 1956년에서야 1년차 시험을 마칠 수 있었다.[21] 이 언어시험은 진정한 한국 선교사가 되기 위해 꼭 필요한 과정이었지만 특히 한국인들과의 접촉 빈도가 적을 수밖에 없었던 선교사부인들에게는 크나큰 짐이었다. 인애자는 1955년 10월 18일 전주예수병원에서 넷째 Mary Charlotte을 출산했다. 그 아이는 한국에서 받은 첫 번째 선물이었다.[22]

---

19) 송현강, 위의 글, 261쪽.
20) Minutes, 1955.
21) Minutes, 1956.
22) Biographical Information.

1956년 6월 순천에서 열린 연례회의에는 인휴 부부 외에 보이열 부부, 민유수, 모은수, 서고덕 등 스테이션 멤버들이 참석했다. 여기서 인애자는 선교사자녀교육위원을 맡았고, 인휴는 애양원 이사, 특별전도위원회 위원, 임시위원회 위원에 천거되었다. 이때 인휴는 부명광(George Thompson Brown), 라빈선(Robert Kitchen Robinson) 등과 함께 한국어 시험 3년차를 통과하였고, 인애자는 1년차 시험에 합격했다. 이때 언어위원으로 이들을 심사한 이는 어머니인 인사례였다. 1956년의 순천스테이션 진용을 보면, 인애자는 한국어 공부 및 시내전도, 인휴는 순천스테이션 경내 전도사역, 보이열 - 전도사역 및 애양원 관리, 보이어 부인 - 매산여고 교사, 구례인 - 장로회신학교 교수, 모은수 - 한국어 공부 및 전도사역, 서고덕 - 전도사역 등이었다. 또 1957년도 순천스테이션의 예산 편성 사항을 보면, 전도비 4,500불, 한국인 목사 사례비 1,400불, 선교사 순회비 1,000불, 교회와 목사관 기금 140불, 매산학교 960불, 순천고등성경학교 2,000불, 수선 3,700불, 도로와 담장 100불, 경비원 240불, 운전기사 450불, 선교사 한국어 공부 540불, 예비비 200불 등 총 15,330불(약 70억 원)이었다. 당시 전주스테이션의 1957년 총예산은 45,336불, 광주 29,195불, 목포 20,450불, 대전 16,840불이었다.[23]

1958년 인애자 가족은 첫 안식년으로 그해 여름부터 이듬해 가을까지 미국에 다녀왔다. 다섯째 Andrew McDowell이 태어난 것은 1957년 3월 20일 역시 전주예수병원에서였다. 복귀 후 그들의 사역은 전과 다름없이 계속되었다. 남편 인휴는 지역전도사역을, 인애자는 한국어를 공부하며 시내전도를 맡았다.[24] 1959년에는 순천스테이션에 새로운 선교사들이 가담했다. 도성래(Sthanley Craig Topple)와 미철(Herbert Petrie Mitchell)

---

23) Minutes, 1956.

24) Minutes, 1958.

이었다. 도성래 선교사는 1932년 미국 시카고에서 태어나 남장로교의 대학인 데이비슨대학과 에모리의대에서 공부한 후 1959년 10월에 순천에 도착했다. 그 후 그는 정형외과 의사로 1981년까지 22년간 애양원 의료사역에 헌신하였다. 도성래 부인 안미량(Anne Marie Amundsen)은 1930년 노르웨이 오슬로 출신으로 오슬로의대에서 공부한 후 소아과의사로 1961년 가을 노르웨이선교연합(Norwegian Missionary Alliance) 파송 선교사로 내한하였다. 그런데 그녀의 방한 소식은 국제 선교 잡지인 월드비전을 통해 도성래의 미국 할아버지에게 전해졌다. 할아버지의 서신 권유를 받고 방금 한국에 온 안미량을 만난 도성래는 적극적인 구애 끝에 4개월 만인 1962년 1월 1일 서울에서 결혼하였다. 안미량은 1962년 소속 선교부를 남장로교로 바꾸고 안과와 피부과를 더 공부하여 애양원에 최적화된 의사로 거듭났다. 지금도 지리산 왕시루봉에는 도성래 가족과 인휴 가족이 각각 사용했던 별장이 나란히 남아 있다. 미철 선교사는 1923년 미주리주 세인트루이스에서 태어나 워싱턴앤리대학에서 정치학을 전공한 후 1949년 내한하여 1970년까지 대부분을 선교부 전임총무로 사역했다. 그는 보이열을 이어 1959년부터 3년간 애양원 관리자로서 순천에 상주한 바 있다. 그리고 1960년에는 서고덕의 후임으로 배지수 선교사 부부가 부임하였는데, 그는 1921년 미시시피주 로럴(Laurel) 출생으로 미시시피주립대(기계공학)와 리치몬드 유니온신학교를 졸업한 후 1953년 내한하여 전주에서 활동하다가 순천으로 온 것이다. 배지수는 자신의 전공을 살려 1960년대 순천스테이션에서 특히 시청각사역에 집중하였다.[25]

1960년대에 접어들면서 인휴 부부의 선교부 내 역할과 비중이 커지고 높아졌다. 인휴는 1960년 선교부 부회장, 1962년에는 선교부 회장에 선임되었다. 또 김기수, 서의필(John Nottingham Somerville)과 함께 언어위

---

25) Biographical Information.

원을 맡아 후배 선교사들의 한국어 학습을 도왔고, 선교부 교육위원·재산위원·전도위원, 한국기독교교회협의회(KNCC)의 남장로교 대표, 한남대학과 호남신학원 이사 등을 두루 역임하였다. 그리고 순천지역의 전도사역에 더욱 박차를 가하는 한편 순천고등성경학교에서 학생들을 가르치기도 했다. 1960년 6월 9일 전주예수병원 채플에서 있었던 선교부 연례회의에서 인휴가 했던 설교의 제목 "the Christian Ministry to Servicemen"(섬기는 자로서의 기독교 사역)는 그의 목회적 관점이 어떤 것이었는가를 웅변한다. 인애자는 1960년 선교부 공천위원을 거쳐 1961년에는 교육위원과 홍보위원, 1962년에는 미국장학생선발위원 등으로 그 역할을 확대하였다. 또 그 사이 한국어 공부 과정을 마쳐 선교부 정회원의 자격을 얻을 수 있었다. 막내 John Alderman이 태어난 것은 1959년 전주예수병원이었다.[26]

1962년 인휴는 선교부 회장으로서 한남대 강당에서 열린 연례회의 석상에서 사도행전 4장 1절에서 20절을 본문으로 "초기 제자들의 권위 있는 설교"에 대해서 말씀을 전하였다. 그 해에는 인휴, 보이열, 배지수, 도성래 부부가 계속해서 사역했다. 1963년에는 인애자가 공천위원, 호남협의회, 홍보위원, 광주기독병원 이사로 있으면서, 선교부의 공식적인 요청에 의해 순천의 외래환자진료소(outpatient clinic) 사역에 돌입하였다. 1963년 9월 순천에 온 유순애(Ruby Theresa Tillman) 선교사는 1917년 1월 22일 일리노이주 하이랜드파크(Highland Park)에서 태어나 휘튼대학(물리교육)과 노스웨스턴대학 그리고 하바드의대에서 물리치료를 전공한 후 애양원에서 3년 동안 물리치료사로 환자들을 돌보았다. 그리고 1964년에는 다시 코크레인(Lou Ella Carville Cochrane)이 신임 선교사로 순천에 도착했다. 켄터키주 딕슨(Dixon) 출신으로 마이애미대학과 루이

---

26) Minutes, 1960, 1961, 1962.

빌콘서바토리에서 음악을 공부한 후 내한하여 1967년까지 3년간 순천에서 선교사 자녀들을 교육하였다. 인휴 부부는 1964년 7월부터 안식년을 맞아 도미한 후 1965년 현장에 다시 돌아올 수 있었다.[27]

III. 인애자 선교사의 결핵퇴치사업

1. 인애자 선교사의 결핵퇴치사업-1960년대

인애자 순천결핵사업의 기반이 되는 광주기독병원 결핵사업의 역사는 멀리 일제강점기 부란도(Louis C. Brand) 선교사의 사역으로 소급된다. 부란도는 1896년 버지니아주 스턴톤(Staunton)에서 태어나 남장로교의 데이비슨대학과 조지워싱턴대학 그리고 버지니아의대를 졸업한 후 버지니아의대병원에서 인턴과정을 마쳤다. 그는 대학 재학 중 선교사가 되기로 결심하고 버지니아대학 의학부에 다시 들어갔다고 한다. 그 사이 남장로교의 메리볼드윈여자대학 출신인 메리 더들리(Mary Alberta Dudley)와 워싱턴 D.C.에서 결혼식을 올렸다. 1924년 11월 4일 내한한 부란도는 1929년까지 군산예수병원장으로 일한 후 1929년 말 광주기독병원으로 자리를 옮겼다.[28] 1925년 우일선(Robert M. Wilson)이 여수 애양원 사역을 위해 떠나면서 오랫동안 침체 상태에 빠졌던 광주기독병원은, 브랜드가 부임하면서 다시 활기를 띠게 되었다. 이후 광주기독병원은 발전을 거듭하여 1936년에는 입원환자 1,254명과 외래환자 12,169명을 진료했다. 그리고 의사 1명이 새로 부임했으며, 의사 사택과 무료병

---

27) Minutes, 1963, 1964; Biographical Information.

28) William Hollister, "History of Medical Work at Kunsan Station," *The Presbyterian Survey*, 1936, p.591.

동도 완공되었다. 특히 같은 해 탈메이지 선교사의 기부금으로 5개의 병실을 갖춘 결핵병동(Talmage Tuberculosis Unit)을 신축했다. 브랜드는 광주기독병원을 "결핵환자의 요양소"로 만들겠다는 포부를 갖고 있었다. 결핵이야말로 당시 한국인들의 건강을 위협하는 가장 위험한 질병으로 인식되었기 때문이다. 부란도는 이렇게 헌신적으로 사역하다가 1938년 사망하여 광주 선교사묘지에 묻혔다.[29]

부란도의 결핵 사업은 1950년대에 다시 고허번(Herbert Augustus Codington)에 의해 계승되었다. '광주의 성자' 고허번은 1920년 노스캐롤라이나주 윌밍턴(Wilmington) 출신으로, 데이비슨대학(1937~1941)과 코넬의대(1941~1944), 미육군 군의관 복무(1945~1946), 버지니아 유니온신학교(1947~1948), 예일대 외국어교육원(1948~1949)을 거친 후 1949년 7월 내한하여 목포에서 사역을 시작했다.[30] 1951년 9월 광주에 온 그는 기독병원을 다시 열고 진료를 시작했다. 당시 한국인의 사망 원인 1위는 단연 결핵이었다. 1953년의 경우 남한 인구 19,979,069명 가운데 결핵으로 인한 사망자는 약 8만 명(전체 사망자 363,619명)에 달했다. 고허번은 1955년 미군과 운크라(UN Koea Relief Agency)의 지원을 받아 결핵환자를 위한 전문 병동을 건축하고, 본격적인 결핵퇴치사업을 펼쳤다. 75석이었던 병실의 침대 수가 약 200석으로 늘었을 뿐더러 더욱이 미국 남장로교 여전도회는 1957년 새로운 간호사들의 기숙사와 커다란 엑스레이 장비, 기본적인 의료기기들을 개선할 수 있는 막대한 액수의 후원금을 기부해 주었다.[31]

순천에서 남편 인휴와 함께 활동하던 인애자 선교사가 처음 결핵 환

---

29) 한규무, 「미국 남장로교 한국선교부의 전남지역 의료선교(1898-1940)」, 『남도문화연구』 20, 순천대학교 지리산문화연구원, 2011, 461~462쪽.
30) Biographical Information.
31) George T. Brown, 216쪽.

자들을 만난 것은 바로 1960년 광주기독병원의 부탁 때문이었다. 순천의 환자들이 추가 진료를 받으러 오지 않자 병원 측에서 인애자 부부에게 가정 방문을 요청했던 것이다. 당시 인애자는 시간이 나는 대로 남편 인휴의 순회전도에 동행하였다. 물어물어 찾아간 산골 마을에서 만난 23살의 남자는 죽어가고 있었다. 교통비가 없어서 병원을 갈 수 없었던 것이다. 가족을 검사해보니 7명이 이미 전염되어 있었다. 그리고 그런 이들은 순천 일대에 널려 있었다. 인애자의 아이들 셋이 결핵에 걸려 고생한 것도 불과 몇 년 전의 일이었다.[32] 그래서 처음에는 광주기독병원과 순천지역의 결핵환자들을 연결해 주는 역할을 하였지만, 1961년부터는 스테이션 구내의 사택 사랑방에 환자들을 모아서 돌보기 시작했다. 환자들이 사택 사랑방에 모이면 광주의 의사가 내려와서 진료한 후 다시 집으로 돌려보내는 일이 정기적으로 계속되었다. 광주의 병원에 연락해 결핵 담당 간호사의 파송을 요청한 것도 이 무렵의 일이다.[33] 광주기독병원은 한국의 어떤 다른 민간병원보다 더 많은 환자들을 가정방문을 통해 치료하고 있었다.

인휴의 선배 선교사였던 보이열은 1962년 8월 27일 오후 5시 경부터 내리기 시작한 폭우를 잊지 못한다. 28일 새벽 1시쯤에는 195mm 강수량을 기록하였고 그 여파로 순천 북방 6km 지점인 서면 산정저수지의 둑이 터지는 바람에 삽시간에 홍수는 시내 동외동 일대를 휩쓸고 시가지로 밀려들어 시내 2/3가 침수되었다. 30명 이상의 사람들이 그날 밤 익사했고, 16,000명은 집을 잃었다. 어떤 가족은 8명 중 7명, 또 어떤 가정은 9명 중 7명이 사망했다. 참으로 끔찍한 밤이었다. 결국 1962년 순천대홍수는 224명의 사망자, 1,692동의 가옥 유실, 3,030가구 13,964명의 수

32) 인애자의 둘째아들인 인세반은 1956년 순천남국민학교에 들어갔다가 1957년 결핵으로 인해 학업을 중단했다고 한다.
33) 김형균, 앞의 글, 31쪽.

재민을 남겼다. 전대미문의 아픔이었다. 사람들은 한동안 임시 막사에서 생활하다가 정부에서 시멘트 벽돌집을 짓자 겨울에 들어서기 직전인 11월 첫째 주 동안 이사할 수 있었다. 정말 고마운 것은 따뜻한 옷과 이불과 구호금을 보내 준 사람들이었다. 미군과 세계기독교봉사회 그리고 남장로교 선교본부는 순천 홍수를 기억하고 비상 구호를 보내주었다.[34]

1962년의 순천대홍수는 인애자로 하여금 본격적인 결핵사업에 몰두하는 계기를 마련해 주었다. 수재로 인해 이재민이 생기고 다시 그 열악한 생활환경을 틈타 결핵이 창궐했기 때문이다. 1960년과 1961년 순천 사람들의 결핵 진료 필요성으로 인해 그 사안에 초보적으로 접근하고 있었던 인애자는, 1962년의 수재로 인해 이제 지역 사회의 절박한 요구에 적극적으로 부응하기 시작했다. 홍수 이후 결핵환자들이 더욱 많아지자 인애자는 우선 공간 확보에 나섰다. 다행히 선교 구내에 29평 건물이 있어 그곳을 사용하기로 했다.[35] 선교부의 공식적이고 본격적인 지원도 시작되었다. 위에 적은 대로 인애자는 1963년 6월 6일부터 15일까지 한남대에서 열린 연례회의에서 순천 외래환자진료소의 개설과 운영 책임을 맡게 되었던 것이다.[36]

1965년 안식년에서 돌아온 인애자는 그 사이 화재로 전소된 진료소 건물을 양철 슬레이트와 시멘트로 복구를 한 후 다시 결핵사업에 몰두하였다. 그 해 연례회의에서 선교부는 인애자에게 광주기독병원의 '기독교세계봉사회 결핵퇴치사업'(Church World Service Tuberculosis Control work)의 일환으로 순천에서의 결핵진료사업을 진행할 것을 주문하였다. 재정을 안정적으로 지원받을 기반이 마련된 것이다.[37]

---

34) 보이열(Elmer P. Boyer), 앞의 책, 103쪽.
35) 김형균, 앞의 글, 36쪽.
36) Minutes, 1963.
37) Minutes, 1965.

기독교세계봉사회는 한국전쟁 이후 가장 많은 구호활동을 벌인 단체로서, 2차세계대전 이후 어려움을 겪고 있는 중국과 유럽 국가들을 돕기 위해 1946년 창설되었다. 1951년 미국기독교교회협의회(NCC)의 한 부서가 된 기독교세계봉사회는, 한국전쟁 중 미국교회 뿐만이 아니라 세계교회협의회(WCC) 등의 한국 내 대행기관으로서의 역할도 맡았다. 1951년 1월부터 6월 사이에 기독교세계봉사회는 223,000파운드의 의류와 95,000파운드의 식량(우유·콩·비타민 등)을 선적했다. 1951년 7월에는 기독교세계봉사회 한국위원회를 조직하였는데, 회장은 감리교의 아펜젤러(Henry Dodge Appenzeller) 선교사였고, 아동복지·미망인·대부·가축·결핵·스탭 등 산하에 6개의 특별위원회를 두고 있었다. 1953년 한 해 미국교회들은 기독교세계봉사회 한국위원회를 통해 현금 271,341불, 의류 1,599,752불, 기타 물품 5,469,882불을 지원하였고, 1954년에는 일반 프로그램에 400,000불, 의수족 50,000불, 결핵퇴치에 역시 50,000불의 예산을 편성했다. 기독교세계봉사회는 한국 내에서 특히 의수족·산파교육·결핵퇴치사업에 그 비중을 높여가고 있었다. 결핵퇴치사업이 포함된 이유는 전쟁 이후 결핵환자가 급속도로 증가했기 때문이다. 해마다 10만 명당 400명의 결핵 사망은 당시 미국의 20배에 달하는 놀라운 수치였다. 그래서 기독교세계봉사회 한국위원회(한국기독교세계봉사회)는 전국 13개 병원을 지원하여 무료로 환자를 치료하도록 하였는데, 그 중 하나가 바로 광주기독병원이었다. 봉사회의 1954년 전체 예산 453,000불 중 결핵퇴치사업에는 11%인 50,000불이 배정되었다.[38]

순천진료소가 광주기독병원을 통해 기독교세계봉사회의 결핵퇴치사업의 재정 지원을 받게 되자 선교부는 몇 가지 원칙을 정해 놓았다. 즉

---

38) 김흥수, 「한국전쟁 시기 기독교 외원단체의 구호활동」, 『한국기독교와 역사』 23, 한국기독교역사학회, 2005, 106~112쪽.

"1. 순천클리닉은 광주기독병원과 그래함결핵센터의 의료 지휘 하에 기능한다. 2. 모든 치료는 의사의 처방에 의해 이루어진다. 3. 약품의 대부분은 한국기독교세계봉사회에서 제공한다. 4. 순천클리닉에는 광주의 의사와 간호사들이 정기적으로 방문하게 될 것이다. 5. 인애자가 진료소의 운영 책임을 맡는다. 6. 순천진료소는 한국기독교세계봉사회가 국내에서 벌이고 있는 가장 큰 결핵퇴치사업의 클리닉들 가운데 하나이다."가 그것이다. 아울러 선교부는 순천진료소의 결핵치료약값으로 500불을 배정하였다.[39]

그 사이 진료소는 같은 선교 구내의 사택 부근에서 현재의 매산여고 음악실 건물로 이전하였다. 그동안 진료소가 선교사들의 개인 공간에 근접해 있어서 안전 문제가 뒤따랐기 때문이다. 그리고 1967년 진료소는 고등성경학교로 사용되던 건물 즉 1928년에 지어진 조지와츠기념관으로 다시 이전하였다. 또 엑스레이 촬영기도 들여 놓을 수 있었다. 그후 이곳을 이용하는 환자의 수는 거의 1천 명에 육박했다. 그들의 진료를 위해 광주기독병원은 매주 금요일마다 의료진을 순천에 파견하였다. 고허번과 이철원(Donald Burton Dietrick) 선교사 그리고 인턴과 레지던트 과정의 의사들도 있었다.[40] 이철원은 1927년 버지니아주 샬럿츠빌(Charlottesville) 출생으로, 데이비슨대학과 펜실베니아의대에서 공부한 외과의사였다. 1958년 내한하여 전주예수병원에서 사역하다가 1961년부터 광주기독병원 외과과장으로 근무하고 있던 중이었다. 1967년 고허번의 뒤를 이어 병원장이 된 그는 1985년 은퇴할 때까지 광주기독병원을 종합병원 및 의사교육기관(수련병원)으로 발전시키는데 기여하였다. 기독간호대학(수피아간호학교)을 설립한 것도 그의 업적이었다. 고허번과

---

39) Minutes, 1965.
40) 김형균, 앞의 글, 41쪽.

이철원에 이어 당대 광주의 또 한명의 의료선교사는 유수만(Dick H. Nieusma, Jr.)이었다. 선교의 영역 가운데 희소가치가 높은, 치과의사였던 그는 미시간주 홀랜드(Holland)에서 태어나 호프대학(1948~1952)과 미시간치과대학(1952~1956) 그리고 컬럼비아신학교(1960~1961)에서 공부한 후 1961년 내한하였다. 유수만은 1963년부터 1984년까지 21년 동안 치과 전공의 수련과정을 개설하고, 정기적으로 무의촌 진료 봉사 활동을 하는 한편 암환자들을 위한 특수 보철 치료를 시행하는 등 자신의 전문성을 유감없이 발휘했던 참 고마운 선교사였다.[41]

1963년 진료소를 개원한 인애자는 다시 1965년 순천시 조례동 131-1에 결핵요양원을 세웠다. 중증 환자들에게는 투약뿐만이 아니라 입원 가료가 절대적으로 필요했기 때문이다. 그래서 땅을 사고 건물 7개동을 지어 전문적 설비를 수용한 다음 그 시설들을 활용하여 실비와 함께 무상 입원치료를 시작하였다. 미국 노스캐롤라이나주 샬럿의 브라운 부인(Mrs. Bass Brown)이 집 없는 결핵환자들을 위한 주거지 건설에 120불을 헌금해 준 것도 이때의 일이었다.[42] 1965년부터 농촌선교에 더욱 전념하게 된 인휴는 1966년부터 한국기독교세계봉사회의 자문위원으로 위촉되면서 인애자의 결핵퇴치사업을 측면 지원할 수 있게 되었다. 보이열이 선교사직을 은퇴하면서 순천스테이션에는 그 후임으로 노우암(Clarence Gunn Durham)이 가세하였다. 그는 1932년 조지아주 톰슨(Thomson) 출신으로, 에모리대학과 컬럼비아신학교 그리고 스코틀랜드의 뉴컬리지에서 공부한 후 조지아주의 피츠제럴드제일교회에서 목회하다가 1961년 내한하였다. 처음에는 광주에서 활동하다가 1967년 순천으로 와서 그 후 1982년까지 15년간 시무하였다.[43] 또 1965년부터

---

41) Biographical Information.
42) Minutes, 1966.
43) Biographical Information.

1967년까지 광주기독병원에서 진료한 심슨(Wilfred Laurence Simpson)은, 1966년부터 1년 동안 안식년으로 도미한 고허번 대신에 임시병원장과 결핵진료를 맡아 수고하였다. 특히 그는 흉부외과 전문의로 한국기독교세계봉사회의 디렉터로서 광주기독병원에서 결핵치료를 위해 신약을 활용한 새로운 임상실험을 시도하여 주목을 받았다.[44] 심슨은 1932년 호주 빅토리아주에서 태어나 멜버른의대(1949~1954)에서 공부한 후 1964년 3월 내한하여 서울을 거쳐 광주에 온 것이다.

광주기독병원이 선교본부에 요청한 1967년 예산을 보면, 결핵환자치료비 1,500불, 결핵환자 3개월 요양에 600불, 결핵환자수술비 1,000불이었고, 순천진료소는 결핵요양원운영 600불에 결핵약값 400불이었다. 또 순천은 그와 별도로 요양원 시설비 10,000불과 장기 환자 요양시설(Cottages for incurable TB patients) 3,000불 등의 대형 사업 예산도 신청해 놓았다. 아마 이때부터 요양원에서 결핵환자 재활훈련기관인 보양원을 분리하여 별도로 설립한다는 계획도 수립되었던 것 같다. 그 전까지는 순천시 조례동의 결핵환자 입원실(1963년)과 해룡면의 결핵환자 재활시설(1967년 이전)이 요양원의 이름으로 함께 있었기 때문이다. 그리고 목포에서도 순천과 같은 형태의 결핵진료소가 남장로교선교부에 의해 운영되고 있었다. 1967년 안식년 휴가에서 돌아온 고허번은 이철원에게 병원장직을 인계하고 결핵과장으로 퇴치사업에 전념했다. 그는 인휴와 함께 한국기독교세계봉사회의 남장로교 대표로 파송되었을 뿐만 아니라 디렉터로서 폭넓게 활동했다. 결핵퇴치사업의 실질적인 주관자였던 것이다. 광주기독병원 이사회가 한국기독교세계봉사회의 서울 재산을 매도하는 과정에서 발생한 기금 중 5만 불을 요청한 것도 바로 이때였다.[45]

1968년 인애자는 딸 메리(Mary Charlotte)의 의료 검진을 위해 미국에 다녀왔다. 남편 인휴는 순천노회 · 목포노회와 연계하여 농촌전도에 박차를 가하고 있었다. 선교부는 인휴에게 다음 안식년 중 미국에서 자동차 관련 기계공학 공부를 권고하였다. 선교 차량의 구입과 사용 빈도가 증가하면서 미국산 자동차의 정비 및 운행 관련 전문가가 필요했기 때문이다. 아울러 이철원은 공중보건, 인도아는 농업에 대한 전문성을 갖출 것을 주문하였다. 1968년 광주기독병원은 지난 1년 간 외래환자 5만 명(신입내원환자 12,000명), 입원 2,500~3,000명, 수술 1,200명의 실적이 있었고, 내과 · 결핵과 · 치과 · 일반외과 · 흉부외과 · 소아과 · 산부인과 등 7개 진료과에 모두 25명의 인턴과 레지던트가 활동하고 있었다. 순천진료소는 1969년 예산으로 결핵진료소에서 사용할 결핵약 2,675불, 지역 전도인들이 순회하며 환자들에게 지급할 결핵약값 400불, 결핵요양원 400불을 선교부에 요청하였다.[46] 또 1970년에는 결핵약 2,500불, 진료소 1,000불이었다.

인애자는 1969년 요양원에서 보양원을 분리하여 새롭게 시작하였다. 순천시 해룡면 호두리 산42에 정식으로 문을 연 보양원은 결핵환자들의 장기적 자활생활의 처소로서 사회 복귀의 기회를 집중적으로 제공하는 것이 그 목적이었다. 치료 후 무의탁 환자들에게 재활의 시간을 부여하고자 했던 것이다. 그래서 보양원 사람들로 하여금 각각 개인적인 생활을 하게 하여, 자활의 힘을 기르게 하는 운영방식-양계 · 양돈 · 양구(養狗) · 자수 등의 재활프로그램-을 채택하였다. 이곳에서 생산된 물품들은 판매를 통한 수익이 되어 환자들의 자립적 생활이 가능해졌다.[47]

---

45) Minutes, 1967.
46) Minutes, 1968.
47) 김형균, 앞의 글, 50~51쪽.

2. 인애자 선교사의 결핵퇴치사업과 재단설립–1974년까지

인애자 부부는 1969년 5월 30일부터 이듬해 8월까지 미국에서 안식년을 보냈다. 그런데 1970년 2월 광주에서 열린 선교부 임시위원회에서는 순천결핵진료소와 요양원·보양원의 모든 자산을 광주기독병원법인에 포함시키는 것을 허용해 달라는 요청에 대한 논의가 진행되었다. 인애자 부부가 한국에 없는 동안에 일어난 일이었다. 당시 선교부는 학교와 병원 등 종래의 남장로교 산하 선교기관들을 별도의 법인으로 독립시키는 작업을 진행하고 있었다. 한국교회가 성장함에 따라 궁극적으로 한국인들에게 학교와 병원의 운영권을 이양한다는 것이었다. 그래서 광주기독병원법인은 1. 순천시 조례동 순천결핵재활원의 선교부재단 소유 모든 재산, 2. 순천 근처 승주군 해량면의 보양원 모든 재산, 3. 순천시 매곡동 142-8번지 한옥과 대지, 4. 142-5번지 구 성경학교 건물, 5. 마을에 있는 결핵원의 창고(이전 성경학교 기숙사를 포함), 6. 기타 6피트 대지 등의 명의 이전을 요구해 온 것이다.[48] 이는 인애자 부부가 안식년에서 복귀한 후 재단법인순천기독결핵재활원의 설립을 추진하는 계기가 되었다.

1970년 8월 현장에 복귀한 인애자는 계속해서 진료소·요양원·보양원 등 3대 기관을 중심으로 한 결핵퇴치사업에 진력하였다. 인휴 역시 순천·목포·제주노회를 중심으로 한 전도사역에 더하여 별도의 '등대선교회'(Operation Wright House)를 조직하면서 "1천 교회 개척 운동"을 추동하였다. 아울러 인휴는 안식년 기간 동안 차량 운영과 정비에 관한 특별 훈련 과정을 이수하여 선교부 운송위원회의 기술 자문역을 맡게 되었다. 순천의 시청각 사역도 인휴의 몫이 되었다. 순천의 결핵퇴치사

---

48) Minutes, 1970.

업 예산은 1971년 결핵약 1,000불, 진료소 800불이었고, 1972년에는 결핵약 1,000불, 진료소 800불, 1973년 진료소 1,250불, 결핵약 1,500으로 계속 증가하였다.[49]

1971년 5월 연례회의에서 선교부는, 남장로교재단법인에서 인애자의 순천기독결핵재활원을 원칙적으로 분리하기로 하고, 선교본부에 허가를 요청하는 서신을 보낼 것을 결의하였다. 그 편지는 이철원 선교사가 작성했다.[50] 이어서 선교부는 순천기독결핵재활원협의회를 구성하여 분리 절차를 상의하였고, 1972년 연례회의에서 그 보고서가 승인되어 선교본부에 전달되었다. 그 내용을 보면 "순천기독결핵재활원재단(Soonchun Tuberculosis REhabilitation Center Foundation)은 1. 순천시 매곡동 169번지에 사무실을 둔다. 2. 재단은 재활원의 운영과 시설관리, 재산과 기금의 공급을 통해 결핵환자를 치료하고 돌보아 결국 그리스도의 복된 소식을 제공하는 것을 목적으로 한다. 3. 앞서의 목적은 순천기독진료소 및 요양원의 운영을 통해 달성한다. 4. 재단은 회장 1명, 이사 7명(회장과 원장 포함), 감사 2명으로 구성되며, 그 중 3명은 의사, 1명은 목사로 하되, 통합 측 장로교의 이사 2명은 순천노회가 지명한다. 5. 회장은 이사회에서 선출한다." 등으로 되어 있다. 이어서 선교부는 순천기독결핵재활원으로 조례동 부지 15-7의 500평, 131-1의 234평, 조례동 부지 15-7의 500평, 131-1의 234평, 131-2의 93평, 131-3의 93평, 131-6의 125평, 131-10의 153평, 131-11의 243평, 131-12의 503평, 131-13의 399평, 임야 산19-1의 4,980평, 산19-5의 450평을 양도하기로 결의하였다. 선교부는 인애자의 결핵퇴치사업에 대한 신뢰가 이러한 조치의 기반이 되었음을 적시하였다.[51] 이는 당시 재한 남장로교 선교사 사회에서 인애자 부부가 어떤 평가를 받

---

49) Minutes, 1971, 1972.
50) Minutes, 1971.
51) Minutes, 1972.

고 있었는지를 잘 보여주는 장면이라고 할 수 있다. 또 선교부는 1974년 인애자의 순천기독결핵재활원에 총 3,617불(진료소 1,800불, 결핵약 1,817불)을, 인휴의 등대선교회에는 3,100불을 지원하였다. 인애자는 1973년 외국민간원조단체연합회(KAVA: Korea Association of Voluntary Agencies)의 이사로 활동했다.[52] KAVA는 내한외원단체들의 연합기구로 6·25전쟁 중이던 1952년 7월 부산에서 결성되었다. 처음에는 7개 단체로 출발했으나, 1953년 33개, 1958년 11월에는 10개국 59개 외원단체로 그 수가 크게 늘었다. 인애자의 결핵퇴치사업과 직접 관련을 맺고 있던 한국기독교세계봉사회는 KAVA의 유력한 회원단체 가운데 하나였다.[53]

재단의 분리가 이루어진 후에도 광주기독병원의 순천기독결핵재활원에 대한 의료 혜택과 원조는 계속되었다. 순천기독진료소는 매달 세 번씩 금요일마다 지역민들을 위해 종합클리닉을 열고 하루 평균 60명의 환자들을 보았다. 이때는 광주기독병원의 레지던트들이 수고해 주었다. 그리고 남은 하루의 금요일과 그 전날인 목요일에는 이철원 선교사가 직접 결핵 환자들을 진료하였다. 당시 진료소에 등록된 결핵환자는 1,009명에 달했다. 애양원 병원의 도성래 선교사는 한 달에 두 번씩 수요일마다 정형외과를 열어 144명을 치료하였다. 또 로빈슨 의사(Dr. Lena Bell Robinson)는 383명에 달하는 순천의 뇌전증(간질) 환자들을 위해 자신의 '로즈클럽'(Rose Club) 팀과 함께 진료소에 와서 그 상태를 살피고 적절한 처지를 아끼지 않았다. 1974년 보양원에는 모두 35명이 거주하였다. 여성들은 자수를 통해 수입을 올리고 있었고, 남성들은 수공예 일감을 기다리는 중에 있었다. 또 80명 정원의 요양원에는 재정의 부족으로 인해 그 절반만 수용하였으나, 대학생성경읽기선교회(UBF)에

52) Minutes, 1973.
53) 김흥수, 앞의 글, 103쪽.

서 80명의 환자를 1년 동안 치료할 수 있는 헌금을 보내와 그 인원을 대폭 늘릴 수 있었다. 그리고 결핵환자 방문 프로그램을 통해 재가 환자들의 상태도 일일이 체크하며 그 가족들에게까지 선한 영향을 끼치게 되었다.[54]

1975년의 경우에는 보양원에 35명, 요양원에 70명을 수용하였고, 순천노회의 여러 교회들과 YMCA에서도 지원이 이어졌다. 순천기독결핵재활원의 직원 수는 모두 17명에 달했다. 광주기독병원의 의사인 박주섭이 이철원 선교사를 대체하여 진료를 계속하였고, 애양원의 도성래 역시 2주에 한번 씩 방문하여 정형외과 환자들을 돌보았고, 뇌전증 클리닉은 순천의 정신과 의사이자 기독교인인 정영한의 지원으로 지속되었다. 한 해 동안 1,861명의 새로운 환자들이 등록했고, 그 중에 일부는 광주로 보내졌다. 그래서 결핵환자 1,029명, 뇌전증환자 383명, 육아상담(영양실조 아이들을 위한 우유 배급 포함) 68명이 순천기독결핵재활원에서 치료받았다.[55]

지난 1860년대 노예제도의 폐지 문제로 남북전쟁을 겪으면서 분열되었던 미국 북(연합)장로교(PCUSA)와 남장로교(PCUS)는 1960년대부터 통합 협상을 벌여 1970년대에는 그 분위기가 무르익어 갔다. 하지만 남장로교 내에는 보다 진보적인 (U)PCUSA와의 결합을 반대하는 흐름이 존재하고 있었다. 결국 그들은 1973년 북장로교와 합치려는 남장로교 교단에서 이탈하여 전혀 새로운 교단인 PCA(Presbyterian Church in America)를 조직하였다. 그 규모는 1,400개 교회에 약 30만 명의 교인들이 속해 있다. 그런데 인휴는 바로 PCA의 이념에 동조하는 신학적 색채를 갖고

---

54) Betty Linton, "Soonchun Christian Clinic," Presbyterian Church U.S., Reports for Information Korea Mission, 1974.

55) Betty Linton, "Soonchun T.B. Rehabilitation Center," Presbyterian Church U.S., Reports for Information Korea Mission, 1975.

있었다. 남장로교를 탈퇴하여 PCA로의 이적을 결정한 것이다. 앞서 살펴듯이 보수적인 교단인 연합개혁장로교회의 얼스킨 출신인 그가 PCA를 선택한 것은 그리 이상한 일이 아니다. 더구나 인휴의 입장에서는, 당시의 남장로교한국선교부가 장로교 통합측과만 공식 관계를 맺고 있었으므로, 그 전에 분열된 장로교 합동측 교회나 고신측 교회와의 광범위한 협력을 통해 전도사역의 결실을 극대화하기 위해서라도 좀 더 초월적인 신분을 견지하는 것이 좋겠다는 판단을 했을 것이라고 본다. 선교부는 인휴 선교사의 이러한 입장과 상황 전개를 충분히 인정하고, 이명에 동의하는 한편 그 부부의 사역을 계속 지원하며 협력할 것을 약속하였다.56) 인애자 부부의 PCA 이적과 등대선교회의 조직 그리고 순천기독결핵재활원 법인 설립은 이렇게 표리의 관계에 있다. 인애자 부부는 1975년 순천스테이션 구내를 떠나 결핵요양원의 사택으로 이주하였다. 이로써 인애자 선교사의 결핵퇴치사업은 새로운 국면을 맞게 되었다.

IV. 맺음말

인애자의 남편인 인휴 선교사는 1926년 군산에서 태어났다. 부친 인돈은 1912년부터 1960년까지 40년 이상 군산과 전주 그리고 대전에서 활동한 남장로교의 대표적인 제2세대 선교사이다. 또 그의 장인인 배유지는 1895년부터 1925년까지 40년간 호남에서 사역하였다. 그를 '전남 선교의 대부'라고 일컫는 데는 다 그만한 이유가 있다. 군산과 전주의 스테이션 구내에서 유소년기를 보낸 인휴는, 다시 미국에서도 보수적인

---

56) "Report of the Special Hugh Linton Committee," Presbyterian Church U.S., Reports for
    Information Korea Mission, 1974.

분위기의 얼스킨대학과 신학교를 다녔다. 미국 내의 유수한 다른 신학교를 마다하고 얼스킨을 택한 것은 당시 인돈 가문의 신앙적 분위기가 어떠했는가를 웅변한다.

19세기 말 20세기 초 미국 선교사들은 세속적으로 이데올로기화한 청교도적 사명을 가장 의식적으로 이어받은 사람들이었다. 이른바 칼빈주의의 신정정치의 이상은 사라졌지만, 그래서 그것은 다수결 민주주의나 자유방임적 경제체제 같은 것들로 대체되었지만, 그 외에 성경의 의심할 수 없는 권위에 대한 복종, 교회의 순결을 지키려는 열심, 성결한 삶에 대한 열망, 당대에 세계를 복음화 시켜야 한다는 사명감, 사회개혁에 대한 열정 등은 선교사들 속에 남아 있는 청교도적 유산이었다.[57] 내한 남장로교 선교사들은 이러한 핵심 가치를 공유하고 있었고, 변하여 가는 미국 사회·교회와 동떨어져 있던 피선교지의 상황에서 그것들은 훼손되지 않은 채 가급적 원형을 유지하면서 계승되었다. 복음전파와 사회개혁은 인애자 부부의 행위 양식을 설명하는 두 가지 기제이다.

인휴의 1960년대 농촌선교와 1970년대의 '1천 교회 개척 운동'은 대를 이어 계승된 그 가문의 '복음전파에 대한 열정'의 마지막 장면이라고 이해된다. 인애자의 순천에서의 결핵퇴치사업의 전개는 피선교지를 보다 나은 사회로 변화·발전시키려고 했던 19세기 선교사들의 염원이 연장된 것이다. 인애자는 1960년과 1961년 순천 사람들의 결핵 진료 필요성 때문에 일단 그 사안에 대해 초보적으로 접근한데 이어, 1962년 수재로 결핵환자들이 더욱 늘어나자 진료소를 열어 본격적으로 결핵퇴치사업에 돌입하였다. 그 후 한국기독교세계봉사회의 지원을 받아 재정의 안정을 기하였고, 요양원과 보양원을 잇달아 세워 순천의 일관된 결핵치료프로그램을 완성하였다. 1975년의 경우 순찬기독결핵재활원에 새로

---

57) 류대영, 앞의 책, 152~154쪽.

이 등록한 환자는 모두 1,861명에 달했고, 결핵환자 1,029명, 뇌전증환자 383명, 육아상담의 68명이 치료 받았다. 그리고 보양원 35명, 요양원에는 70명이 수용되어 있었다. 인애자 부부는 1974년 남장로교선교부를 떠나 PCA로 이적하였고, 1975년 정든 순천스테이션 구내를 떠나 결핵요양원의 사택으로 이주하였다. 이로써 인애자의 결핵퇴치사업은 전혀 새로운 국면을 맞게 되었다.

〈참고문헌〉

Annual Reports of Presbyterian Church U. S. in Korea Missionary 1, 한국교회사문
    헌연구원, 1993.

Charlotte Bell Linton, Letter to Dear Betty & Hugh.

George T. Brown, Mission to Korea, Board of World Missions Presbyterian Church
    U.S, 1962.

Minutes of the Second Postwar Annual Meeting of the Korea Presbyterian Church of
    the U.S.

Presbyterian Church U.S., Reports for Information Korea Mission.

William Hollister, "History of Medical Work at Kunsan Station," *The Presbyterian*
    Survey, 1936.

류대영, 『초기 미국 선교사 연구』, 한국기독교역사연구소, 2002.

마성식 · 채진홍 · 유희경 역, 『한국 땅에서 예수의 종이 된 사람』, 한국장로교
    출판사, 1998.

보이열(Elmer P. Boyer), 『한국 오지에 내 삶을 불태우며』, 개혁주의신행협회,
    2004.

김형균, 「순천지역 의료선교에 대한 연구-선교사 인애자의 결핵사업을 중심으
    로」, 장로회신학대학교 신학대학원 석사학위 논문, 2010.

김흥수, 「한국전쟁 시기 기독교 외원단체의 구호활동」, 『한국기독교와 역사』
    23, 한국기독교역사학회, 2005.

송현강, 「'미국 남장로교 한국선교부'의 목포 스테이션 설치와 운영(1898-1940)」,
    『종교연구』 53, 한국종교학회, 2008.

이재근, 「남장로교 선교사 존 크레인(John C. Crane)의 유산: 전도자 · 교육자 ·
    신학자」, 『한국기독교와 역사』 45, 한국기독교역사연구소, 2016.

한규무, 「미국 남장로교 한국선교부의 전남지역 의료선교(1898-1940)」, 『남도문
    화연구』 20, 순천대학교 지리산문화연구원, 2011.

제2부
목사·장로의 종교활동

순천지방 최초 목사 임직자
: 정태인 목사의 삶과 목회*

차종순

Ⅰ. 머리말

정태인(鄭泰仁) 목사는[1] 조선조 말엽(개국 482년: 1873년)에 태어나서 해방 후까지(단기 4280년: 1947년) 한국 역사의 전환기를 살면서, 전통 유학적 삶의 유형을 기독교적 신앙 유형으로 바꾼 대표적인 인물이다. 그의 대표성은 기독교를 받아들인 후 전라남도 보성군과 고흥군이라는 외진 시골지역에서 서구 선진 학문을 보급하고, 애국적인 국가관을 확립시킨 선구적인 지도자였다.

1904년에 기독교를 받아들인 정태인은 순천지방의 최초의 개종자 그

---

* 순천대 인문학술원에서 발간하는 학술지 『인문학술』 3(2019.11)에 실린 「순천지방 최초 목사 임직자: 정태인 목사의 삶과 목회」를 재게재한 글이다.

1) 정태인 목사의 제적등본에는 생몰연도에 대하여 "개국 482년 2월 11일-단기 4280년 9월 8일"으로 기재하였다. 그리고 개국 503년(1897년) 1월 11일에 김재조의 큰 딸 김순천과 결혼함으로써, 김재조(장로)의 큰 사위이다.

룹에 속하지만, 그의 개종은 가족관계에 의한 관계전도의 한 대표적인 사례이다. 그는 무만리교회 기독교인 가운데에서 가장 먼저 목사임직을 받았고(1917년), 곧바로 모(母)교회 무만리교회의 최초 담임목사직을 맡았으며, 이어서 3차례(1920년/1937년) 담임목사직을 맡았다.

이 과정에서 그의 친가와 처가의 가족들이 대다수 기독교를 받아들였으며, 다수의 목사/장로/권사를 배출하였으며, 자녀들 가운데에는 정치계와 학계를 포함한 각계 공공부분에서 사회적으로 이름 있는 지도자가 되었다. 이렇게 하여 전라남도 보성군 무만리라는 고향지역을 선진 문화지역으로 바꾸면서 살았던 사람이다.

그러면서도 그는 안타깝게 순천노회로부터 치리를 받고 목사직을 면직당하였던 최초의 목사이기도 하였으나, 곧바로 회개의 모범을 보임으로써 목사직을 회복한 목회자이기도 하다. 그의 삶은 후배 신앙인들에게 최우선으로 추구할 것이 무엇이며 최우선으로 피해야 할 것이 무엇인가를 가르쳐 주기도 한다.

이 글은 먼저 목포에서 무만리 정태인 목사가 배출되기까지를 다루고, 다음으로 정태인 목사의 목회사역과 사망에 이르기까지의 과정을 다루려고 한다.

II. 조상학과 지원근에서 정태인 목사까지(목포에서 무만리까지)

1. 신흥 도시 목포를 찾아간 지원근과 조상학

조선조 말엽 한국에서 전라도는 동학과 의병으로 개화의 대열에서 벗어나 있었고, 그 가운데에서도 승주, 보성, 고흥 지역은 최남단(deep south)에 속한 낙후된 곳이었다. 그러한 상황을 벗어날 수 있는 길을 소수의 선각자들은 신흥 개화지로 떠나는 모험에서 찾았다.

1) 목포의 근대화

1895년 마지막 즈음에 시베리아 횡단철도가 개통되고, 1896년 2월 11일 조선의 제27대 왕 고종이 러시아 공사관으로 옮겨갔다. 한국에서 우위권을 선점하게 된 러시아는 이 두 가지 사건을 통하여 극동정책이 블라디보스토크(Vladibostok)에서 끝나지 않고 한국의 서남단 목포까지 확대시키려는 계획을 세웠다. 러시아는 일본을 통한 서구문명의 진출입구였던 부산이 아니라 서남쪽 모서리, 나무짐을 실어나르는 포구(나무포=木浦: Mokpo)를 항구도시로 개발시키고, 그곳에 러시아의 극동함대가 주둔하는 "군항"으로 발전시킴으로써 남중국해를 거쳐 태평양으로 진출하려는 첨단-기지로 삼으려는 계획을 세웠다. 이 부분을 선교사들도 놓치지 않았다.

러시아 신문은 그곳(목포)이 시베리아 횡단철도의 바람직한 종착역이라고 말하고 있다. St. Jame's Gazette는 목포를 한국의 지브롤터(Gibraltar)라고 부른다. …… 정박하기에도 아주 용이하여 장갑함 30척이 닻을 내릴 수 있으며, 8~18 패돔(약 15~33미터)의 수심을 가지고 있으며, 수심이 깊은 선창을 강둑을 따라 건설할 수 있다고 하였다. 프랑스는 이미 두만강(만주와 국경)으로부터 서울까지 철도를 건설할 수 있는 허가를 받았으며, 러시아에게는 여기로부터 서울을 거쳐 전라도 지방의 서남쪽에 있는 목포까지 이 노선을 확장시키는 것은 문제가 되지 않을 것이다. …… 목포가 한국교회의 최초의 지브롤터가 된다는 것이 얼마나 중요한 일인가![2]

---

2) The Missionary, Mokpo, Nov. 1896, pp. 485~486.

2) 지원근(池源根)과 조상학(趙尙學: 1880~1950)

이와 같은 러시아와 조선 왕실의 계획을 알아차린 세력은 일본이었으며, 한국에서 선교하던 각 교단의 선교본부였다. 미국남장로교 한국선교회는 목포가 개항된다는 소식을 접하고서 레이놀즈(Rev. W. D. Reynolds)와 유진 벨(Rev. Eugene Bell)을 1896년 2월 11일에 목포로 보내서, 3주간에 걸쳐서 선교부를 개설할 수 있는 땅을 구입하도록 지시하였다. 이 두 사람은 목포에서 땅을 매입한 후, "일본인들이 평지 땅은 모두 사버렸고, 지금도 산을 헐어서 뻘 땅을 메꾸는 중이었다. …… 자유무역항으로 개항되리라던 목포가 새 정부의 수립으로 인해서 무기한 연기되었다"라고 보고하였다.

이에, 미국남장로교 한국선교회는 목포를 잠정적으로 포기하고, 1897년 3월부터 나주(羅州)에 선교부를 세우려고 유진 벨을 보내어 나주 시내에 한옥 한 채를 매입하고, 책방(book room)을 개설하고, 변창연 조사가 기거하면서 선교에 전념하였으나 나주 주민들의 반발로 별 성과를 거두지 못한 채 6개월 정도 시간이 흘렀다.

그러다가 1897년 10월 1일에 목포가 개항지로 선포됨에 따라, 유진 벨은 나주에서 목포로 옮겨 가(지난 해에 매입하였던 땅은 거래가 무산되었다) 전라남도 선교거점이 될 선교부 부지를 매입하였다. 유진 벨은 이렇게 말한다.

> 목포는 새롭게 부흥하는 신흥도시로 모든 물가가 상당히 높다. 토지 값으로 상상을 초월하는 $390/은화(¥)를 지불하였지만 나는 곧바로 그곳을 팔면 $500/은화(¥)를 주겠노라는 제의를 받았다[3]

---

3) Eugene Bell, Letter to Mother, Mar. 16. 1898.

목포는 지속적으로 발전하였으며, 유진 벨은 1898년 3월부터 목포에 상주하면서, 가가호호 방문, 거리 전도, 장막 전도 …… 등의 방법으로 선교에 전념한 결과 2~3개월이 지나서 예배처소를 마련하였고, 1898년 11월에는 기다리던 오웬(Dr. Clement C. Owen) 의사 선교사가 도착하여 "선교진료소"를 개설하였고, 1899년 11월에는 여성-아동 선교를 전담할 스트레퍼(Miss Frederica Straeffer)가 도착하였다.

목포는 개항이후 비약적으로 발전하여 1910년 즈음에는 신흥도시 (boom city)로서 많은 일본인들, 일본인 상점, 일본 공무원 사무실 …… 등이 즐비한 일본풍 도시로 바뀌어 갔다.

> 이 도시의 특징적인 모습은 일본인 정착촌, 2채의 선교사 주택, 산뜻하게 지은 새 현지인 교회 …… 목포의 인구는 대략 3,000명의 일본인과 10,000명의 한국인이며, 많은 근대식 편의시설이 있고, 그 가운데에서 자랑스러운 수도 시설은 거의 완공단계에 이르렀다. 여기에 이 지역을 통치하는 일본 부영사(vice-residency), 행정관 (county officers), 그리고 규모가 큰 상업거래소 …… 등이 있어서 이미 정치적 그리고 상업적 중심지로 부상하였으며 또한 그 미래 도 밝다. …… 수많은 사람들이 **목포에서 새로운 삶의 근거를 마련 하기 위하여 몰려들었다.**[4]

"목포에서 새로운 삶의 근거를 마련하기 위하여 몰려든" 사람들 가운 데 전라남도 동부 내륙의 젊은이들이 있었다. 이들은 보성군 무만리교 회와 정태인과 관계된 두 사람으로서, 한 사람은 승주군 낙안(樂安) 출 신 "지원근"(池源根)이고 다른 한 사람은 승주군 송광면 대곡리 "조상학" (趙尙學: 1880~1950)이었다.

---

4) The Missionary, "Annual Report of the Executive Committee of Foreign Missions of the Presbyterian Church, U.S.,: Korea Mission", May. 1911, pp.240~244.

그렇지만 지원근과 조상학은 다같이 신흥 도시 목포에서 일본인들을 통한 출세의 길로 가지 않고, 미국 남장로교 목포선교부의 선교사들을 통하여 영적인 눈을 뜨게 되었으며, 목포 양동교회를 통하여 기독교적 인물로 성장하게 되었다. 「조선예수교장로회 사기」는 1898년 편에서 이렇게 말한다.

> 목포부 양동교회가 성립하다. …… 노학구, 김만실, 김현수, 임성옥, 지원근, 마서규, 김치도 등 20여인이 신종하여 교회가 수성(遂成)되고 의사 오기원이 래도하여 의술과 복음으로 예수의 자애를 실현하니[5]

목포양동제일교회는 초기 7인에 대한 세례식이 1898년 10월 1일에 실시되었다 라고 기록하고 있다.[6] 이는 지원근은 최소한 1897년 중반 즈음부터 목포교회에 다녔던 최초 교인들 가운데 한 사람이었음을 말해준다.

3) 지원근과 조상학의 조사(helper) 발탁

목포 양동교회는 부흥하였으나, 1901년 4월 12일 유진 벨 목사의 부인(Mrs. Lottie Witherspoon Bell)이 사망함으로써 유진 벨은 급거 미국으로 귀국하게 됨으로써 목포선교부의 복음과 의료 선교는 오웬 의사/목사가 혼자서 떠맡게 되었다. 오웬 의사는 이때로부터 1년여 정도, 즉 1902년 5월까지 혼자서 목포선교부의 일을 도맡아 진행하다가 건강악화로 1902년 1월에 안식년을 신청하였으며, 1902년 5월 중순 경에 한국을 떠

---

5) 조선예수교장로회 사기, 상권, 55쪽.
6) 목포양동제일교회 홈페이지. 목포 양동교회는 교파분열에 따라 1953년에 양동교회(기장측)와 양동제일교회로 나뉘었고, 양동제일교회는 1960년에 양동제일교회(통합측)과 새한교회(합동측)으로 나누어졌다.

나는 배에 승선하여 1902년 7월에 미국에 도착하였을 것으로 본다.[7] 그리하여 홀로 남게 된 스트레퍼 양은 신변상 이유로 서울에서 타 선교회 소속 여성선교사들과 함께 지내게 되고, 목포 선교부는 안식년을 마치고 한국으로 되돌아 온 레이놀즈(Rev. William D. Reynolds)가 임시적으로 거주하면서 교회를 돌보았다.

1902년 12월에 유진 벨이 목포로 되돌아 왔으나, 홀로 된 몸이어서 불편은 하나 둘이 아니었으며, 선교 인력이 턱없이 부족하였다. 그리하여 유진 벨은 지속적으로 번성하는 각 외곽선교처(out-stations)를, 특히 급격하게 부흥하는 전라남도 내륙지방으로 목포에서 세례받은 신앙인들을 현지인 전도자(native evangelist)로 활용하게 되었다. 유진 벨은 이 사실을 「Home Mission Work Conducted by the Local Christians」 제목으로, "지원근은 가족과 함께 광주 군(Kwangju county)으로 이사하여 유능하게 사역하고 있다"라고 보고하였다.[8]

한편 안식년을 맞아 미국으로 귀국한 오웬은 또한 나름대로 바쁘게 지냈다. 할아버지 그리고 여동생을 비롯한 가족에게 아내(처녀 명: Miss Georgiana Whiting, M.D)를 소개하고, 건강을 회복하는 한편, 미국 내 여러 교회와 모임에서 한국선교에 대하여 강의하는 등 쉬지 않았다. 이렇게 지내다가 1903년 10월 7일에 한국으로 향하는 배에 신임 선교사 프레

---

7) 미국 남장로교 한국선교회는 1901년 12월 14일에 군산 궁말에서 개회한 연례회의에서 레이놀즈(Rev. W. D. Reynolds)가 안식년을 마치고 한국으로 돌아오면 목포선교부에서 사역하도록 배정하였다. 그렇지만 레이놀즈는 미국 해외선교본부의 재정적 압박으로 1902년 2월에 귀국하지 못하다가, 3-4월경에 미국에서 한국으로 돌아오는 배에 승선하였으며, 늦어도 5월 초순에 목포에 도착하였을 것으로 본다. 오웬이 안식년으로 떠난 후 목포선교부를 지키는 유일한 미국인 선교사 레이놀즈는 성경번역위원이므로 1902년 6월에 번역위원들과 모임을 갖기로 하였으며, 6월 11일 감리교의 아펜젤러는 목포로 향하던 중 배가 군산 앞바다에서 침몰함으로써 사망(순직)하는 일이 있었다.

8) Reports of the Southern Presbyterian Mission in Korea, 1903, p.45.

스톤 부부(Mr. & Mrs. John F. Preston)와 함께 동승하여 1903년 11월 8일에 한국에 도착하였다.

2. 지원근과 조상학의 광주-순천지방 선교

목포 선교부는 1903년 말에 이르러 유진 벨, 오웬 부부, 프레스톤 부부 그리고 스트레퍼(Miss F. Rica Straeffer)가[9] 다시 목포로 돌아옴으로써 새 힘을 얻게 되었다. 이제 필요한 사람은 신임선교사와 어학선생이었다. 프레스톤 목사는 김윤수 집사가 그리고 프레스톤 부인에게는 지원근이었다. 스트레퍼 양은 지원근을 어학선생으로 발탁하게 된 과정을 밝힌다.

> 잉계에서 3마일 떨어진 곳에 도둠(Todume)이 있다. 본 필자의 **예전 어학선생이 지난 봄에 이곳으로 옮겼다...그의 예전 이웃 사람들까지 복음이 그의 삶을 눈부시게 변화시켜 놓은 모습을 말한다. 술주정뱅이, 마누라 구타쟁이, 말썽꾸러기가 가정 기도를 드리고, 성경을 공부하고, 사랑과 조화의 사람이 되었다**[10]

그리고 이 시기에 조상학은 광주선교부에서 광주 시내(현 충장로 3가)에 세운 전도 책방「영복서점」의 운영자로, 동시에 송정교회의 조사로 활동하였다. 그런데 조상학은 무만리의 김일현(金—鉉)과 사촌 처남(종매제) 관계였다.[11] 여기에서 이해를 돕기 위하여 이 가문의 계통도의 일

---

9) 스트레퍼(Miss F. Rica Straeffer)는 1899년 11월에 목포에 도착하였으나, 벨과 오웬이 안식년으로 귀국함에 따라, 1902년 6월 이후부터 신변안전상 서울에서 타 선교사 여성선교사들과 함께 지냈다.

10) Miss F. Rica Straeffer, "The Work at Mokpo," The Missionary, Jun. 1904, pp.291~292.

11) 무만리교회의 장로로 재직하던 김채현(1897~1980)은 사촌 형 김일현 장로가 조상학의 사촌 여동생과 결혼하였다라고 밝혔다.

부를 인용해 본다.

김재조(金在祚)
　　큰　　딸 김순천(順天) + 정태인의 결혼(1897년 1월 11일)
　　큰 아들 김일현(一鉉) + 조상학의 사촌 여동생과 결혼

여기에 코잇(Rev. Robert T. Coit: 고라복) 선교사 1919년에 기록한「무만리교회」의 설립배경에 얽힌 김일현, 조상학, 정태인에 대한 자세한 기록을 함께 읽으면 이들의 관계를 더욱 명확하게 알게 된다.

　　약 15년 전에 김 장로는 …… 순천 지역 무만동에 살고 있었다. …… 법정 송사에 휘말리어 광주에 가게 되었다. …… 구금되어 있는 동안에 조상학으로부터 복음을 듣게 되었다. 조상학은 그에게 밤과 낮을 마다하지 않고 믿도록 복음을 전파하였다. …… 김 선생은 믿기로 결단하고. …… 집에 돌아오자 매제(brother-in-law)에게 "자신이 믿기로 결단하였다"라고 말하였다. 매제는 외국인들이 가져온 새로운 가르침을 매우 거부하였으며 그를 신랄하게 비난하였다.
　　그러자 김 선생은 광주의 조상학에게 편지하여 자신의 동네로 내려와서 …… 매제인 정 선생에게 복음을 전해 줄 것을 요청하였다. …… 광주의 조상학은 왔으며. …… 3개월을 머물면서 …… 정선생에게 전하였다. …… 어느 날 산길을 따라 걷다가, 둘이서 …… 무릎을 꿇고 조 선생은 정선생이 믿게 해 달라고 기도하였다. 기도가 끝나고 일어설 때에 정 선생은 찬송하자고 하였으며 …… 그곳에서 믿기로 결단하였다.
　　김 선생과 정 선생은 마을에 교회가 있어야 한다고 말하고서, 5마일 정도 떨어진 곳에 있는 지(원근) 조사에게로 가서 자신들의 마을에 와서 예배를 인도해 달라고 하였다. 김 선생은 교회를 건축하였으며 지 조사는 마을로 이주하여 모인 무리들을 가르쳤다. 이렇게

시작한 새로운 모임처는 빠르게 성장하였으며, 인근에서 가장 크게 되었다.

　광주로부터 선교사들이 왔으며 …… 적절한 시기가 되어 정 선생은 조사로 선발되어 신학교에 갔으며, 김 선생은 장로로 선출되었다. …… 정 선생은 신학교를 졸업하고 지금은 **200여명 모이는 순천교회의 목사이다. 정 목사는 힘 있는 목사와 설교자이다. 1919년 6월 5일, 순천.**[12]

　고라복 선교사의 기록에 등장하는 인물들의 가족관계를 이해하게 되면, 이들이 끈끈하게 얽힌 관계에 있었음을 알 수 있다. 한 가지 아쉬운 점은 정태인 목사에 대하여는 "제적등본"을 통하여 알 수 있지만, 김재조, 김일현, 지원근에 대하여는 정확한 생몰연도를 알 수 없다는 사실이다.

- ○ 김일현(장로)의 아내가 조상학의 사촌 여동생이었다(코잇 선교사는 친구라고 하였다).
- ○ 김선생(김일현)의 아버지는 김재조 장로이며, 정태인의 장인이다.
- ○ 정선생은 정태인 조사-목사이다.
- ○ 정선생은 김일현의 친 여동생(김순천)의 남편(친 매제)이다.
- ○ 지조사는 지원근이며, 그는 승주군 낙안출신이지만 처가는 무만리이다.

　여기에 무만리교회의 설립에 관한 조선예수교장로회 사기의 기록을 덧붙이면 더욱 명확해 진다.

---

12) R. T. Coit, Elder Kim, The Leper, and Pastor Chyeng, The Missionary Survey, Oct. 1919, pp.584~585.

1905년

보성군 무만리교회가 성립하다. 초에 김일현에 광주에 여행하였다가 복음을 듣고 신종한 후 대곡리 신자 조상학으로 협력전도하여 …… 김재조, 정태인과 그 가족이 믿고 김재조 가에서 예배하더니 그 후에 선교사 오기원과 지원근이 전도하여 김재찬, 김재유, 김재윤, 김재원, 김진현 등이 상계 신교하여 교회가 점차 발전하였고, 김재조가 예배당 11칸을 2차에 전담 신축하니라[13]

1908년

보성군 무만리교회 교인 김재조의 전담으로 학교를 설립하여 남여 아동을 교육함으로 교육발전에 다대한 효과를 생하였고, 순천 경내 교육사업의 인도(引導)가 되니라[14]

지금까지는 조상학과 김일현으로 인한 연결고리에 대하여 알아보았다. 그렇다면 무만리교회의 처음 담임 교역자 지원근은 어떠한가? 왜, 지원근은 목포에서 광주로 보내는 현지인 전도자(native evangelist)로 발탁되었으며, 1904년 12월에 광주선교부에서 순천지방을 담당하는 오웬 선교사의 조사로 발탁되었을까? 이 부분을 설명할 수 있는 지원근의 성실성, 그리고 무만리지역 사람들과의 가족관계까지 알아보려고 한다.

지원근씨는 승주군 낙안면 출신이고 아내는 보성군 무만리 출신이다. 이 부부는 이미 앞에서 언급한 대로 1897년 중반 즈음부터 목포에 있었으며, 지원근은 목포 양동교회에서 세례를 받고, 스트레퍼 선교사의 어학선생이 되었다. 선교사의 "어학선생"이라는 사실이 무엇을 말하는가?[15] 그는 조선시대의 선비였음을 의미한다.

---

13) 조선예수교장로회 사기, 상권, 1905년 편, 143쪽.
14) 조선예수교장로회 사기, 상권, 278쪽.
15) Mrs. Venable은 어학선생은 "양반"으로서 너무나 젊잖고, 여성에 대한 우월의식을 가지고 있다. …… 등등의 하소연이 담긴 글을 발표하였다.(Virginia Jones Venable, Kunsan, The Missionary, Teachers and Language Study in Korea, Feb. 1911, pp.79~80)

또한 지원근은 한국의 전통적인 가부장적 삶에서 개종 후 완벽한 기독교인 가장으로 변화된 삶은 목포선교부의 주력 선교사 유진 벨(Rev. Eugene Bell)의 인정을 받기에 충분하였다. 그리하여 유진 벨은 1903년 봄에 광주 지방을 맡을 "현지인 전도인"으로 지원근을 파송하였으며, 그의 거처는 잉계(Engge)교회였다. 지원근은 잉계교회, 도둠교회, 하나말교회, 영신교회, 배치교회, 바다등교회 등을 돌보는 순회-조사겸 전도인이었다.[16)

이렇게 지원근이 광주-광산-장성 지역에서 1903년을 성실하게 사역하는 동안에 …… 미국 남장로교 한국선교회는 1904년 한 해 동안에 광주 선교부 부지를 매입하고, 사택을 건축하였으며, 12월 20에 유진 벨과 오웬 가족은 광주 선교부로 이동시켰다. 그리고 유진 벨은 광주시내를 비롯한 전라남도 서남쪽을, 오웬은 동남쪽을 맡겼으며, 오웬은 낙안 출신 지원근과 광주 출신 배경수를 조사로 발탁하였다.

지원근은 출생지가 "승주군 낙안면"이고 그의 아내는 "보성군 무만리" 출신으로서 지원근의 거처는 낙안(평촌교회)이었다. 그리하여 오웬의 순회전도 여행에는 항상 지원근이 동행하였다 라고 말할 수 있다. 오웬과 지원근을 통하여 순천지방에 설립된 교회는 다음 〈표 1〉과 같다.

지금까지의 내용을 종합하여 무만리교회의 설립과정을 순서적으로 정리해 본다.

1. 목포에서 복음을 받아들인 조상학과[17) 지원근
2. 광주지역 순회 조사(전도자)로 파송받은 지원근과 광주 선교부

---

16) 오늘날 잉계교회, 도둠교회, 배치교회는 자취를 감추었지만, 하나리교회(장성군 삼서면 보생교회), 바다등교회(광주시 광산구 삼도교회), 영신교회(장성군 남면 분향리, 명칭 동일)는 그대로 존재하고 있다.

17) 조상학은 1916년 미국남장로교 한국선교회에서 광주 "영복서점"을 매각한 후 평양신학교에 입학하였고, 1917년에 양림교회에서 장로 임직을 받았다. 그러나 그의 전도훈련(3개월 집중 수업 후 9개월에 걸친 목회실습)은 순천 지방에서 이루어졌다.

<표 1> 순천지방 설립 교회

연도	교회명	설립자	조사	비고
1904년	완도군 관산리교회	오웬	지원근	
1905년	보성군 무만리교회	오웬	지원근	유둔교회 우학리교회 벌교리교회
1906년	순천군 평촌리교회		지원근	정태인이 목사 시무(현 낙안중앙교회)
1907년	여수군 장천리교회		정태인/지원근/박응삼	
1908년	광양읍교회	오웬	지원근/배경수	
1908년	나주군 내산리교회	오웬	지원근	
1910년	순천군 대치리교회		지원근	
1915년(?)	보성군 칠동교회	크레인	지원근	

직영 "영복서점" 운영자 조상학

3. 조상학의 사촌 처남 무만리 출신의 김일현의 광주 감옥 수감과 조상학의 옥바라지

4. 조상학의 전도로 예수님을 믿게 된 김일현

5. 김일현은 통한 복음 전도를 거부한 매제 정태인

6. 조상학의 3개월 체류와 전도로 개종하고 신앙을 고백한 정태인

7. 김재조(김일현의 부친, 정태인의 장인)의 집에서 시작한 무만리 교회

8. 지원근이 낙안 평촌에서 옮겨와 상주 목회자로 기거하게 되고

9. 김재조의 자부담으로 11칸 예배당 신축(그전까지는 김재조의 집에서 예배함)

10. 김재조의 전담으로 교사를 짓고 남여 아동을 위한 학교 시작

11. 정태인은 선교사의 조사로 발탁되어 신학교에 입학하고, 목사 임직을 받고, 1917년 무만리교회 제1대 목사가 되었다

12. 정태인은 1918년 7월~1920년 2월까지 순천읍교회 담임목사 직을 맡았다

III. 정태인의 목회와 어려움과 사망에 이르기까지

정태인 목사는 승주군에서 태어났지만, 아버지의 이주와 함께 보성군 무만리에서 성장하였다. 그는 처남 김일현과 조상학을 통하여 예수님을 믿고, 선교사들의 조사로 발탁되고, 목사가 되었다. 그의 첫 담임 목회지는 고향 무만리교회(그 후 3차례 담임목사를 맡음), 고흥읍교회, 구례읍교회, 제주도 3교회(삼양리교회, 모슬포교회, 고산교회)를 거쳐 모교회 무만리교회를 맡은 후 1947년 9월 8일 오후 4시에 숨을 거두고, 고향 뒷산에 묻혔다.

1. 신학생 시절로부터 목사임직까지

정태인은 1897년 1월 11일 김재조의 큰 딸 김순천과 결혼하였으며, 결혼 후 2년이 지난 1899년에 아버지 정기주(鄭琪周)씨가 사망함으로써 호주를 상속하였다. 따라서, 이때까지는 예수님을 믿는 가정이 아니었으므로 전통적인 장례절차에 따라 장례를 치렀을 것으로 볼 수 있다.

정태인은 기독교를 받아들이기까지는 매우 "신중하면서도" 상당히 "반-외세" 감정이 뚜렷한 "국수주의적인" 면이 있었다. 코잇 목사도 "어떻게 외국인이 전한 것을 받아들일 수 있는가?"라는 정태인의 질문을 인용

함으로써 정태인의 성향과 기질을 넌지시 말하고 있다. 그리고 "정 선생"이라고 칭한 것으로 보아서 정태인은 매우 "학자-선비"적인 사람이었음을 알 수 있다. 이러한 기질과 성향은 개종이후에 "적극적인 행동가와 실천가"로 바뀌어 나타났다. 그는 완벽한 변화의 삶을 살았다.

1) 무만리교회의 교육

보성군 무만리와 승주군 낙안면 사이에 일본에 의하여 개발된 신흥 "벌교"시가지가 기차역과 함께 부흥하고 있었다. 벌교와 인접한 무만리(장좌리) 지역은 낙안, 해룡, 고흥, 보성, 광주로 이어지는 교통의 요지였다. 그리하여 많은 사람들이 모여 살았고, "장좌리 굿"은 지역 전통문화의 맥을 이어가는 곳이었다. 이러한 배경에서 무만리교회는 설립과 동시에 어린아이들에 대한 신교육을 강조하였다.

4. 교육

1908년(戊申) 보성군 무만리교회 교인 김재조(金在祚)의 전담으로 학교를 설립하여 남여아동을 교육함으로 교회발전에 다대한 효과를 생(生)하였고, 순천경내 교육사업의 인도(引導)가 되니라[18]

무만리교회가 세운 사숙의 교사는 틀림없이, 지원근 조사, 김재조, 김일현, 정태인 그리고 다수의 여성 지도자들이 참여하였을 것이다. 실제적으로 교회가 경영하는 사숙의 실력은 어느 정도 인정받았는가? 교회가 경영하는 사숙은 해 교회가 운영비의 절반을 그리고 선교부에서 절반을 충당시킴으로써, 초기 교육의 핵심이었으며, 사숙을 졸업한 자들에게도 정규 교육에 준하는 교육으로 인준받았다.

---

18) 조선예수교장로회, 사기, 상권, 1908년, 277~278쪽.

1907년 조선예수교 장로회 독노회 사기는 교회가 운영하는 사숙의 상황을 이렇게 보고한다.[19]

<표 2> 교회 운영의 사숙 상황

	평안남북/황해	경기/강원/충청남북	전라남북	경상남북	함경남북
소학교	256	38	44	60	17
학도	6,271	739	499	603	305

위의 통계를 보더라도, 조선예수교 장로회 소속 각 지역의 교회들이 가장 중요하게 생각하는 부분이 무엇이어야 하는가?를 알 수 있었다. 그리하여 조선예수교장로교 노회는 노회 내에 학무국을 설치하고, 각 교회들로 하여금 아동 교육을 적극적으로 권장하고, 교과목을 제시하는 등 …… 독려하였다.

위의 통계에서 평안/황해와 전라도를 비교하면 학교수는 약 5배 차이가 나지만 학생수는 약 12배라는 사실이다. 이는 전라도에 인재가 그만큼 적을 수밖에 없음을 반증해 준다. 아마도, 무만리교회는 이 사실을 정확하게 인식하고서 남여 아동의 교육에 힘썼을 것으로 해석할 수 있다.

2) 무만리교회의 전도활동(정태인이 목사 임직을 받기 전)

무만리교회는 1909년까지는 광주선교부의 오웬 선교사의 순회구역 안에 포함되었다가, 오웬이 사망한 후로는 1909년~1912년까지는 프레스톤 선교사의 순회구역에 포함되었다. 그러다가 1913년 순천선교부가 설립된 이후로 보성-고흥 지방은 코잇 목사에게 그리고 1914년 6월부터는

---

19) 조선예수교장로회, 독노회록, 1907, 42쪽.

크레인 선교사의 순회구역에 포함되었다.

그리고 정태인은 1905년 이후 오웬과 변요한의 조사로 활동하였으며, 1913년 평양신학교 입학과 함께 순천선교부에 새롭게 부임한 후로 목사 임직에 이르기까지 크레인 선교사의 조사로 활동하였을 것으로 볼 수 있다. 그런 후에 정태인 조사-목사가 선교사의 파송을 받아 그리고 노회의 파송을 받아 목사직을 수행하였다.

1907: 여수군우학리교회가 성립하다

선시에 당지가 의병란을 경한 후 민심이 불안한 중 민적정리함을 모병으로 오해하고 예수 믿는 자는 … 부역을 면한다는 풍설이 유행하여 인민들이 교회설립하기를 결정하고 무만리교회에 대하여 전도인 파송하기를 청구하였던 전도인 채진영이 당리에 래도하여 전도한 결과 …

1907: 여수군장천리교회가 성립하다

선시에 정태인, 지원근, 박응삼의 전도로 조의환, 이기홍, 지재한 등이 믿고 전도함으로

1907: 순천군 평촌교회(현 낙안중앙교회)

선시에 지원근의 전도로 박응삼, 이원백 등이 믿고 … 목사 정태인 조사 장경화, 학인수가 차제 시무하니라

1908: 순천군 이미교회가 성립하다

선시에 무만리 정태인이 대곡리 정종희, 정종운에게 전도하여 믿었고 …

1910: 고흥군 단교리교회가 성립하다

선시에 본리 손대희, 박덕만, 최세진, 전창수 … 등이 믿고 … 선교사 구례인과 조사 정태인 영수 김계수 박한기 등이 상계 시무하니다

1910: 보성군대치리교회가 성립하다

선시에 무만리 교인 이형숙, 조규혁의 전도로 본리 신성일이 믿고 3년간 무만리교회에 왕래하며 전도하여 … 선교사 고라복, 안채

윤, 구례인 목사 정태인 조사 목치숙 황보익 한익수 등이 차차 시
무하니다

3) 신학교 입학과 목회

정태인은 무만리교회가 자체적으로 세운 사숙에서 아이들을 가르치
고 또한 인근 지역을 다니면서 열심히 전도함으로써 선교사들로부터 인
정을 받고 조사로 발탁되어 활동하였다. 1909년에 오웬이 죽은 이후,
1910년부터 프레스톤(Rev. John F. Preston: 변요한)이 순천지역을 책임
맡은 후 기존의 조사 지원근을 채용하고, 틀림없이 지원근을 통하여 정
태인을 소개받았을 것으로 추론할 수 있다.

그리고 1913년 9월에 크레인(Rev. John C. Crane: 구례인) 선교사가 순
천지역에 도착하고, 그가 맡은 선교구역이 보성과 고흥 지방이었으므로
정태인은 조사로 발탁되기에 적합한 인물이었다. 이러한 관계를 감안할
때에, 정태인의 학문적-선교적 열정은 신임 선교사 크레인의 필요성과
맞물리면서 신학교육으로 이어졌을 것으로 볼 수 있다.

정태인이 신학교에 입학하게 된 계기가 무엇이었을까? 위에서 언급한
무만리교회의 지도자들은 정태인의 학문적 열의를 감안하여 적극적으
로 추천하였을 것이고 선교사들은 이 점은 현장에서 인증함으로써 또한
추천하였을 것으로 보인다. 그리고 그의 입학년도에 대하여는 다양한
자료를 통하여서는 확인할 수 없으나, 1917년에 평양신학교 제10회 졸업
생 명단에 이름이 있으며,[20] 1917년 8월 24일에 소집한 제7회「전라노회」
에서 목사임직과 사역처를 확인할 수 있다.

······ 신학지원자 남궁혁, 오석주의 취학과 ······ 조상학, 김정복,

---

20) 동기생으로 호남출신은 김성원, 김응규, 정태인이다(『장로회신학대학교 100년사』, 942쪽).

곽우영, 회흥종, 이창규, 조의환, 김응규, 정태인 등의 계속수학을 허하고 …… 신학졸업생 김성원, 김응규, 정태인을 목사로 장립하여 …… 정태인은 보성, 흥양 5처 교회에 구례인과 동사목사로 임명하고

2. 교회조직

1917년: 보성군 무만리교회에서 정태인을 목사로 청빙하여 시무하게 하다

2. 제1차 무만리교회 담임목사 기간(1917년 8월~1918년 7월)

무만리교회는 지원근 조사가 1905년부터 담임 교역자로 전담 목회를 담당하다가 1913년부터는 순천선교부에 소속됨으로써 사역지를 옮기고,[21] 또한 정태인 조사도 크레인의 순회-조사로 활동함으로써, 배경수 조사가 순회-조사로 담임 교역자 직을 수행하였으며,[22] 그밖에도 여러 사람이 조사를 맡았을 것으로 본다.

정태인 목사는 1917년 8월에 전남노회에서 목사임직을 받고, 보성군 무만리교회 담임목사와 동시에 보성, 고흥에 있는 5개처 교회의 담임목사직까지 겸하여 맡았다. 그렇다면 그 교회들은 어디일까?

1917년: 보성읍교회 설립하다.
선시에 선교사 안채윤과 장천교회 이두실과 무만교회 정종규등이 협력전도하여 교회를 설립하고, 합력출연하여 예배당 6칸을 신축하였더니 …… 조사 이형숙, 정기신의 래주전도로 인하여 예배당을 건축하게 되고 그후에 목치숙이 조사로 시무하니라

---

21) 지원근은 1921년 보성군 벌교읍 칠동교회를 개척할 때에 구례인 선교사의 조사로 설립하는 역할을 하였다(조선예수교장로회, 사기, 하권, 317쪽).
22) 무만리교회 역대 교역자 연대표(정확하지는 않지만, 큰 흐름은 알 수 있다).

여기에서 프랏 선교사(Rev. Charles H. Pratt(안채윤): 1911~1918)는 1912년 말에 광주로 도착하여 1913년 3월 순천선교부 개설과 함께 이동하였다. 그러므로 프랏은 보성읍교회 선교에 개입한 시기는 1914~1918년 사이일 것이다. 그리고 고흥지역은 옥하리교회, 유둔교회, 관리교회였을 것으로 보이며, 이 시기는 정태인 목사가 조사-목사로 무만리교회를 전담하면서 순회구역으로 담당하였다.

3. 순천읍교회 담임목사 기간(1918년 7월~1920년 2월)

순천읍교회는 제1대 담임교역자 유래춘 장로(1908년 4월~1914년 7월)가 이임한 이후 정태인 목사가 부임하기까지 목회자가 없는 시기를 거친다. 물론 전라노회록은 "방효원" 목사가 재직한 것으로 기록하고 있지만, 방효원 목사가 부임하였고 또한 목회에 임하였다는 기록이 전혀 없다. 따라서, 이 기간은 순천선교부 선교사들이, 그 가운데에서도 프레스톤(Rev. John F. Preston: 변요한)과 코잇(Rev. Robert T. Coit: 고라복)이 번갈아 가면서 맡았을 것으로 본다.

이러한 상황에서 정태인 목사는 1918년 7월 6일에 회집한 제2회 전남노회에서 순천읍교회 부임을 허락받는다.

> 회장 김창국, 부회장 노라복, 서기 남궁혁, 부서기 최흥증, 회계 정태인, 부회계 오태욱
> 시찰은 목포지방, 숭천지방, 광주지방, 제주지방 …… 4개 시찰로 하고…
> 임사부 보고
> 순천읍교회에 정태인을 변요한과 동사목사로 …… 허하고[23]

---

23) 조선예수교장로회, 사기, 하권, 295쪽.

정태인 목사는 부임이후 순천읍교회를 이끌어 가는데 획기적인 변화를 가져오지는 않았다. 다만 1919년 9월 제4회 전남노회에서 순천읍교회 장로 2인 피택을 허락받았으며,[24] 1920년 2월에 "김억평, 오영식" 장로가 임직하였다.[25] 이렇게 하여 순천읍교회는 김영진, 김억평, 오영식 세 분의 장로가 정태인 목사의 지도아래 평온하게 발전하였다.

여기에서 "평온하게"라는 단어의 뜻은 전라남북도의 여타의 도시처럼 한국역사에서 획기적인 사건인 「삼일만세운동」에 교회가 가담하지 않고 조용하게 넘어갔음을 의미한다. 즉, 순천 시내의 만세운동에는 기독교권이 중심이 되어 움직이지 않았다는 사실이다. 그 이유는 무엇일까? 첫 번째는 순천읍교회는 교회의 조직과 구성이 삼일만세운동을 일으킬 정도로 탄탄하지 못하였고 두 번째는 선교학교(매산학교)가 개교 후 임시 휴교된 상태에 있었고 세 번째는 선교병원도 구성원의 인력과 구조가 탄탄하지 못하였으므로 전반적으로 기독교권에서 만세운동을 주도할 세력이 없었다. 한편으로는 다행한 일이고 다른 한편으로는 순천을 중심으로 민간 세력들에게 독립운동을 유보한 상태라고 말할 수 있다.

그러나 순천지방에 속한 고흥지방에서는 활발한 상황이었다. 전남노회는 1919년 9월 조선예수교장로회 제8회 총회에서 이렇게 보고한다.

6. 독립만세사건에 관한 보고서

一. 장로 5인 내에 남궁혁씨는 무죄방면, 리문호씨는 2년 집행유예, 최흥종씨는 경성에서 수금중이요, 목치숙씨는 대구에서 상고중이오며, 곽우영씨는 목포에서 처역중이오며

二. 목사 2인인데 김창국씨는 2년반 집행유예, 윤식명씨도 집행유예이오며

---

24) 조선예수교장로회, 사기, 하권, 298쪽.
25) 김억평 장로는 순천선교부 부지를 매입할 때에 대리인이었다.

三. 조사 3인인데 김강씨는 대구에서 3년 처역, 오석주씨는 대구
에서 상고중이오요, 한익수씨는 4년 집행유예이오며[26]

정태인 목사는 1918년, 1919년, 두 차례의 총회에 총대로 참석하였으
며, 1920년 2월에 "김억평, 오영석" 장로의 임직식을 마치고 사임한 후,
다시금 무만리교회로 이전하고, 순천읍교회는 광주에서 휴직 중이던 이
기풍 목사가 부임하였다.

4. 제2차 무만리교회 담임목사 기간(1920년 3월~1921년 10월)[27]

다시금 무만리교회에 담임목사로 부임한 정태인 목사는 전도에 전념
하기 시작하였다. 1920년 2월 25일 제5회 전남노회는 이렇게 허락한다.

> 임사부 보고에 의하면
> 순천읍교회에 이기풍을 선교사 고라복과 동사목사로 청빙하는
> 것과 …… 순천읍교회 목사 정태인의 사임원과 보성군 무만동교회
> 에 정태인을 담임목사로 청빙하는 것은 …… 허하고[28]

이 결의와 허락에 따라 정태인 목사는 1920년 3월부터 무만리교회에
부임하여 두 번째 담임목사로 사역을 시작하였다. 먼저 1921년 6월 29일
제8회 전남노회에서 " …… 무만동교회 …… 장로 1인 택함을" 허락받았
으나, 주된 활동은 보성군과 고흥군 일대에 걸친 전도와 선교였다. 아

---

26) 조선예수교장로회, 제8회 총회록, 114쪽.
27) 필자는 1917년 순천대 학술박표회에서 정태인 목사가 순천읍교회 이후 곧바로, 즉
   1920년 2월부터 고흥읍교회로 부임하였다라고 하였는데, 이 부분은 잘못된 기록이
   었으므로, 여기에서 정정한다.
28) 조선예수교장로회, 사기, 하권, 299쪽.

니, 1905년 이후 지속적으로 전개해 온 전도와 선교가 이즈음에도 여전히 열매를 맺고 있었다. 이를 정리하면 다음과 같다.

1918년 …… 옥하리교회는 …… 박용섭, 목치숙을 장로로 장립하여 당회를 조직하였고, 그 후에는 목사에 정태인, 이기풍, 장로에 박무신, 신영창 등이 차제시무하니라(1907년: 고흥군 옥하리교회가 성립하다. 선시에 선교사 오기원 조사 오태욱의 전도로 ……)

1918년: 고흥군 유둔리교회가 무만리교회에서 분립하다.

선시에 본리거 송춘경은 무만리교회의 영수인데 60세 노인으로 병석에 방문한 사람에게 간절히 전도하기로 …… 임종시 자기 자(子) 사원(士元)에에 신주하라고 유언하였더니, 그 후 사원이 그 동지자 3, 4명과 더불어 신주한 후 …… 선교사 안채윤, 구례인과 목사 정태인과 조사 목치숙 등이 계속 시무하니라

1920년: 고흥군 신평리교회

고흥군 신평리교회에서 오석주를 장로로 위임하여 당회를 조직하였고, 그 후 목사에 정태인, 장로에 박수홍이 공직하니라

1920년: 보성군 벌교리교회가 무만리교회에서 분립하다

선시 무만리교회가 본리에 교회를 설립하였고 전도에 용력하였으나 결과를 득하지 못하였더니, 선교사 구례인과 목사 이기풍, 정태인 등이 무만리교회 남여신도 중 전도에 유력자를 택하여 전도대를 조직하여 벌교청루로 사용하던 빈야옥(濱野屋)을 세차하여 일주일간 대전도의 결과로 남여 5, 60명의 신자를 얻어 해지방 청년회관에서 임시예배하다가, 교우일동과 무만리교회의 주선으로 합력연보하여 8칸 초가를 매수하여 회집예배하므로 무만리교회에서 분립하였다. 조필형, 황자윤, 김용국 등이 교회분

립에 다대한 노력이 유하였던 것이다.

1921년: 보성군 칠동교회가 설립하다

선시에 선교사 구례인이 조사 지원근을 본리에 파송하여 복음을 전함에 최기춘, 조학송, 이용근 등이 신종하여 해지방 서당을 임시예배처소로 사용하다가, 초가 8칸의 예배당을 건축하였다

1921년: 고흥군 관리교회가 설립되다

선시에 선교사 안채윤과 조사 정태인, 목치숙 등이 가가(家家)에 개인전도할 새 본리인 박창규가 신종하고 그 후 수인의 신자가 발기하여 교회가 성립되고[29]

정태인 목사의 목회는 무만리교회가 중심이 되고, 보성군과 고흥군 일대로 펼쳐 나가는 일직선형이었다. 그리고 그는 벌교읍교회 설립과 관계하여, 오늘날의 "축호전도" "관계전도" "전도특공대"를 비롯한 각종 전도-방법론이 다 동원되었음을 알 수 있다.

이렇게 열심히 무만리교회를 돌보던 정태인 목사를 청빙하려 하였던 교회는 고흥읍 옥하리교회였다.

5. 고흥읍교회(1921년 10월~1923년 10월)

정태인 목사가 부임하기 전 고흥읍교회로부터 1915년에 길두, 천등,

---

29) 여기에서 두 선교사 프랏과 크레인에 대하여 잠시 언급하려고 한다. 프랏(Rev. Charles H. Pratt: 안채윤) 선교사는 1912-1918년까지 순천선교부에서 재직하였으므로 "안채윤과 ……"는 1912년 부임 후 한국어 능력이 최소한으로 확보된 1913년 후반부터 한국선교사직을 사임하고 미국으로 귀국한 1918년 중반까지 라고 보아야 한다. 그리고 크레인(Rev. John C. Crane: 구례인) 선교사는 1913년에 부임 후 어느 정도 어학실력이 갖춰진 1914년부터 1934년 평양신학교 조직신학 교수로 직책을 옮기기까지를 말한다(그는 일제의 강제 출국명령에 따라 1941년 6월 말 즈음에 한국을 떠나서 미국으로 귀국하였다).

관리, 한천 교회가 분립하였다. 그렇다고 해서 고흥읍교회의 교세가 급격히 쇠퇴하지는 않았으나, 부흥을 향한 새로운 계기가 절실하게 필요하였다. 그것이 1918년에 장로 두 사람(박용섭, 목치숙)을 장립하여 당회를 조직하는 일이었고, 다른 하나는 예배당 건물을 새롭게 신축하려는 계획을 세웠다.

고흥지방은 무만리교회를 담임하고 있던 정태인 목사의 영향력이 미치는 지역이었고, 또한 정태인 목사의 전도열정을 고흥지방에서도 전개할 수 있는 기회가 열려 있었다고 말할 수 있다. 이러한 상황에서 영적인 사역, 전도사역, 교회건축사역, 그리고 고흥지방의 모교회로서의 위치설정에 걸맞는 인물은 정태인 목사로 판단하였던 것이다.

그런데 정태인 목사의 고흥읍교회 부임에 제동을 건 사람은 크레인(Rev. John C. Crane: 구례인) 선교사였다. 크레인 선교사는 보성-고흥 지방 담당이었으므로 정태인 목사를 비롯한 여러 목회자/장로 등과 협력하지 않을 수 없었던 위치에 있었다. 이 과정을 살펴보면 다음과 같다.

> 1921년 9월 10일 전남노회가 평양부 신학교에서 속개하여
> 선교사 구례인이 정태인 사(事)에 대하여 임시노회를 순천에 소집하기를 청원하매 허락하기로 결정하고
> 1921년 10월 14일 전남노회가 임시회로 광주 숭일학교에 회집하니
> 목사 정태인을 고흥에서 청빙하는 사건에 대하여 순천에 임시노회를 소집을 불허하고 특별위원 6인을 선정하기로 결정하다
> 1921년 10월 24일에 특별위원회가 순천선교부 변요한 방에 회집하여
> 임시회장 곽우영의 인도로 개회하고 정태인을 고흥군 읍등 3교회에서 청빙하는 사를 허하기로 결정하다

위의 기록을 분석해 볼 때, 선교사 크레인은 정태인 목사를 고흥읍교

회로 보내는데 찬동하지 않았으며, "정태인 사(事)"를 논하기 위하여 임시노회까지 개최하자고 주장하였다. 그러나 한국인 목사와 장로는 "정확히 알 수 없는 일"을 다루기 위하여 임시노회 개최를 거부하고 "특별위원회"에서 다루도록 하였으며, 결국은 한국인들과 친분이 두텁고 또한 순천선교부 설립자이며 가장 고참인 프레스톤(변요한) 선교사를 설득하였던 것으로 알 수 있다.

미국남장로교 한국선교회는 한국인들에 대한 훈련을 매우 강하게-엄하게 실시함으로써, 동사목사로 사역하는 한국인 목회자들로부터 자주 반반을 사기도 하였다. 이러한 대표적인 사례가 1910년에 전라북도 매개교회를 중심으로 발생한 "자유교회"(최중진 목사)였고, 그 다음으로 1919~1920년 사이에 장성-송정리 일대에서 일어난 "자유교회"(백용기 목사) 운동이었다.

"정태인 사(事)"가 무엇인지?는 자세하게 알 수 없지만, 호남교회 역사의 흐름에서 볼 때에 그것은 선교사의 훈련의 엄격성과 약간 느슨하게 보일 수 있는 호남인의 유연성의 대립이었을 것으로 보인다.

정태인 목사는 1900년대를 살아가는 고민하는 지성인이었다. 선교사들과 가족과 친지들을 통하여 기독교를 받아들였지만, 기독교인으로서 가장 먼저 보인 반응은 무만리교회에 교회주관 간이-학교를 설립하여 아동들을 교육하는 일이었다.[30] 그리고 정태인 목사의 장인 "김재조(金在祚)"씨도 신교육을 위하여 건축비를 전담하기도 하였던 인물이었다.[31]

둘째로 정태인 목사는 1924년 제3회 순천노회 노회장으로 제13회 조선예수교장로회 총회에서 순천노회 상황을 보고하였다.

---

30) 이 부분은 당시 조선예수교장로회 노회(총회)가 적극적으로 추천하는 사업으로서, 교인 300여 명 회집하는 교회는 학교를 세우게 하고, 운영비는 교회가 절반을 그리고 선교회에서 절반을 보조하였다.

31) 김재조(金在祚)씨는 큰 사위가 정태인 목사이고, 둘째 사위가 김일현 장로이다.

4. 장래경영

본 노회 내에서 특별교육부를 두고, 교역자의 자격이 있는 자로 대학 1년이상의 학력이 있는 자를 서양에 유학케하기로 하였사오 며 주일학교 전도사업을 일층 장려하기로 하였사오며[32]

정태인 목사는 한국교회 목회자의 자질과 교육을 언급하고 있었다. 교회의 교역자는 대학교 1년 이상의 학력이 있어야 하고, 가능하면 서양에 유학한 사람이어야 한다고 주장하였다. 그렇지만, 이 주장은 미국남 장로교 한국선교회의 「한국교회 목회자 양성지침」에 위배되는 부분이 었다.[33]

여러 정황으로 미루어 볼 때에 크레인을 비롯한 순천선교부 초기 선교사들은 위의 지침을 따랐으며, 순천지방 첫번째 목회자인 정태인 목 사도 자녀들을 순천에 있는 "선교학교"에 보낼 것을 은근히 기대하지 않 았을까? 라고 생각해 본다. 그럼에도 불구하고, 정태인 목사는 큰 딸 희 린(喜隣)을 서울 이화여고에 유학시켰으며 또한 1923년 1월 8일에 서울 보성고에 재학중인 서민호와 결혼시켰기 때문일 것이다. 서민호는 자신 의 결혼에 대하여 이렇게 말한다.

아직 결혼에 대한 결정적인 의사표시도 하기 전에 부모님들은 나 를 중3년 때에 결혼시켰던 것이다. 유난히 성장이 빨랐고, 신체적 으로도 조숙한 편이었다. 그 때 이화여고보를 나보다 1학년 아래 다녔던 18세 규수였다. 순천에서 가문이 좋고 부모님이 일찍이 개 화해서 이화학교에까지 보낸 명문의 집안이었다.[34]

---

32) 조선예수교장로회 제13회 총회록, 115쪽.
33) 레이놀즈는 1896년에 "한국교회 목회자 양성지침"에서 적극적 부분과 소극적 부분 으로 나누어 7~8사항을 언급하였는데, 그 가운데에서 "학력수준을 너무 높이하여 일반인들로부터 경원시당하지 않게 하고, 미국(서양)에 신학교육을 위하여 유학보 내지 말 것"이라고 하였다.

어찌되었든, 정태인 목사는 고흥읍교회에 1921년 10월에 부임하였으며, 부임으로부터 1년이 지나서 순천노회가 전남노회로부터 분립하였다. 순천노회가 분립하는 과정을 조선예수교장로회 총회 제11회 총회록은 이렇게 기록한다.

> 2. 전남노회 분립하여 달라는 청원은 허락하는 것이 가한 줄로
> 아오니
>   ㄴ. 조직장소와 시일
>   - 순천은 순천으로(1922년 10월 3일 하오 3시)
>   - 전남은 목포로(1922년 10월 2일 하오 2시)

이 결정에 따라 순천노회는 순천 남성경학교 건물에서 설립노회를 개회하였다. 제1회 순천노회록은 이렇게 기록하였다.

> 일시: 1922년 10월 3일 하오 3시
> 장소: 순천읍 남성경학교
> 회원: 선교사 = 변요한, 고라복
>   목 사 = 이기풍, 정태인, 곽우영, 조의환
>   장 로 = 김억평, 오영식, 서병준, 장기용, 이기홍 김일현,
>   장현중, 목치숙, 박창규
> 임원: 회장 = 곽우영   부회장 = 변요한
>   서기 = 강병담   부서기 = 정태인
>   회계 = 이기홍   부회계 = 조의환
> 시찰구역: 1구역 = 순천·여수·곡성, 2구역 = 광양·구례 =3구
>   역: 고흥·보성35)

---

34) 서민호,『나의 獄中記』, 동지사, 1968, 24쪽. 서민호는 1925년에 미국 오하이오 웨슬리안 대학교를 거쳐 1928년 콜럼비아 대학교에서 "중국의 노동자 운동 태동과정"을 주제로 석사학위를 받았다.

정태인 목사는 순천노회 제1회 노회에서 부서기로 사역하였다. 정태
인 목사는 분립노회의 임원으로서 바쁘게 지내는 동안에도 교회의 예배
당 건축에 전념하였다. 이 부분은 1923년 제12회 총회록에 기록된 「순천
노회 보고」는 이렇게 말한다.

> 1. **감사한 일** …… 3. 금년에 새로 지은 예배당이 3처요, 학교가
> 1처이오며
> 4. **특별사건** …… 2. 고흥읍예배당은 34평 건물에 좋은 재목을 전
> 부 당한 형제도 있었사오며[36]

경제적으로 각박해져 가던 시기에 이 정도의 재정적 부담을 질 수 있
었던 기독교인이 있었다는 사실은 한국인들의 신앙유형 가운데 하나인
"헌금"(liberal giver)정신을 대변해 준다고 말할 수 있다.

고흥읍교회는 1922년 9월에 예배당을 건축한 다음에 1923년 9월 1일
에 회집한 제2회 순천노회(몇 회인지는 확인할 수 없음)를 초청한 다음
에, 총대들에게 극진히 대접하였음을 알 수 있다. 이 부분을 순천노회장
변요한 선교사는 조선예수교장로회 제12회 총회(1923년 9월 8일)에서
이렇게 보고한다.

> 4. **특별사건**
> 1. 본노회가 금춘기에 순천읍교회에서 모였을 때에 수십명의 회
> 원을 온전히 대접하였으며 …… 이번 추기 고흥읍교회에 모여서도
> 그와같이 하였사오며[37]

---

35) 한 가지 흥미로운 사실은 이기풍 목사(1868년생)이고 정태인(1873년생)으로 두 분의
   나이는 5세 차이에 불과하지만, 목사임직 년도는 1907년과 1917년으로 20년 차이이다.
36) 조선예수교장로회 제12회 총회록, 124쪽.
37) 조선예수교장로회 제12회 총회록, 124쪽. 1923년 가을에 순천노회 제2회가 순천읍교

6. 구례읍교회(1924년 2월~1928년 10월)

1924년에 "구례읍교회"는 목회자의 이동이 있었다. 지금까지 선교사 코잇(고라복) 선교사의 치리를 받아오다가 정태인 목사를 청빙하기로 하였다. 이러한 변화는 순천읍교회 이기풍 목사가 1920~1923년 말까지 4년간 목회한 다음에, 보다 더 작은 교회로 옮기려는 뜻을 피력하였기 때문에 일어났다. 그리하여 이기풍 목사가 고흥읍교회로, 정태인 목사는 구례읍교회로 자리를 옮김으로써 목회자 이동이 마무리되었다.

1924년 2월 20일에 개회한 제3회 순천노회에서 이기풍/정태인 목사의 이동을 승인함으로써 두 목회자는 이동하게 되었다. 구례읍교회와 광양읍교회가 중심이 된 구례-광양 시찰은 순천노회가 배출한 첫 번째 목사를 청빙함으로써 든든하였을 것이다.

1) 독립군 군자금 모금과 전달

정태인 목사가 구례읍교회에 부임한 후, 1년이 조금 넘은 시점에 큰 사위 서민호(徐珉濠)가 미국으로 유학을 떠나게 되었다. 그런데 서민호는 1968년에 발간한 저서 「나의 옥중기」에서 정태인 목사의 애국운동에 대한 중요한 자료를 제공한다.

> ...... 아버지께서도 일본에 대한 증오심이 상승하였던 모양이다. 나의 장인인 정태인(鄭泰仁) 목사는 상해임시정부와 내통을 하면서 독립투쟁 군자금을 모금하고 있었는데 자수성가하여서 구두쇠라는 말을 들을 정도로 깐깐했던 아버지께서 독립운동 군

회에서 개최하였다 라고 「순천노회사」는 기록하고 있지만(124쪽), 총회록에서는 변요한 선교사(노회장)가 앞의 내용을 보고함으로써 상호간의 차이가 있다.

자금으로 1만원을 내기로 하고 5천원을 즉시 현금으로 수교하게 되었다. 이 돈을 전달하기 위하여 고향 뱀골 고개 산소에 가는 것처럼 위장하고 임시정부와 중간에서 연락을 취하도록 된 분을 만나서 전달하는 모습을 나는 같이 가서 목격하였다.

정태인 목사의 딸 희연과 사위 서민호의 결혼이 1923년 1월이었으므로, 정태인 목사가 군자금을 전달한 시기는 1923년 봄 혹은 초여름 어느 시점이라고 말할 수 있을 것이다. 그리고 정태인 목사의 비밀 군자금 모금과 전달 활동은 이후로도 지속되었을 가능성이 크다 라고 말할 수 있다.

2) 노회 활동

그리고 정태인 목사는 1924년 2월 이후 구례읍교회에서의 특별한 활동을 말하지 않았고, 평범한 목회자로서 목회에 전념하는 모습이었다. 그러다가 1928년에 접어들었으며, 정태인 목사는 순천노회장이었다. 1928년 6월 5일 여수 장천교회에서 회집한 "제11회 순천노회"는 이렇게 결정하고 또한 보고를 받는다.

구례-광양시찰부장 정태인 목사는 여좌히 보고하매 채용하다

3. 구례읍, 신월, 월전, 간전, 황전, 원촌, 대던, 중방, 수평, 이상 9개 교회는 정태인 목사의 치리권 주심을 바라오며

정태인 목사 지방 보고

1. 금년에 신입교인이 78인과 입교인인 42인이요

2. 지리산 피서지에서 선교사들이 피서하는 동안에 모아둔 주일연보 백원을 구례전도단에 기부한 고로 전도단은 그 금전을

가지고 전도한 결과 50여명 회집하는 신설교회 하나를 얻은 일
이오며
　　4. 유치원 경영으로 가극단을 조직하여 순회한 결과로 1,300동
정금을 얻은 일이오며[38]

　이처럼 정태인 목사는 구례지방 9개 교회를 순회처로 삼으면서 바쁘
게 목회에 임하였으나, 뜻하지 않은 사건이 발생하였으며, 사직하지 않
을 수 없는 상황에까지 이르고 말았다.

　3) 목사 사직
　정태인 목사는 1928년 10월 12일에 회집한 순천노회 제11회 제1차 임
시회에서 이러한 무거운 처벌을 받는다.

　　　목사사직
　　　노회의 결의대로 정태인씨 설명을 듣고, 퇴장시킨 후, 한익수, 조
　　상학 양씨가 위하여 기도하고 정태인씨 목사직은 면직과 수찬정지
　　까지 하기로 가결하다[39]

　그리고서 곧바로 이어지는 1929년 6월에 회집한 제12회 순천노회는
"정태인씨 해벌기한에 대하여는 무기로 된 그 시찰회에서 신임을 증명
하는 때까지오며" 라고 결의하였다. 그렇다면 시찰회에서 신임을 증명
하는 계기가 있었는가? 이 부분을 크레인 선교사는 기록하고 있다.

---

38) 순천노회 제11회 회의록, 56-58쪽.
39) 순천노회 제11회 제1차 임시회, 회의록, 73~74쪽. 회의록은 조금 더 상세하고 기록하
　　고 있지만, 크게 도움이 되지 않을 것 같아서 생략하고 최종적인 결론만 기록하였다.

J. C. Crane의 개인 보고서(1930년 6월까지)

금년은 영향력 있는 "검은 양" 몇 명이 진정한 회개의 눈물과 그에 따른 증거와 함께 되돌아 왔다. 한 사람은 무만에서 퇴임당한 목사로서, 그의 노력으로 고향교회가 안식일 범하기, 이교도와의 결혼 …… 등으로부터 회복되는듯 하다. 그가 노회앞으로 제출한 고백서는 그에게 성찬을 회복시켜 주었으며, 그는 곧바로 고향교회로 하여금 다른 목회자에 대한 부분적인 도움을 주도록 이끌었다.[40]

정태인 목사는 1928년 10월 이후 목사직은 면직되었지만, 무만리 지역 본가로 이주하여 지냈던 것으로 알 수 있다. 그곳에서 정태인 목사는 자신에 대한 반성과 새로운 미래를 꿈꾸면서 기다렸다.

7. 제주노회로 이동(삼양/모슬포/고산교회)

정태인 목사는 1928년 10월 이후 목회직을 중지당하였다. 그렇지만 무만리교회가 소유하고 있는 역대 교역자 명단에는 "1930년: 조상학 목사"로 기재된 점으로 미루어 볼 때, 무만리교회는 "조상학" 목사가 순회 목사로 가끔씩 찾아왔을 것으로 알 수 있다. 따라서 무만리교회는 담임 목사가 공석중인 상황과 다를 바 없었다. 이러한 상황에서 정태인 목사는 조상학 목사의 묵인아래 비공식 목회자로 사역을 유지하다가, 제주 노회 삼양교회의 청빙을 받았다. 제주노회장 김재선 목사는 1932년 9월 9일에 회집한 "제21회 총회" 이렇게 보고한다.

---

40) Personal Report, J. C. Crane, for the year ending June, 1930.

제주노회 상황보고
2. 6. 순천노회에서 치리받었던 정태인씨를 목사로 복직시켜 삼
양교회 임시목사로 세웠으며[41]

정태인 목사는 1932년에 삼양교회에서 복직과 청빙을 받은 후, 곧바
로 모슬포교회로 옮겼다. 그리고 정태인 목사는 1933년에 제주노회장으
로 선임되고, 모슬포교회에 1934년까지 시무하였다. 제주노회는 1934년
5월 1일에 "한국교회 선교 50주년" 희면 행사의 일환으로 전주선교부 스
위코드(Rev. Donald A. Swicord: 서국태)선교사가 일본 도쿠시마에서 선
교하는 로간(Rev. C. A. Logan) 선교사를 대동하고 제주도를 찾아서 "예
수는 우리의 생명"이라는 주제로 부흥집회를 인도하였다. 그 기간에 제
주도 전역은 현지인 목회자들이 또 분할하여 부흥회를 인도하였다.

　　　최희준 목사: 모슬포, 중문, 법환, 서귀포, 추자도
　　　정순모 목사: 협재, 두모, 지사, 용수, 고산, 조수
　　　강문호 목사: 읍내, 내도, 금성, 한림
　　　정태인 목사: 세화, 김녕, 조천, 삼양
　　　이도종 목사: 표선, 성읍

정태인 목사는 1934년 6월부터는 고산교회 당회장으로 옮겼으며,
1935년 4월에는 정순모 목사, 최희준 목사 정태인 목사가 모슬포 교회에
서 부흥회를 인도하였다. 이 부분을 이렇게 보도한다.

　　　모슬포교회에서는 4월 2일부터 8일까지 춘기사경회를 개최하여
　　　풍성한 성은을 받음이 여좌함

_____

41) 조선예수교장로회 총회 제21회 회의록, 118쪽.

강사: 정순모 목사, 최희준 목사, 정태인 목사

1. 오후 8시부터 정순모 목사의 영감적 열정으로 전도강연하는 중 매일 밤 300~400여명의 신불신 군중이

8. 다시 순천노회로(1937년 5월~1947년 9월 8일)

정태인 목사는 고산교회 목회자로 봉직하다가 1937년에 순천노회 돌산교회로 청빙을 받고 부임하였다. 정태인 목사는 순천노회 제21회 (1937년 5월 4일 회집)에 "돌산교회" 담임목사로 명기되어 있다. 여기에 이르기까지의 과정은 이러하다.

1. 돌산군 내, 봉양에서 정태인 목사를 맞게 되어 큰 은혜가 된 일이오며

2. 돌산군 내, 봉양 양교회에서 13원을 연보하여 정태인 목사를 청빙하는 서류를 노회에 제출하였사오며

3. 돌산군내, 봉양 양교회에서 정태인 목사를 임시 청빙함에 대하여는 그 교회가 연약함으로 반봉급으로 허락하실 일이오며

환영: 제주노회에서 이명한 정태인 목사의 입회됨을 회원일동이 환영하다.[42]

이렇게 환영받으면서 순천노회로 복귀한 정태인 목사에게는 무만리 교회가 영적인 고향이며, 목회의 고향으로서 쉼과 평안이 있었다. 그리하여 정태인 목사는 1937년 가을에 돌산군내/봉양 교회의 담임목사직을 사임하고, 보성시찰로 자리를 옮긴다.

1. 정태인씨 돌산지방 사면의 건은 허락하기로 가결하다

---

[42] 순천노회 제21회 회의록.

3. 무만, 낙성, 평촌, 축령 4교회에서 정태인 목사 청빙 건은 임시 목사로 허락하기로 가결하다[43]

이렇게 정태인 목사는 무만리교회로 되돌아 왔으며, 1938년 4월 25일 순천노회 제22회 노회에 참석하지 않는다.[44] 그 이유야 여러 방면에서 찾을 수 있다. 첫 번째는 구례읍예배당에서 개최되었기 때문이다. 두 번째는 신사참배 가결을 앞두고 있다는 사실을 미리 알게 됨으로써 참석하지 않았을 것으로 볼 수 있다. 순천노회 제22회 노회는 이렇게 결정한다.

특별사항
특별위원: 오석주, 김상두, 김순배 3씨가 피임되어 좌의 결의안을 제출하매 전부 가결하다
1. 국기계양
2. 황거요배
3. 신사참배
4. 조선총독의 지원병 교육령 개정제도에 대한 감사전보 할 일
5. 주지 륙해군 최고지휘관에게 위문전보 할 일
6. 신사참배에 대하여 총회에 상고할 일
7. 본 노회와 교회에게 공문을 발송하여 신사참배를 지도할 것[45]

정태인 목사는 1938년 4월 제22회 순천노회로부터 노회소속 목사 명단에 이름이 기록되지 않았으며, 1947년 3월에 회집한 순천노회 제27회 회의에서도 이름이 기록되지 않는다. 정태인 목사는 이 상태로 지내다가(?) 1947년(단기 4280년) 9월 8일 오후 4시 보성군 벌교읍 장좌리에서

---

43) 순천노회 제21회 제2차 임시회 회의록.
44) 순천노회 제22회 회의록. 이날 회의에 참석한 목사는 16명, 장로 20명이었다.
45) 순천노회 제22회 회의록.

사망하고, 자녀들은 장좌리 뒷산 선산에 고이 안장하였으며, 2018년 지금도 그 자리를 지키고 있다.

IV. 맺음말

결론적으로 정태인 목사의 사역을 무엇이라고 말할 수 있을까? 전환기의 한국 역사를 살아간 사람으로서, 순천, 보성, 고흥, 여수, 제주에서 목회자로, 특히 고향 무만리교회에서 목회를 시작하여 무만리교회에서 삶을 마감한 목회자였다.

그의 자녀들과 처가의 처족들도 하나같이 기독교 신앙으로 성장하여 선구적인 신학문을 교육받은 신세대 지도자로 성장하였다. 정태인 목사는 목사이면서도 한국의 역사적 현실에서 신사참배를 부정하고, 독립군 군자금 모금에 적극적으로 참여하였으며, 느슨하지만 선교사들의 지나친 엄격주의를 반대하는 경향에 있었다. 이러한 점에서, 정태인 목사는 한국교회가 앞으로 나아갈 길을 미리 살아감으로써 당 시대에는 오히려 거부당하는 목회자였을 것으로 짐작할 수 있다.

마지막으로 정태인 목사가 1934년 한국교회 희년을 맞이하여 출간한 설교집에 제출하여 기록된 설교 원문을 그대로 적어 본다.

오정(午正)에 자정(子正)
눅23:44절

오정이라 하면 누구나 광명한 때를 연상할 것이오 자정이라 하면 자연히 흑암세계를 연상할 것이다. 그런즉 물 가운데 연꽃이 피는 것은 당연한 이치지만 불가운데 연꽃이 피는 것은 이상하다는 불설(佛說)과 같이 광명의 시기인 오정에 자정의 흑막이 덮인 것은 이상한 일이다. 이는 곧 인생에게 역사적 전환기(歷史的 轉換期)를 당하여 천시의 변동(變動)이 표시(表示)됨이니 이를 연구할 필요가 있는 것이다.

一. 이 전쟁은 이 세상을 창조하기도 전에 시작된 것이다. 하느님의 총애를 받은 천사로 하나님의 지위를 점령하려는 배역의 운동이 시작되던 제1회 전쟁에 실패한 기름받은 천사는 마귀로 변하여 낙오(落伍)자가 되고 말았다.

2. 에덴동산에서 하느님의 형상으로 지음을 받고 하느님께 자녀의 사랑을 받으며 만물을 총리(總理)하는 권리를 받은 인생에게 대하여 시기하는 마귀는 시험적 전쟁이 2회로 시작되매 마귀는 승리하였다.

3. 에던 쟁쟁에 실패한 인생은 하느님의 형상를 가진대로 마귀에게 포로(捕虜)자가 되어서 만사에 자유가 없고 다만 그가 끄는대로 끌려서 영영한 멸망으로 들어가는 것을 내려다보시는 하느님 곧 예수께서는 제일회 전쟁에 승리의 역사를 가진 바라 그가 아니고는 마구리를 이길 인생은 없다. 그런고로 그가 인생의 몸을 입시고 강생하셨다. 그가 누구인줄을 아는 마귀는 베들레헴에서 제3회 전쟁을 열었으나 비참하게 무수한 어린아이들만 희생시키고 전쟁은 미결하고 말았다.

4. 어리석도다 저시기의 마귀는 예수께서 세례를 받으시고 내 살아하는 아들이요 나를 기쁘게 하는 자라 하는 성부의 증거를 받으시고도 40일을 광야에서 잡수실 여가도 없이 기도하시사 준비가 완전한 주님께 대하여 에덴에서 인생을 유혹하던 3대 전술(戰術) 곧 육신의 정욕 안목의 정욕 이생의 자랑으로 제4회 전쟁을 시험하였으나 마귀는 또한 실패하였다.

인생과의 전쟁에는 배암으로 상대시켜도 승리하였지만 예수와의 전쟁에서 헤롯왕을 상대시켰으나 실패하고 자기로서 단병적 접전에 발붙임을 얻지 못하였으므로 최후에는 자기 부인 하인 바래새

교인과 사두개 교인과 제사장과 감사와 군졸들을 총출동시켜서 3년간 별별 모략과 전술을 다하여 대전쟁을 실행할 결과 이 골고다 광경을 이룬 것이다. 그러나 이 광경의 표시는 일시적 마귀의 승리에서 영구적 예수의 승리를 이룬 것이다. 예수의 죽으심은 인생의 죄에 대한 하느님의 공의의 요구를 만족히 갚으셨으니 인생은 하느님의 법에 놓임을 받고 마귀의 권세에서 벗어났으며 예수는 성부께서 다시 살리셨다.

二. 인생을 표시함

1 요한복음 1장으로 보아서 예수는 빛으로 오셨으니 첫째로 아직까지 온 세상에 그 비취이지 못하였을지라도 유대국만은 오정이라 할 수 있는 것은 유대인은 다 예수를 알게 된 이 때이다. 3년간 행적에서 이는 참 하느님의 아들이라고 자기들도 증거하였다. 그러나 오늘날 손을 들어 주님을 못박는 유대인의 마음속에는 마귀의 어두움이 그대로 있었으니 오정 때에 자정의 마음이 아닌가.

2. 오늘날 세계만국 이디든지 주의 이름을 모르는 곳이 없을뿐 아니라 세계 공통으로 사용하는 20세기라는 것이 지금은 주 예수께서 강림하신지 2천년이 되었다는 표시이다. 그런즉 오늘의 세계는 주님의 시간으로 보면 오정의 세상이지만 인심을 볼 것이면 마음속까지는 그 빛이 들어가지 못하였으니 오정 때에 자정의 인심이 아닌가.

3. 오늘날 우리 교회가 세상을 향하여 말하기를 "너희는 어두움을 벗고 빛 가운데로 나아 오라" 하고 외치는 것을 보아서 세상을 아직 어두움에 있다 할지라도 교회는 빛 가운데 있는 표증이 아닌가. 그러나 교회 중에도 마귀의 어두움을 지키고 있는 이가 없지 않은 것을 볼 때에도 이것이 곧 오정 때에 자정의 인심이 아니라고 못하겠다.

三. 성부의 심리를 표시함

1. 도덕이 박약하고 사랑이 좁은 인생으로도 장성한 자식의 죽음

을 본 사람은 눈이 어두워진다고 하여 자식 죽은 것을 가르쳐 상명지통(喪明之痛)이라 곧 빛을 잃은이의 슬픔이라 하거든 하물며 지극한 사랑이신 하느님으로서 흠도 점도 없는 독생자가 악한 자의 손에 무참하게 못을 땅땅 박히며 운명하는 광경을 보시는 하느님의 마음이 어떠하실까.

열두영 더 되는 천사가 없는 것도 아니지만은 또한 저 관영한 인생의 죄를 죽음이 아니고는 구속할 도리가 없는지라. 우리 신생을 사랑하시는 마음으로 참으시는 하느님의 심리는 십자가에서 못을 박히시는 예수님의 고통보다 적다고 못하겠다. 그러하면 그 광경을 내려다보시는 하느님의 눈에 빛이 어두워질 것이 사실일 것이다.

2. 하느님께서 처녀같이 사랑하시는 유대민족 곧 아브라함으로부터 현시까지 1921년 동안을 사랑의 품에서 안고 49년 전후에 멸망당할 그 참상을 예상하시는 성부의 마음에 눈이 어두워 질만큼 상심이 되는 것을 표시함이다.

3. 독생 성자의 귀한 몸으로서 이와 같은 고초를 당하심과 성부 하느님의 참으시고 견디시는 그 고통이 다만 죄악에 매인 인생 멸망으로 내려가는 인생 곧 하느님의 귀하신 형상을 가지고 마귀의 종이 된 가련한 인생을 구원하시려는 뜻이지만 그 뜻을 깨닫지 못하고 그대로 마귀의 미혹에 빠져서 저와 함께 유황 불구렁텅이로 들어가 간 인생들을 생각하시는 하느님의 마음에 어찌 상명지통이 없으리요.

(결말) 마귀의 승리는 일시적 승리나 그 승리가 영영한 실패를 이루는 것이요 예수의 실패는 일시적 실패 같으나 그 실패에서 영영한 승리를 이루니라.

1920년대 고흥 기독교의 확산과 주도인물*

송호철

I. 머리말

전남 동부, 특히 고흥·보성지역의 기독교 확산에는 광주선교부의 오웬(c.c.owen선교사(이하 오기원) 역할을 간과할 수 없다. 오기원은 1905년 봄부터 조사 지원근과 순천을 비롯해 보성과 고흥을 순회하면서 선교활동을 이어갔다.[1]

이로 인해 고흥·보성지역의 최초 교회인 무만동교회가 1905년에 설립되었다. 무만동교회는 고흥 기독교의 확산에 큰 영향을 주었는데, 정태인목사가 그 중심이었다. 정태인목사는 고흥 북부지역에 해당하는 동강면, 남양면, 과역면 등에 초기 기독교 선교에 앞장선 인물이다.

---

* 순천대 인문학술원에서 발간하는 학술지『인문학술』4(2020.5)에 실린「근대 고흥 기독교의 수용과 활동」을 수정, 보완한 글이다.
1) 송현강,「남장로교 선교사클레멘트 오웬(Clement C. Owen)의 전남 선교」,『남도문화연구』29, 순천대 남도문화연구소, 2015.

한편 고흥지역 기독교역사의 시초는 1894년 선교사 레이놀즈가 거금도를 거쳐 고흥읍을 비롯한 육지에서 선교한 이후 1905년 4월 선교사 오기원과 조사 오태욱이 고흥읍을 방문하여 남문 근처 신우구의 한약방에 모여 신우구를 비롯해 목치숙, 박무응, 박용섭, 설준승, 이충홍이 예배를 드린 것이 최초로 기록되어 있다.[2] 이로써 합동공의회 시대였던 1906년 9월 옥하리교회가 설립되었다. 도서지방인 금산면도 1906년에 집강 한익수와 참봉 선영홍이 서울을 방문하여 기독교를 접하고 금산면으로 돌아와 독노회시대인 1907년 신흥리교회를 설립하였다.

고흥에 기독교 역사가 시작되고 1920년대 확산되면서 많은 선교사와 지역출신 기독교인들이 활동하며 24개의 교회를 설립하였다. 당시 활동한 선교사로는 오기원을 비롯해 구례인[Mr. John Curtis Crane(1888~1964)], 안채윤[Mr. Charles Henry Pratt(1881~1950)], 보이열[Mr. Elmer Timothy Boyer(1873~1976)] 등이 선교활동을 전개하였고, 외부 목회자였던 정태인, 이기풍, 김정복 등과 현지목회자 한익수, 목치숙, 오석주, 신영욱, 이형숙, 유천석 등이 목회활동에 진력하며 교회설립을 주도하였고, 신우구, 설준승, 선영홍 등은 경제적 후원을 아끼지 않았다.

이러한 초기 기독교인들의 활동은 1920년대 13개면에 교회를 설립할 수 있었고, 신도수도 1,000여 명을 상회하는 규모로 확대되었다. 1924년에 작성된 『고흥읍교회사기후록』에 따르면 고흥옥하리교회만 하더라도 세례교인 19명, 금년 학습인 20명, 학습인도수 30명, 주일 평균회집수 130명, 학생 100명으로 교세가 확장되었다.

이 글에서는 고흥에서 기독교의 수용과정에 대한 연구성과를 바탕으로 1920년대까지 교회설립의 과정을 살펴보고, 설립을 주도한 주요인물

---

2) 고흥읍교회, 『고흥읍교회 연혁』, 4~5쪽; 조선예수교장로회총회, 『조선예수교장로회사기』 상, 1928, 170쪽.

을 살펴보고자 한다.3) 이를 통해 고흥에서 초기 기독교의 확산과 이끌었던 이들의 면면에 대해 대략적 윤곽을 그려볼 수 있을 것으로 판단된다. 다만 100년이 넘는 시간이 지난 점, 타지로 이거, 개인정보보호법으로 추적이 불가능한 점이 있어 일부 사실이 누락될 수 있는 한계에 대해서는 아쉽게 여긴다.

II. 1920년대 교회설립과 주체

1. 1900년대 초 교회설립과 설립 주체

고흥에서 최초로 교회가 설립된 곳은 고흥읍 옥하리교회이다. 『조선예수교장로회사기』와 선교사 오기원의 1908년 회고에는 이렇게 기술하고 있다.

"고흥군 옥하리교회 설립하다. 선시에 선교사 오기원, 조사 오태욱의 전도로 신우구, 박용섭, 박무응, 이춘흥, 이정권 등이 믿고 사저혹서당에서 회집예배하니라"4)

"한국의 흥양은 멀리 남쪽으로 내려가, 해안에서 그렇게 멀지 않은 곳에 있다. 이번이 나의 두 번째 방문이며 한 주간 정도 있었다. … 이 마을은 가옥이 200여 채이며 … 이 마을의 가장 영향력 있는 사람이 우리의 복음 전도집회와 성경공부에 참석하였으며, 책도 상

---

3) 조선예수교장로회총회, 『조선예수교장로회사기』, 1928; 고흥군사편찬위원회, 『고흥군사』, 2000; 오천교회, 『오천교회백년사』, 복음문화사, 2013; 송호철, 「근대 고흥 기독교의 수용과 활동」, 『인문학술』 4, 순천대 인문학술원, 2020.
4) 조선예수교장로회총회, 『조선예수교장로회사기』 상, 1928, 170쪽.

당수 팔렸다. … 많은 양의 전도쪽지를 나눠주었으며, 이 군의 사람들 대다수는 복음에 대하여 무엇인가를 들었다는 느낌을 가질 수 있었다. … 각 모임처에서 헌금을 수금하였는데, 아직 요리문답 교인도 없는 상황에서 22양의 헌금이 걷혔다. 현재의 환율로 하자면 2달러 27센트이며, 이 돈이면 매우 활동적인 기독교인 두 사람이 이곳에 와서 7일 동안 활동할 수 있는 액수이다. 먼저 우리는 이곳의 주된 예배처소인 남문에서 예배를 드렸다. 6명의 기독교인이 찬양을 도왔으나, 얼마 되지 않아서 상당수가 모였다. 그리고 간략한 복음적 예배를 드렸다. 공부를 원하는 사람에게는 방을 구하여 주었으며, 첫 번째 오후 공부시간에 이 마을의 사람 7명이 참석하였으며, 그 가운데 5명은 회색 수염이었다. 저녁 식사를 마친 후, 우리는 등을 들고 남문에 가서 찬송 3-3곡을 부른 후, 회중이 모여들자 복음설교를 하였다. … 그 다음날 오후에 새로운 군수를 맞이하기 위하여 사람들이 다 나갔다. … 주일날 아침 예배에 길 건너편에서 새로운 군숙가 연설을 함으로써 역시 반대에 부딪쳤다. … 이날 오후에 약 10명의 일본인 군인들이 무기고의 무기들을 불질렀으며 … 여러 사람이 지켜보는 가운데 탄약고, 지저분한 막사도 비웠으며 탄약은 불꽃과 연기를 발하면서 타올랐다. … 군인들은 이곳에 어제 밤에 도착하였으며 파괴작업은 오늘 아침 일찍부터 시작하였다. 이곳의 나의 환경은 … 옆 방은 돼지막으로 그 냄새가 지독하였지만, 그것에 쉽게 적응할 수 있다는 것이 놀라운 일이다. 더 쓰고 싶지만, 밤이 깊어졌으며, 내일은 이곳에서 멀지 않은 섬을 방문하기 위하여 잠을 청해야 한다. 흥양, 한국, 1907년 10월.[5]

자료에는 설립을 주도한 이가 선교사 오기원, 조사 오태욱임을 알 수 있다. 또한 오기원의 기고문에 1907년 10월에 고흥을 방문했을 때 이미 교회가 있었는데, 옥하리교회는 1906년 9월에 설립되었다는 기록과 위

---

  5) 대한예수교장로회 순서노회, 『순서노회30년사』, 2011, 54~55쪽.

기록과 일치한다고 볼 수 있다.[6]

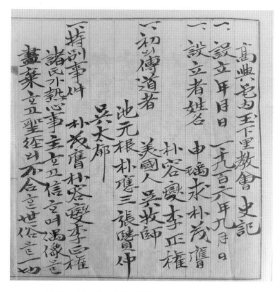

고흥읍교회, 『고흥옥하리교회사기후록』, 1924

　초기 기독교인은 신우구, 박용섭, 박무응, 이춘흥, 이정권, 목치숙, 설
준승 등으로 파악할 수 있고, 선교사 오기원의 기록 중 "이 마을의 가장
영향력 있는 사람"은 신우구로 추정해볼 수 있다. 신우구는 재력을 비롯
해 남문통에 한약방을 운영하였고, 향리를 역임한 인물로 신우구한약방
이 예배처소였다. 또한 초기 기독교인은 재력이 있어 상당한 헌금이 모
아졌고, 예배에 참석한 7명 중 5명이 회색수염이었다는 것은 고령자가
많았다는 것으로 해석할 수 있다.
　선교사 오기원이 고흥을 방문하던 1907년 10월은 고흥에서 정미의병
이 본격적으로 일어나 11월 흥양분파소가 불타는 등 의병전쟁이 격화되

---

6) 고흥읍교회, 『고흥읍내 옥하리교회사기후록』, 1924.11.11.

던 시기였기 때문에 교회활동에 큰 시련을 당할 수밖에 없었다. 『고흥읍내 옥하리교회사기후록』에도 기록이 보인다.

> 읍민들이 염증을 느껴 많은 고난을 받는 중에 예배 처소가 없어 신우구씨 사랑채에서 3, 4개월 예배보다가 협착한 소치로 헌병대근 처 채한금씨 집에서 예배하다가 헌병들의 군박으로 인하여 군기고 사무실에 이전 예교하였다. 또 헌병들의 장애로 인하여 박무응씨 집에서 예교보았으나 신자들의 친척, 친우들이 피해를 받는 일들은 입으로는 다 말할 수 없다.

위 기록과 같이 일제 헌병에 의해 많은 박해를 받으면서 종교 활동을 이어갔다. 한편 선교사 오기원의 기고에는 "내일은 이곳에서 멀지 않은 섬을 방문하기 위하여"라는 기록이 나오는데, 멀지 않은 섬은 바로 거금도(금산면)로 신흥리교회를 방문하기 위해서였다. 신흥리교회 설립은 『조선예수교장로회사기』에서 기록을 찾을 수 있다.

> 고흥군 신흥리교회가 성립하다. 선시에 한익수, 선영홍이 경성에 여행하얏슬 시에 복음을 드른 후 밋고 성서 수백 책을 재래하야 금산 전도에 전파하므로 신자가 다귀하여 선영홍 사저에서 예배하더니 선영홍이 배교하난 고로 신흥리에 예배당을 신건하니라.[7]

한익수와 선영홍은 선교사들에게 작은 성경책을 수백 권을 받아 거금도로 돌아왔고 성경책을 나눠주며 전도활동을 전개하고, 선영홍의 집에서 최초로 예배를 드리게 되었던 것이다. 다시 말해 선교사의 전도가 아닌, 현지인이 경성에서 전도 받고 현지에 교회를 설립한 경우였다.

---

7) 조선예수교장로회총회, 『조선예수교장로회사기』 상, 1928, 257쪽.

특히 한익수는 당시 면장격인 집강이란 직책을 맡고 있었고, 선영홍은 고흥에서 이름난 재력가였기 때문에 한익수의 권위, 선영홍의 재력은 교회설립에 큰 영향을 줄 수 있었고, 오석주, 박수홍 등에게 전도할 수 있었다.

2. 1920년대 교회설립과 교인·교역자

고흥에서 최초로 교회가 설립된 1906년 이후 선교사들과 외부 목회자, 현지 기독교인의 활동으로 비약적 발전을 가져왔는데, 교회 설립과 목회자의 배출로 나타났다.

먼저 교회 설립은 대체로 무만동교회와 주교리교회, 옥하리교회, 신평리교회를 중심으로 추진되었다. 무만동교회는 정태인(鄭泰仁), 옥하리교회는 신우구(申瑀求), 목치숙(睦致淑), 박용섭(朴容燮), 주교리교회는 이형숙(李亨淑), 신평리교회는 한익수(韓翊洙), 오석주(吳錫柱)가 그 중심인물이었다.

1920년대 말까지 설립된 교회는 25개인데, 주로 옥하리교회와 신평리교회, 주교리교회에서 분립되었다. 옥하리교회에서 분립한 길두리·한천리·천등리·관리·내발리·신호리교회, 신흥리·신평리교회와 신평리교회에서 분립한 동정리·오천교회, 무만동교회에서 분립하여 설립된 주교리·유둔리교회와 주교리교회에서 분립한 대덕리·송천리·화전리·도천리교회 등이 있었다. 위에서 언급하지 않은 나머지 교회들은 분립한 교회에서 다시 분립된 사례로 볼 수 있다.

그러면 1920년대까지 설립된 교회를 『고흥군사』와 『조선예수교장로회사기』, 『순서노회30년사』, 『교회연혁지』 등을 토대로 살펴보기로 하겠다.

〈표 1〉에서 나타나듯이 1920년대까지 고흥에서는 25개의 교회가 설립

되었다. 1900년대 3개로 시작하여 1910년대 7개, 1920년대 15개의 교회가 설립되어 1920년대에 급속한 확산을 이루었음을 볼 수 있다. 1900년대는 고흥읍과 금산면에만 있었지만, 1910년대는 동강면, 남양면, 과역면, 포두면에 교회가 설립되었고 1920년대는 대서면과 두원면을 제외한 전체 면 지역으로 확대되었다.

〈표 1〉 1920년대까지 고흥군의 교회설립 실태

순번	읍·면	교회명	현재명	설립년월	최초교인	초기교역자
1	고흥읍	옥하리교회	고흥읍교회	1906.9	신우구, 설준승, 목치숙, 이춘흥, 박무응, 박용섭, 이정권	오웬선교사, 조사 오태욱
2	금산면	신흥리교회	신흥교회	1907.10	한익수, 선영홍	서울에서 전도됨
3		신평리교회	명천교회	1908.3.3	오석주, 박수홍, 오석규	한익수
4		동정리교회	성치교회	1921	김치곤, 정익원, 최자신, 최현숙	선교사 구레인, 조사 오석주
5		오천리교회	오천교회	1914.4.5	한익수, 신선해, 황재연, 신성도, 황도연	황봉익, 조사 오석주
6	남양면	주교리교회	주교교회	1910.3.15	손대희, 박덕만, 최세진, 전창수	조사 정태인
7	포두면	길두리교회	길두교회	1915.2.15	전영집, 유천석, 신명휴, 박기욱, 고제태, 우창기, 선기섭	조사 유천석
8		남성리교회	남성교회	1922.10	김치민 외 다수	선교사 구레인, 조사 김정하
9		송산리교회	송산교회	1927.3.1		
10	도양읍	관리교회	관리교회	1920.11.1 (1921)	박창규 외 다수	선교사 안채윤, 조사 정태인, 목치숙, 오석주
11		봉암리교회	녹동제일교회	1927.4		관리교회
		대봉교회	대봉교회	1924	박귀조, 박은술, 신성범, 박귀분, 박성채	관리교회(이형숙, 목영석)
12	봉래면	신금리교회	전능교회	1920.3.5		선교사 구레인, 조사 조사라
13	동강면	유둔리교회	동강제일교회	1918 (1915)	신지구, 신지구 빙모 강은혜, 장한백, 장세	선교사 안채윤, 선교사 구레인,

순번	읍·면	교회명	현재명	설립년월	최초교인	초기교역자
					호, 황순명, 김진두, 송사원, 박종수, 화하일, 황정현, 송기환	목치숙
14	과역면	송천리교회	송천교회	1922	황의순	선교사 구례인,조사 정기신
15		도야리교회	도천교회	1919.5.3	박만길, 이영수, 정용채, 정홍재, 박후준, 홍인백	무만동교회, 선교사 구례인
16		과역리교회	과역교회	1922		
17		대덕리교회	화덕교회	1919 (1915)	장세호 전도, 백형월, 남상채, 남상태, 남상모, 김동영	주교교회, 이형숙 조사
18	도화면	발포교회	발포교회	1920.4	최상숙 외 10명	선교사 구례인, 오석주, 목치숙
19		신호리교회	도화교회	1928.10.15	유경오, 임남수	조사 신성일, 조사 한익수
20	점암면	화전리교회	화계교회	1920.6	강사문, 김봉조, 김병조, 박재일, 김채수	화덕교회
21		봉영리교회	신봉교회	1920.3.1		
22	영남면	남열리교회	남열교회	1922.7.9	박태현, 임영택	박태현, 목치숙, 신상식, 유천석
23	도덕면	가야리교회	가야교회	1925.3.10	유도근 등	관리교회
24	풍양면	천등리교회	-	1922	이장우, 유중환, 김사윤, 김용수	선교사 안채윤, 조사 오석주, 목치숙
25	-	한천교회	-	1915	이계생 외 다수	옥하리교회

앞서 언급한 것 같이 거점 교회에서 분립한 형태로 교회설립이 추진되었다. 면별로 살펴보면 총 12개 면지역에서 설립되었고, 면별로는 금산면 4처, 과역면 4처, 도양읍 3처, 포두면 3처, 도화면 2처, 점암면 3처, 고흥읍·봉래면·남양면·동강면·풍양면에 각 1처가 설립되었고, 당시 면에 교회가 설립되지 않은 곳은 두원면과 대서면뿐이었다.

먼저 1920년대까지 교회가 설립되지 않았던 두원과 대서면은 유림층

이 강한 곳이었다. 1907년 국채보상운동이 전개될 때 대서면(남서면)은
향교직원인 송계성을 중심으로 유림층이 주도할 정도였다.[8] 두원면 또
한 유림세가 강한 곳으로 두원면향약계와 존성계가 활발히 활동하던 곳
이었고, 신흥종교였던 흠치교가 교세를 확장했던 곳이었다. 1922년 8월
두원면 용반리에서 흠치교의 종교행사에서 경찰들과 충돌로 1명이 사망
하고 1명이 부상당하는 일이 발생해서 다수의 구속자가 나오기도 하였
다.[9] 유림층의 활발한 활동과 신흥종교의 확산에 교회설립은 큰 지장을
준 것으로 볼 수 있다.

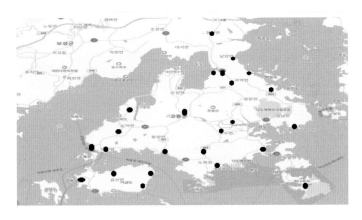

1920년대 고흥군 교회분포

교회가 설립된 면들 중 제일 많은 곳은 금산면 4처와 과역면 4처였다.
금산면은 신평리교회에서 분립한 교회들이었고, 과역면은 주교교회에
서 분립한 지역이었다. 금산면은 오석주와 한익수, 과역면은 주교교회
의 이형숙 등이 왕성한 선교활동을 전개한 측면도 있으나, 1926년 12월

---

8) 「국채보상의연금수입 광고」, 『대한매일신보』, 1907.8.6.
9) 「흠치교도와 대충돌」, 『동아일보』, 1922.8.19.

27일 고흥에서는 2번째로 과역 금융조합이 설립될 정도로 고흥 남부권의 경제적 중심으로 유동인구가 많았고, 시장이 활발한 곳이었던 점도 작용하였다.[10]

포두면과 도양읍이 3처로 도양읍은 관리교회에서 분립하였고, 포두면은 고흥읍과 가까운 관계로 옥하리교회에서 분립한 곳이 2곳이었다. 도화면과 점암면이 2처로 도화면은 내발리교회에서 신오리교회가 분립되었고, 점암면은 화덕교회(대덕리교회)에서 분립한 곳이다.

고흥에서 교회가 설립된 위치는 대체로 반농반어업 형태의 마을이었고, 당시에는 당산제나 풍어제를 지냈던 관례를 볼 때 교회설립에 장애가 되었을 것이다. 다만 동강면(유둔리교회), 과역면(과역교회), 포두면(길두리교회), 도양읍(관리교회), 금산면(신흥리교회)은 면사무소가 있었던 면 중심지에 교회설립이 이루어져 상당한 교세를 확장할 수 있었다.

『조선예수교장로회사기』에는 교회에 대한 분립내용이 비교적 정확히 남아 있다. 제시하면 다음과 같다.

> ○ 고흥군 금산신평리교회가 성립하다. 선시에 오석주, 박수홍 등이 주를 밋고 대흥리 선영홍가에서 예배하다가 그 후 신흥리 교인의 협조로 본리에 교회를 설립하고 예배당을 신건하니 교회가 점차 발전하야 오천, 동정 양처에 교회를 분립하게 되니라.
>
> ○ 고흥군 옥하리교회에서 박용섭은 재목전부를 담당하고 교우난 합심 출연하고 신우구는 부족액을 전담하야 동정리에 예배당을 신건하니라.

---

10) 동아경제시보사, 『朝鮮銀行會社組合要錄』, 1927년 판. 일제강점기 고흥군에는 5개의 금융조합이 설립되었고, 고흥 금융조합이 1909년 8월 9일에 설립된 이래 1926년 과역금융조합, 1927년 녹동금융조합, 1933년 나로도금융조합, 1938년 풍양금융조합, 1940년대 동강 유둔금융조합이 설립되었다.

○ 고흥군 주교리교회가 성립하다. 선시에 본리 손대희, 박덕만, 최세진, 전창수 등이 신주하고 무만리교회에 왕래하며 전도한 결과 신자가 증가하야 최세진 사저에 집회하다가 장암의 최정범의 노력과 교인의 열성으로 예배당을 신건하고 교회를 분립하니 기후 선교사 구례인, 조사 정태인, 영수 김계수, 박한기 등이 상계시무하였고 최정범을 장로로 장립하야 당회를 조직하니라.

○ 고흥군 오천교회가 설립되다. 선시에 우도리 신성주, 황재연과 신흥리 한상하의 전도로 신자가 계출하여 초가 6칸을 매득하여 예배당으로 사용하였고 신평교회에서 황보익, 오현규 양인이 내왕하므로 교회에 다대한 노력을 공하였고, 그 후 황봉익이 교회를 인도하니라.

○ 고흥군 길두리교회가 읍교회에서 분립하다. 선시에 고제태, 우창기 등이 신주하고 다년간 읍내교회에 내왕하며 본리에 전도하여 예배처소를 설립하였더니 선교사가 유천석을 파송하여 사숙을 설립하며 복음을 전하여 신도가 일가월증함으로 예배당을 건축하고 읍교회에서 분립하였으며 기후 선교사 구례인, 목사 이기풍이 사무하니라.

○ 고흥군 유둔리교회가 무만리교회에서 분립되자 선시에 본리 송춘경은 무만리교회의 영수인데 60세 노인으로 병석에서 방문한 사람에게 간절히 전도하기를 위사하였고 임종시 자기아들 송사원에게 신주하라고 유언하였더니 기후 사원이 그 동지자 3~4명과 더불어 신주한 후 열심히 전도하였고 강은혜는 노년과 부로 그의 신앙생활을 인하여 사위 신지구에게 무한한 핍박을 수하더니 그 후 신지구가 회개귀주하고 교회분립에 협력하여 자택에서 임시로 회집예배하더니 교회가 점차 발전하여 초가 8칸을 매수하여 예배당으로 사용하더니 미구에 20평 예배당을 신건하고 선교사 안채윤, 구례인과 목사 정태인과 조사 목치숙 등이 계속 시무하니라.

○ 고흥군 대덕리교회가 주교교회에서 순립되다. 선시에 백상래,

백형월, 남상복, 김동영, 양회수, 남상대, 정창섭 등이 면려청년회원으로 주교교회에 내왕예배하면서 주교교우들과 협동하여 본리에 전도하여 약간의 신자가 있음으로 초가 8간을 매수하여 예배당을 건설하고 주교교회에서 분립하였다.

○ 고흥군 관리교회가 설립되다. 선시에 선교사 안채윤과 조사 정태인, 목치숙 등이 가가에 개인전도할 새 본리인 박창규가 신종하고 그 외 수인의 신자가 축기하여 교회가 성립되고 선교사 구례인, 조사 이형숙이 교회를 인도하여 점익 발전되었다.

○ 고흥군 내발리교회가 설립되다. 선시에 선교사 구례인과 조사 오석주, 목치숙 등이 본리에 다일 전도한 결과 수개인에 신종함으로 옥하리교회에서 매월 1일 예배를 담임인도하였고, 기후에는 전도인 김석하, 지방교역자들이 출손하여 6간 초가를 매수하여 예배당으로 사용하였고, 이형숙이 조사로 시무하였다.

○ 고흥군 동정리교회가 신평리교회에서 분립하다. 선시에 본리거 김치곤, 정익원, 최자신, 최관숙 등이 믿고 신정리교회로 다니더니 시년에 선교사 구례인과 조사 오석주가 내조전도하여 6간 예배당을 건축하고 분립하였다.

○ 고흥군 송천리교회가 주교교회에서 분립하다. 선시에 유둔교회 신자 황순명이 자기의 종형 황의순에게 전도하여 주교교회에 내왕하면서 예배하더니 시년에 유둔, 주교 양교회에서 협력전도의 결과 신자가 증가하여 초가 8간의 예배당을 건축하고 분립하였으며, 선교사 구례인과 조사 정기신이 교회를 인도하였다.

○ 고흥군 화전리교회가 화덕교회에서 분립하다. 선시에 주교교회 신자 박홍준의 전도로 강사문, 김봉조, 김병조, 박재일, 김채수 등이 신종하고 화덕교회에 내왕예배하더니 선교사 구례인이 조사 파송내조함으로 신자가 다수 증가하여 초가8간 예배당을 건축하고 분립하였으며, 조사 전기신이 시무하였다.

○ 고흥군 천등리교회가 설립되다. 선시에 선교사 안채윤과 조사 오석주, 목치숙 등이 본리에 내도하여 당지 서당을 임시 전도소로 정하고 천여명식 집회전도한 결과 다수의 신자를 얻었고, 금산 신평교회에 매주일 내조하였으나 미구에 집회가 폐지되었더니 1921년에 이장우, 유중환 등이 신주하고 옥하리교회에 내왕하면서 본리에 열심전도하므로 김사윤, 김용수가 상계 신종하여 김용수집에서 예배하였는데, 교우가 합심연보하여 82원 50전으로 예배당 12평을 건축하였고, 선교사 구례인, 목사 오석주가 동사로 시무하였다.

○ 고흥군 한천교회가 분립하였다. 선시에 본리에 거하는 이계생이 신주하고 고흥교회에 내왕 예배하더니 어위 10년간 다수한 신자가 기하여 8간 예배당을 건축하고 분립하였다.[11]

총 14개의 기록을 살펴보면 교회의 확장에는 분립의 모태가 되었던 교회는 무만리교회, 옥하리교회, 신평리교회, 주교리교회로 집약할 수 있다.

무만리교회는 고흥 소재 교회는 아니었지만 고흥 북부지역인 동강면, 남양면, 과역면, 점암면에 큰 영향을 주었고, 주교리교회와 유둔리교회를 분립시켰다. 중심인물은 조사 정태인으로 1913년 9월 선교사 구례인의 선교구역이었던 보성과 고흥 지방의 조사로 발탁된 뒤 1917년에 평양신학교를 졸업하고 목사로 임직한 인물이다. 그 뒤 1917년 8월에서 1918년 7월까지 무만리교회 목사, 1918년 7월에서 1920년 2월까지 순천 읍교회 목사, 1920년 3월에서 1921년 10월까지 무만리교회 목사, 1921년 10월에서 1923년 10월까지 고흥읍교회 목사로 재직하며 고흥지방의 기독교 확산에 큰 기여를 하였다.[12] 특히 정태인 목사의 장녀 정희린이 서

---

11) 조선예수교장로회총회, 『조선예수교장로회사기』상, 1928, 261쪽, 269쪽, 274~5쪽; 조선예수교장로회총회, 『조선예수교장로회사기』하, 1928, 311~312쪽, 315쪽, 317쪽, 320~321쪽, 402쪽.

12) 차종순, 「순천지방 최초 목사 임직자: 정태인 목사의 삶과 목회」, 『인문학술』 3, 순

울 이화여고에 다니다가 1923년 1월 8일 당시 보성고에 재학 중인 월파 서민호와 결혼을 하였는데, 서민호가 고흥 동강면 출신인데다가 아버지 서화일은 보성군을 비롯해 고흥 동강면, 남양면 등지에 많은 토지를 소유한 대지주였다. 목사 정태인의 혼맥은 기독교 선교에 큰 도움이 되었으리라 판단된다.[13]

옥하리교회는 신우구, 박용섭, 목치숙, 박무응, 신영욱이 중심인물이었다. 1918년 5월 19일 옥하리교회의 당회를 조직하였는데, 박용섭과 목치숙을 장로로 장립하였다. 신우구(1854~1927.8.10)는 鄕吏를 은퇴한 후 읍내 한약방을 운영하면서 많은 토지를 소유한 대지주로서 주로 경제적 후원을 담당하였다. 예를 들어 옥하리교회와 동정리교회의 건축비를 담당하고, 교인들의 식비와 여비도 충당하였다. 박용섭(1863.11.10~1946.3.28)도 옥하리교회의 서리집사를 담당하면서 경제적 후원에 힘썼다.[14] 목치숙(1885.2.23~1928.4.20)의 경우는 1905년경 순천노회 조사를 시작했기 때문에 목회자로 활동하면서 왕성한 선교활동을 전개하였다.

신평리교회는 한익수, 오석주가 중심인물이었다. 한익수(1862~?)는 금산면에 처음 복음을 전파한 인물로 신흥리교회 설립자였다. 한익수에 의해 오석주, 박수홍 등이 전도되어 선교활동을 전개한 것이다. 신평리교회는 원래 신흥리교회에서 태동하였으나, 신흥리교회가 선영홍이 배교를 한 이후 신평리교회가 중심이 되어 동정리교회와 오천리교회를 분립시켰다. 신평리교회는 2개의 교회를 분립시켰을 뿐이지만, 고흥 기독교의 중심 사역자였던 한익수, 오석주 등을 배출시킨 공헌을 하였다.

천대 인문학술원, 2019. 정태인 목사는 이후 구례읍교회, 제주노회에서 삼양교회, 모슬포교회, 고산교회를 거쳐 돌산교회에서 목회활동을 이어갔다.

13) 월파서민호추모사업회, 『월파 서민호회고록』, 누리기획, 2013, 26쪽.

14) 고흥읍교회, 『고흥읍교회 연혁』, 4~5쪽; 고흥읍교회, 『고흥읍내 옥하리교회 사기』, 1924.11.11.

주교교회는 1910년 무만리교회에서 분립하였으나, 고흥 북부지역의 선교 중심지였다. 주교교회는 정태인 목사가 처음 시무하였고, 이형숙 조사가 현지 목회자로 성장하였다.

마지막으로 1920년대 외국인 선교사와 활동한 한국 목회자의 교회목회를 관리교회 조사 이형숙의 사례를 통해 간략히 살펴보기로 하겠다.[15]

〈표 2〉 도양면 관리 1927년~1930년 당회록 내용(*참고자료 3 참조)

시기	당회장, 서기	세례	학습	특이사항
1927.6.24	조사 이형숙	조사 이형숙 시취		순천지방시찰위원 오석주, 신영욱 장로 참석
1927.11.6	선교사 구례인 조사 이형숙	김봉기, 채방엽	박형준, 김득봉, 신끝례, 고회심, 박춘택	20명 참석
1928.4.1	선교사 구례인 조사 이형숙	소아 김홍금	김종운	20명 참석
1928.10.14	선교사 구례인 조사 이형숙	떡과 포도주 성찬		35명 참석
1929.4.21	선교사 구례인 조사 이형숙	김모방, 김종운 소아 신준우, 김금업	박복동, 박덕동, 박이재, 김봉금, 박정애, 김윤조, 고광식,김명금, 신을진, 정태임	신종휴 서리집사 박오묵(칙벌)
1929.11.8	임시회장 김정복 조사 이형숙	신숙님, 박모방, 신소엽, 김이덕, 김덕애, 김정엽 소아 목원섭, 전명식	신수덕, 박모방	
1930.4.20	선교사 구례인 조사 이형숙	박이재, 고광식, 김윤조, 최찬원, 신을진, 김명금, 김동오, 김모선		장자근아, 신원례(칙벌) 박오묵 회계(해벌)

---

15) 관리교회,『관리교회당회록』, 1927년 以降.

위 표를 살펴보면 조사 이형숙은 선교사 구례인이 당회장으로 있었던 도양읍 관리교회에서 당회가 설립된 1927년 6월부터 1930년 4월까지 약 3년간 시무하였다. 당회를 조직할 당시 20명의 교인에 불과하였으나, 3년 뒤인 1930년에는 55~59명으로 교세가 확장되었다. 위 표에는 칙벌과 해벌이 있는데, 칙벌은 신자의 의무를 잃은 자에게 내렸다가 회계하면 해벌하였다.

III. 1920년대 고흥 기독교의 주도인물과 선교적 사회운동

1. 3·1운동과 기독교 인물의 성장

전국적으로 확산된 3·1운동은 고흥도 예외는 아니었다. 고흥은 천도교와 기독교계를 중심으로 전개되었다. 여기에서는 기독교계만 살펴보기로 하겠다.

결론적으로 고흥 기독교의 3·1운동은 모의단계에서 그치고 말았다. 하지만 이 과정에서 목치숙, 오석주, 한익수가 피검되고 목치숙과 오석주는 각 징역 6개월, 한익수는 징역 4월에 집행유예 2년을 선고받았다. 목치숙 등의 판결문에 따르면 3·1운동의 모의는 대략 다음과 같다.

○ 목치숙, 오석주 서울에서 "조선은 아직 독립을 하지 못했지만 현재 유럽의 강화회의에서 민족자결이라는 문제가 제의되고 따라서 우리 조선도 독립을 할 수 있을 것이다"는 이야기를 듣고 선언서 1장을 습득해 귀향.

○ 4월 4일 오석주는 남양면 신흥리 이형숙집에서 이형숙, 손재곤, 최세진, 조병학, 이석완을 만나 만세운동 모의와 구한

국 국기 40개 제작 결의.

○ 4월 7일 오석주와 목치숙은 고흥읍 이송오집에서 만나 목치숙은 구한국 국기 80개, 선언서 100장 제작과 고흥읍, 동강면 유둔의 신자 권유하기로 하고, 4월 14일을 거사일로 정함.

○ 4월 7일 목치숙 고흥읍의 정환태, 신성휴, 박기욱의 동의를 구함.

○ 4월 8일 오석주는 금산면의 한익수, 황보익, 황재연 등과 조선고흥독립단 명의의 선언서 5장 제작.

○ 만세 모의일인 4월 14일 우천으로 취소, 선언서 고흥군수, 순천법원지청, 순천헌병분대 감독 보조원에게 익명으로 발송, 체포.16)

위의 내용의 구한국 국기와 선언서 제작 규모를 살펴보아도 고흥에서 3·1운동에 동원하려고 하였던 기독교인들은 대략 90명에서 120명으로 파악할 수 있다. 동원하려는 기독교인들은 동강면의 유둔리교회, 남양면 주교교회, 고흥읍의 옥하리교회, 금산면 신평리교회로 파악된다.

그러면 위의 내용을 토대로 당시 판결문에 기록된 이들을 제시하면 다음과 같다.

〈표 3〉에 나타난 기독교 인물은 총 15명으로 3·1운동 전후 행적을 살펴보기로 하겠다. 또한 3·1운동 이후 1921년 8월에 조직된 고흥기독교청년회의 임원도 함께 살펴보도록 하겠다. 3·1운동과 함께 고흥기독교청년회의 조직은 1920년대 기독교계의 주도 인물로 성장하는 계기가 되

---

16) 「목치숙 광주지방법원 판결문」, 1919.6.13(독립운동관련 판결문의 번역본 참조)을 대략 재구성하였다.

<표 3> 판결문에 나타난 3·1운동 기독교계 모의 인물

연번	출신지역	성명	역할	비고
1	고흥읍	목치숙(睦致淑)	주도	징역 6개월
2	금산면	오석주(吳錫柱)	주도	징역 6개월
3	금산면	한익수(韓翊洙)	선언서작성, 배포	징역4월 집유2년
4	남양면	이형숙(李亨淑)	신도 권유	
5		손재곤(孫在坤)	신도 권유	
6		조병학(曺秉鶴)	신도 권유	
7		이석완(李錫琬)	신도 권유	
8		최세진(崔世診)	신도 권유	
9	고흥읍	이송호(李宋浩)	신도 권유	
10		정환태(丁歡泰)	신도 권유	
11		신성휴(申聖休)	신도 권유	
12		박기욱(朴基煜)	신도 권유	
13	금산면	황보익(黃保翊)	신도 권유	
14		황재연(黃在淵)	신도 권유	
15	고흥읍	김용태(金鏞泰)	고종 봉도식 주도	

었을 뿐만 아니라 사회운동과 선교활동을 결합한 기독교 주도인물의 활동양상을 볼 수 있기 때문이다.

〈표 3〉과 〈표 4〉를 살펴보면 1920년대 고흥의 기독교를 이끈 주도 인물들이 나타난다. 고흥에서 기독교 중심의 3·1운동 모의가 있었고, 복역 후 이들은 1920년 8월 25일 고흥기독교청년회를 조직하였다.[17] 1922년에는 기독교청년회를 기독면려청년회로 개칭하고 당면 사업으로 "교육장려"를 확정하고 야학회를 조직하였다.

야학조직이 확산된 시점은 1923년 기독청년면려회의 물산장려운동이 기폭제가 되었다.[18] 이때 청년회는 조선의복을 필히 착용하고, 토산을 이용하며 금연을 실행하기로 결의하였다. 동시에 금연한 비용을 야학에

---

17) 「고흥기독청년회」, 『동아일보』, 1920.9.19.
18) 「기독청년물산장려」, 『동아일보』, 1923.3.4.

1920년대 고흥 기독교의 확산과 주도인물 211

직책	1920년 기독교청년회	1924년 기독면려청년회
	성명	성명
회장	목치숙	오석주
부회장	신영욱	박형순
총무	신성휴	
고문	박무응	정태인, 신영욱, 신상휴
덕육부장	류천석	
지육부장	김상규	
체육부장	박형순	
서기		김상두, 신희우
회계		김상두
심방위원장		오석주
전도위원장		김상두
임사위원장		신상휴

사용하기로 하였다. 과역면 송천리기독청년면려회는 사숙경영을 위해 금연 비용을 모아 충당하였고, 이러한 경향은 고흥 각지에서 나타났다.

이로써 고흥읍의 경우, 기독교청년회 주최 남녀야학회를 비롯해 사립 광명학원, 고흥사립유치원에 기독교인들이 직접적으로 개입하여 기독 교의 확산을 유도하였다. 포두면의 길두교회도 초대 교역자 유천석이 길두리사숙을 운영하며 70여 명을 교육하였다. 동강면 기독청년회에서 도 야학을 운영하였고, 금산면 동정리야학, 도양면 관리야학, 풍양면 천 등리야학, 과역 송천교회의 송천사숙 등이 기독교 인사를 중심으로 조 직될 수 있었다.[19] 1920년 후반에는 순천노회의 적극적 지원으로 야학 회가 조직되는데, 포두면 남성교회는 1928년 4월 1일 순천노회의 보조를 받아 남성사숙학교를 설립하였다.[20]

---

19) 「유천석씨 미거」, 『동아일보』, 1921.8.1; 「고흥남녀노동야학」, 『동아일보』, 1923.11. 16; 「고흥노농야학회」, 『동아일보』, 1925.12.13.

한편 주도인물들은 고흥청년회, 지방청년회를 비롯해 민립대학 설립 운동, 보통학교 학년연장운동과 보통학교 설립운동 등에도 적극적으로 참여하여 선교적 사회운동을 전개하였다.

2. 주도인물의 내력과 활동

1) 목치숙(1885.2.23~1928.4.20)과 교육선교

사천목씨로 족보상 홍석(宏錫)이고, 字가 치숙이다. 조부는 목창중, 부는 목인범으로 모는 고령신씨(부 고령신재헌)으로 조부와 부가 모두 향리를 담당한 향리가문에서 태어났다. 부인은 고령신씨 신애은으로 슬하에 3남 1녀를 두었다.[21] 1905년 4월 선교사 오기원이 고흥에서 첫 예배를 드릴 때 참석한 1세대 기독교인이다.

1918년 5월 19일에 옥하리교회의 당회를 조직하는데, 신립장로는 박용섭, 목치숙 두 사람이 되었고, 당회를 병립한 후 즉시 정태인씨로 조사의 직을 담임케하였고, 1919년부터는 목치숙씨가 조사로 시무하였다.[22] 유둔리교회(현 동강제일교회)가 1917년 동강면 대강리 두산 510번지에 초가 6간을 매입하고 예배당을 마련하고 조사 목치숙이 교역자로 부임하였다.[23] 하지만 목치숙이 유둔리교회에서 교역자로 있었을 때는 1920년대 초로 추정된다. 목치숙은 1922년 동강청년회 총무를 맡았는데, 1922년을 전후로 동강면 유둔리교회로 온 것으로 볼 수 있다.

---

20) 김윤석, 『남성사』, 1963, 73쪽.
21) 장자는 동요작가이자 교사였던 목일신, 2자 목원태는 공무원, 3자 목원상은 의사가 되었다.
22) 고흥읍교회, 『고흥읍내 옥하리교회 사기』, 1924.11.11.
23) 김우현, 『나의 일생을 회고해 본다』, 신도인쇄, 2020, 73쪽(김우현 목사는 1987년 7월 31일에 동강제일교회에 부임하여 최근까지 담임목사를 담당하다가 회고록을 출간하였다)과 참고자료 1을 참조바란다.

목치숙은 1919년 3 · 1운동에서 6월 피검되어 징역 6개월을 언도받고 12월 풀려났다. 곧바로 1921년 8월 25일 오후 2시에 고흥기독교청년회를 조직하는데, 당시 임원이 1920년대 고흥 기독교의 주도인물로 성장하게 된다. 목치숙은 초대 회장에 선출된다. 1922년에 목회활동을 위해 유둔리교회로 사역지를 옮기고 9월 14일에는 동강청년회를 조직하는데 주도적 역할을 하며 총무를 역임하였다.[24] 그는 특히 선교활동을 하면서 교육사업에 관심이 많아 동강면 유둔리기독청년회도 조직하고는 정태인과 사돈이 되는 서화일의 도움을 받아 동강기독사숙과 유치원을 개원해 운영하였다. 이후 1924년 전까지 고흥군의 천등리교회, 남열리교회, 발포교회, 관리교회 등을 선교활동을 전개하여 교회설립과 기독교의 전파에 힘썼다.

1924년 7월 보성 동막 세제와 구례 화계에 파송되었다가 보성읍교회로 옮겼는데, 여기에서도 조성교회의 신명유치원 설립을 박남수와 함께 주도하였다.[25]

하지만 3 · 1운동 때 피검된 후 고문을 당했는데, 그 후유증에 시달리던 중 선교사 구례인의 주선으로 순천 안력산병원에 투병하다가 4월 20일 운명하였다. 1992년 독립유공이 인정되어 건국훈장 애족장이 추서되었고, 1995년 대전 국립묘지에 안장되었다.

2) 오석주(1888.12.11~1952.6.1)의 사회운동과 제헌의원

동복오씨이며 금산면 명천출신이나 가족에 대한 것은 별로 남아 있는 것이 없다. 다만 오석주의 여동생 오성덕이 수피아여고 졸업 후 황보익과 결혼한 것과 명천의 지주집안이라는 것 정도가 알려져 있다. 오석주

---

24) 「동강지방청년회」, 『동아일보』, 1922.10.6.
25) 「서화일씨 성의」, 『조선일보』, 1924.12.2; 「신명유치원신설」, 『조선일보』, 1925.6.17.

의 『판결록』에도 금산면 근검조합장으로 되어 있어 상당한 재력을 소유하고 있었음을 확인할 수 있다. 당대 지주였기 때문에 소작을 주어도 기독교인에게만 주어 선교에 도움을 받았다고 한다.[26]

오석주의 신앙생활은 1907년 신흥리교회에서 출발하였다. 이때 오석주와 박수홍 등이 예배를 드리다가 신평리교회를 설립하였다. 신평리교회에서 1909년 동정리교회, 1913년 3월 오천교회가 분리되는데, 오석주의 역할이 다대하였다. 특히 동정리교회가 분립하는데 옥하리교회의 박용섭과 신우구의 건축비 부담이 있었는데, 오석주가 역할을 했던 것으로 보인다.

1919년 3·1운동에서 목치숙, 한익수와 함께 피검되어 6개월의 징역형을 언도받고 복역하였다. 복역 후 1920년 신평리교회에서 장로로 장립되었고, 1921년에는 선교사 구례인의 조사로 활동하며 동정리교회에서 시무하였다. 1924년 2월 순천노회의 목사로 임직 후 전도목사로 임명되고 금산면 신평교회의 치리목사도 겸하였다. 1927년 11월 고흥읍교회와 금산면 신평교회, 1934년 1월 고흥 금산면 신평, 오천, 관지 등 4개교회를 시무하였다.

오석주는 지역운동에도 매진하였다. 1922년부터는 고흥읍에서 고흥기독교청년회에서 활동하고 1923년 2월부터는 고흥기독교청년회 회장을 맡아 물산장려운동을 전개하고 민립대학후원회도 조직하였다.[27] 그는 1924년 7월 30일 금산면 공립보통학교설립준비회를 조직하고, 1925년에는 고흥 해태조합총대회에서 감사로 선출되었고, 그해 4월 20일부터 1929년까지 동아일보 고흥지국장을 맡는 등 사회·언론활동으로 선교영역을 넓혀갔다.[28] 한결같은 종교적 신념은 1938년 2월 2일 선역 25주년

---

26) 오천교회, 『오천교회 백년사』, 복음문화사, 2013년, 135쪽.

27) 「청년회 소인극활동」, 『동아일보』, 1922.9.9; 「기독청년 물산장려」, 『동아일보』, 1923.
   3.4; 「당진인사의 열성」, 『조선일보』, 1923.1.27.

기념식이 순천읍내 중앙예배당에서 진행됨으로 표현되었지만, 1938년 2월부터 금산면 오천교회, 1940년 4월 녹동교회, 관리중앙교회에서 신사참배거부 설교를 진행함으로 피체되어 1년 6개월의 징역형을 언도받고 복역하였다.

광복 후에는 신사참배로 인해 분열된 기독교계를 추스르기 위해 1947년 11월 26일 고흥읍예배당에서 26개 교회대표를 소집해 "고흥기독교도연맹"을 조직하고 회장으로 취임하였고, 이 시기 경향신문 지국장도 맡아 활동하였다.[29] "고흥기독교도연맹"의 조직은 오석주의 향후 행보에 지대한 영향을 미치게 되었다. 1948년 5월 10일 치러진 제헌국회의원 선거에서 고흥갑으로 선출된 것이다. 특정정당을 가지지 않았던 오석주의 선출은 일제강점기 민족운동과 사회헌신, 종교적 신념 등 개인적 노력의 산물이자, 고흥 기독교계 단결력의 결과로 볼 수 있을 것이다.

제헌국회의원 시절에는 1948년 10월에 여순사건이 발생하고, 1949년까지 이어지는 고흥의 시국에서 민간인의 희생을 막기 위해 고군분투하였다. 그는 1949년 4월 국회에 보고한 사실에는 "양민들이 군경과 반군의 가운데에서 피해가 커져가고 있으며, 공과금과 기부금 등을 제공해야 하는 현실은 양민들에게 이중고"라며 대책을 촉구하였다.[30]

3) 집강출신 기독교 지도자 한익수

그는 집강출신으로 집강은 각 면의 행정사무를 보던 면임 중 하나였다. 금산면 신흥리교회는 1907년에 설립되었고, 그 중심에는 한익수가 있었다. 그는 선영홍과 경성을 방문했을 때 기독교를 접하고 많은 쪽복

---

28) 「금산면에 문성내조」, 『조선일보』, 1924.8.29; 「사고」, 『동아일보』, 1925.4.20; 「해태조합총대회」, 『동아일보』, 1925.7.10.

29) 「기독교도연맹조직」, 『경향신문』, 1947.12.9.

30) 「고흥 시찰한 오의원 보고 주민의 곤란막심」, 『경향신문』, 1949.4.19.

음책을 가지고 금산면으로 돌아와 배포하며 선교활동을 전개하였다. 오천리로 이사한 후 신평리교회 교인과 함께 황재현, 황도연, 신선해, 신성도 등을 인도하여 오천교회를 세웠다. 한익수가 언제 장립되었는지는 확인할 수 없으나, 1921년 12월 보성청년회 강연회에서 선교사 고라복과 함께 장로 한익수가 소개된 점으로 볼 때 1919년 3·1운동 후 체포되고 풀려난 후 1920년경 장립되었던 것으로 보인다.[31] 1925년 순천노회(제5회)에서 총회 장로총대로 선출되고, 1926년 순천노회(제9회)에서 노회장으로 선출되었다. 1928년에는 순천 교촌교회의 장로로 활동하다가 보성의 새치교회, 천치교회에서 사역하였다.[32]

순천노회에서 고흥·보성 시찰부장으로 활동하다가 1930년 6월 노회(제13회)에서 고흥 과역, 화덕, 도천, 주교 등 4교회가 한익수 조사를 청빙한 일을 허락하여 사역하도록 하였다.[33] 이어서 1931년 6월 6일에는 신금리교회, 내발리교회, 남성리교회의 연합시무를 담당하였다.

한익수의 고흥에서 활동은 고흥의 교회에서 요구한 것으로 순천노회에 요청하여 승인된 것이었다. 남성교회에 청빙 자료가 있어 제시하겠다.[34]

---

31) 「보성청년회 강연회」, 『동아일보』, 1921.12.22.

32) 대한예수교장로회 순서노회, 『순서노회30년사』, 2011, 76쪽.

33) 선교사 구례인은 당시 과역면의 부흥에 대해 "가장 고무적인 새로운 모임들이 과역을 중심으로 세워져 가고 있는데, 이곳에서는 3명의 초등학교 교사들과 금융조합 직원들이 열정적으로 교회를 세우고 새로운 건물을 짓고, 오르간을 사들이고, 유치원을 시작하고, 조사의 급여 1/3을 담당함으로 한익수 장로는 옛 평촌교회에서 새로운 목사님의 구역으로 옮겨왔다. 이 선생들 가운데 한 사람은 오늘날 젊은이로서 학식이 있고 생각이 있는 사람이라면 부지런히 성경을 읽지 않는 사람이 없을 정도이다라고 하였다"라고 보고하였다(대한예수교장로회 순서노회, 『순서노회30년사』, 2011, 78쪽).

34) 〈참고자료 2〉.

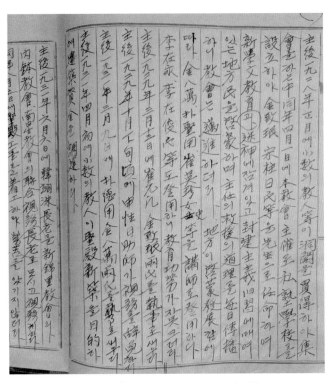

남성교회, 『남성교회연혁사』, 1922년 以降

4) 조사 이형숙과 관리교회

이형숙은 본관이 전주로 남양면 신흥리 979번지에서 부 이동기와 김씨 사이에 태어났다. 그의 「제적부」에는 부인 서종운이 낙안 평촌리 출신으로 나와 있는데, 무만동교회와 연관성을 유추할 수 있는 대목이다. 이형숙이 처음 소개된 시점은 1919년 3·1운동 때였다. 4월 목치숙과 남양면 자신의 집에서 주교교회 신도들과 만세운동을 모의한 것이 그것이다. 그는 만세운동으로 처벌은 받지 않았지만, 이때에 벌써 기독교계의 지도자로 인식되었다.

1920년 2월 화덕교회(前 대덕리교회) 초대 교역자로 부임하였다. 1924년에는 고흥지방순회전도대에서 목사 이기풍, 김상두와 함께 활동하였다. 1927년부터 1930년까지 관리교회 조사로 활동하였는데, 제적부를 살펴보면 1925년부터 도양읍 관리로 주소 이전을 하고 관리에 있었던 공립보통학교 학년연장운동에도 관여하는 등 선교활동을 위해 교육사업과 지역사회운동에도 힘썼다.[35] 그는 1927년 6월 24일 관리교회 당회가 조직되었을 때 오석주 목사와 신영욱 장로의 문답에 이어 장로에 장립되었다. 하지만 주교교회의 기록에는 1931년 5월 6일 장로로 장립되었다고 나온다.[36] 이후 유둔리교회에서 사역한 기록이 동강제일교회에 남아 있다.

5) 신영욱(1885~1956)

고흥읍 봉황정에 게시된 사진

신영욱은 1920년대 고흥 기독교계에서 활동한 인물이다. 그는 고령신씨로 부 신진태와 모 밀양박씨사이에서 장자로 태어났다. 집안은 대대로 향리를 수행한 이족(吏族)가문이었고, 박용섭이 외사촌이었다.[37]

1921년 고흥기독교청년회가 창립되고 부회장을 역임하며 야학회였던 사립광명학원에서 교사를 하였다.[38] 그는 고흥청년회에서도 평의원으로 활동

---

35) 「학년연장운동」, 『동아일보』, 1925.12.13.
36) 화덕교회, 『화덕교회창립 100주년 및 임직은퇴감사예배집』, 2019; 남성교회, 『남성교회연혁사』, 1922년 이강; 주교교회, 「주교교회약사」, 2007.
37) 고령신씨시중공파화수회, 『고령신씨세보(시중공파)』, 1994, 375쪽.
38) 「고흥청년회야학회」, 『동아일보』, 1921.7.20.

하면서 청년회에서 운영하던 고흥사립유치원에서도 줄곧 간부로 활동하는 등 교육선교에 힘썼다.

그가 언제 장립되었는지는 알 수 없지만, 1927년 6월 24일 도양읍 관리교회 당회가 조직되었을 때 순천노회 시찰위원 장로로 참가하였다.[39]

1927년에 "10년을 하루같이 순실이 신앙한 인물로 박무응, 신우구, 목치숙, 신영욱"으로 언급될 정도로 기독교계의 중심인물로 자리하였다.[40] 그는 말년에 고흥읍 사정의 4대 사두로 활동하였다.

6) 그 밖의 주도 인물들

신우구(1854~1927)는 1905년 4월 선교사 오기원과 예배를 드렸던 최초의 신자로 당시 향리를 은퇴하고 고흥읍에서 한약방을 운영하였다. 그는 기독교가 수용된 초기부터 경제적 지원을 담당하였다. 그는 마음먹고 전도인들의 식비와 여비를 자담하고 청하여 전도하게 하며 예배당 신축에 대하여 부족금을 담당하였다. 그의 아들 신상휴는 고흥기독교청년회 고문과 임사위원장을 맡아 기독교에 투신한 인물이다.

박무응(1853~?)은 밀양박씨로 고흥 옥하리교회의 신자로 선교사 오기원과 신우구 한약방에서 예배를 드렸던 인물이다. 옥하리교회에서 서리집사가 되었고, 아들 박형순은 사립광명학원을 운영하였고, 딸 박성순은 광주 수피아 재학시 3·1운동에 가담하여 4개월간 투옥된 뒤 고향에 내려와 야학회 강사를 담당하였다. 이밖에 족제 박지순, 박만순 등이 기독교에 투신하였다.

박용섭(1863~1946)은 고흥 옥하리교회의 신자로 선교사 오기원과 신우구 한약방에서 예배를 드렸던 인물이다. 그는 옥하리교회에서 서리집

---

39) 〈참고자료 3〉.
40) 「순회탐방222 물산은 풍부하나 교육이 유치」, 『동아일보』, 1927.2.9.

사가 된 후, 옥하리교회와 동정리교회의 예배당 건축에 목재를 공급하는 등 경제적 후원을 아끼지 않았다. 3·1운동 모의과정에서 고흥읍에서 모의에 참여한 박기욱(1883~1943)은 그의 장자이고 3자 박기필, 4자 박기응 등이 기독교에 투신하였다. 1918년 5월 19일 옥하리교회 당회가 조직될 때 장로에 장립되었다.[41]

김용태(1864~1949)는 김해김씨로 고흥읍에서 태어났고 통신원 주사, 돌산군수를 역임한 관료였다. 1919년 고종황제 봉도식을 주도하였고, 그의 3子 김상두(1897~1965)로 고흥기독교청년회 회계, 서기, 전도위원장을 역임하고 1930년 5월 순천노회 목사로 임직되고 6월 벌교리교회, 1933년 12월 구례읍교회 등에서 사역하였다. 김상두의 장자 김수현은 옥하리교회 설립에 참여한 이정권(전주이씨)의 딸과 혼인하였다.

황보익(1895~1953)은 금산면 오천출신으로 매칼리 선교사의 전도로 예수를 믿고 영흥학교를 졸업하였다. 1924년 순천노회(제4회)에서 목치숙, 정영호, 정기진 등과 신학생 취교자로 신학교를 입학하여 1927년 보성읍교회를 시무하였다. 1931년 5월 13일 목사로 안수받고 1933년 순천노회(제17회) 부회장이 되었다. 1948년 노회장으로 선출되었다가 1945년 9월 보성읍교회에 부임하여 사역하였다.

이밖에 박창규는 도양면의 서기를 하다가 관리교회의 최초 교인을 거쳐 교역자가 된 인물이고, 선춘근은 금산면 출신으로 금산면 서기를 거쳐 소록도 자혜의원에 근무하다가 교역자가 된 인물이다. 3·1운동 당시 고흥읍에서 모의에 참가한 정환태는 향리출신 지식인이었으나, 이후 행적에 대해서는 알려지지 않았다.[42] 길두교회의 초대 교역자였던 유천석도 빠질 수 없는 주도인물이었다.

---

41) 박년호, 『밀양박씨은산군파송암공세보』, 1989, 83쪽.
42) 정래성, 『영성정씨불우헌공파세보』 2, 1979, 506쪽.

이상과 같이 1920년대 기독교의 확산과 교세 확장을 주도한 인물들에 대해 살펴보았다. 앞서 언급한 주도적 인물들은 기독교 선교활동 방식에 있어 지역과 연계된 사회운동을 비롯해 야학운동을 접목한 것을 특징으로 제시할 수 있을 것이다.

IV. 맺음말

고흥군 기독교는 1894년 선교사 레이놀즈가 기독교를 소개한지 11년이 지난 후 1905년 4월 선교사 오기원과 고흥읍 신자 6명이 예배를 드림으로 시작되었다. 1906년 9월 선교사가 중요한 역할을 한 옥하리교회 설립과 금산면 현지인이 중심이 되어 1907년 신흥리교회의 설립, 벌교 무만리교회의 영향으로 설립된 1910년 주교교회의 설립은 명실상부한 기독교 교세 확장의 계기가 되었다. 이로써 3개의 교회를 모태로 1910년 7개, 1920년대 15개 등 25개의 교회가 설립되게 되었다.

기독교의 교세 확장은 1919년 3월 기독교 중심의 만세운동을 전개할 수 있었고 1921년 고흥기독교청년회를 창립함으로써 기독교 주도인물이 수면 위로 나타나게 되었다. 목치숙, 오석주, 한익수, 이형숙, 신영욱, 황보익, 김용태, 김상두, 박무응, 박용섭, 정환태, 유천석 등이 그들이다. 이들 중 오석주, 김상두는 목사 임직을 맡아 활동하였고, 다른 인물들은 장로, 전도사, 조사의 직분으로 고흥의 선교활동에 진력하였다. 또한 이들은 고흥에 기독교 인맥을 형성함으로써 기독교 확산에 크게 기여하였다.

고흥의 선교활동은 외국인 선교사와 동행하여 "고흥지방순회전도대"나 기독교청년회 중심의 "심방위원회, 전도위원회, 임사위원회"를 중심으로 진행되었다. 교회가 설립된 곳은 고흥읍 옥하리교회의 광명학원, 오천교회의 영천학원을 비롯해 야학회를 조직하여 선교에 일조하였다.

선교활동의 결과, 기존 고흥읍과 금산면, 남양면에 국한되어 있던 교회들이 도양읍, 포두면, 과역면 등 새로운 기독교 중심지가 형성될 수 있었다.

1920년대 기독교 확산의 주도인물들은 한결같은 종교적 신념을 가지고 1940년대 신사참배 거부운동에도 주도적으로 나서며 고흥 기독교계의 단결을 촉구하였고, 해방정국과 정부수립 과정에서 오석주 목사를 제헌국회의원에 당선시키는 등 주도적 역할을 담당할 수 있었다.

마지막으로 논문을 준비하면서 고흥의 곳곳을 돌아보며 고흥 기독교 발전에 공헌한 주도인물에 대한 선양사업이 전무함을 알게 되었다. 민족적 각성과 종교적 신념을 일치시키고, 자신뿐 아니라 집안 구성원이 모두 기독교에 투신하여 경제적 후원을 아끼지 않았던 주도인물들에 대한 선양사업이 조속히 실행되었으면 하는 바람이다. 이로 인해 고흥의 초기 기독교인의 헌신과 종교적 신념이 현재 다시 부활하기를 기대해본다.

〈참고문헌〉

『동아일보』, 『조선일보』, 『경향신문』, 『대한매일신보』
「목치숙 광주지방법원 판결문」, 1919.6.13(독립운동관련 판결문의 번역본 참조)

고령신씨시중공파화수회, 『고령신씨세보(시중공파)』, 1994.

고흥군사편찬위원회, 『고흥군사』, 2000.

고흥읍교회, 『고흥읍교회연혁』.

고흥읍교회, 『고흥읍내 옥하리교회사기후록』, 1924.11.11.

관리교회, 『관리교회당회록』, 1927 以降.

김우현, 『나의 일생을 회고해 본다』, 신도인쇄, 2020.

김윤석, 『남성사』, 1963.

남성교회, 『남성교회연혁사』, 1922 以降.

대한예수교장로회 순서노회, 『순서노회30년사』, 2011.

도천교회, 『도천교회연혁지』, 미상.

동강제일교회, 「대한예수교장로회 고흥군동강면유둔교회 역사」.

동아경제시보사, 『朝鮮銀行會社組合要錄』, 1927년판.

박년호, 『밀양박씨은산군파송암공세보』, 1989.

오천교회, 『오천교회 백년사』, 복음문화사, 2013.

월파서민호추모사업회, 『월파 서민호회고록』, 누리기획, 2013.

정래성, 『영성정씨불우헌공파세보』 2, 1979.

조선예수교장로회총회, 『조선예수교장로회사기』 상, 1928.

주교교회, 「주교교회약사」, 2007.

화덕교회, 『화덕교회창립 100주년 및 임직은퇴감사예배집』, 2019.

송현강, 「남장로교 선교사클레멘트 오웬(Clement C. Owen)의 전남 선교」, 『남
　　　도문화연구』 29, 순천대 남도문화연구소, 2015.

송호철, 「근대 고흥 기독교의 수용과 활동」, 『인문학술』 4, 순천대 인문학술원,
　　　2020.

차종순, 「순천지방 최초 목사 임직자: 정태인 목사의 삶과 목회」, 『인문학술』 3, 순천대 인문학술원, 2019.

〈참고자료 1〉 동강제일교회, 「대한예수교장로회 고흥군동강면유둔교회 역사」

☞ 기록연대는 미상이나, 작성자는 유둔교회 당회장인 정봉룡으로 추정되며 현재 동
강제일교회에 전시되어 있다.

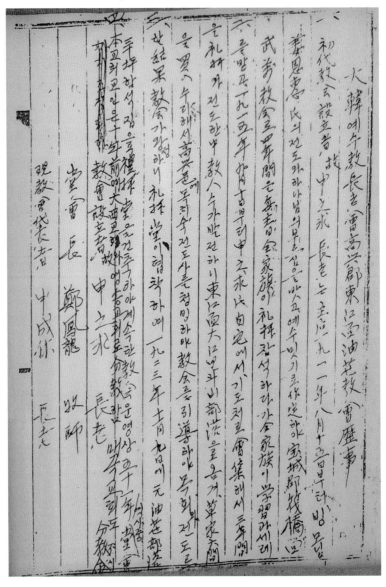

〈참고자료 2〉 남성교회, 『남성교회당회록』, 1931년 이강
☞ 남성교회에는 연혁지와 당회록이 남아 있는데, 위에는 1922년 10월 15일 설립되었음을 기록하였고, 아래자료는 한익수 장로를 청빙하던 당회록 자료이다.

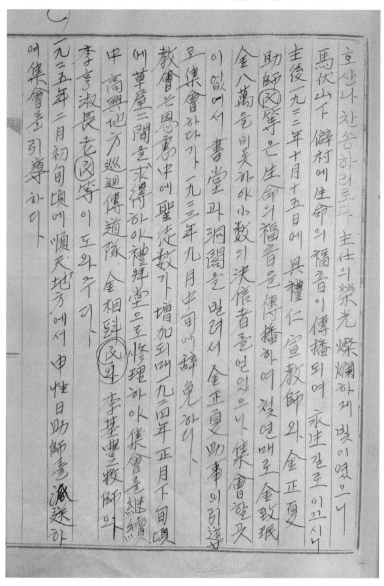

一千九百三十一年 ?月 ?日에 老會에서 本 敎會에 韓翊洙 長老 이

老를 南里敎會 視務長老로 許諾하여 보내린 請願한 結果

承諾을 맡으니라 一九月 ?日 본 敎會 金正福牧師가 宣春根長老의 來

陸하야 韓翊洙氏로 本敎會 長老 委任式을 擧行하는 中에 金

正福牧師가 맛当이 十四며 責任을 짓하는 問答로 講

道하고 正春老가 敎會 對하야 맛當한 問答하고 長老에게 勧勉하고 宣

春根長老는 敎會 對하야 勧勉하고 韓翊洙長老는 南里

美會長老가 今市로 金正福牧師가 하야 畢会 ???

하고 榮華시 이로 禮拜하고 順序로 進行한後에 金正福牧

師 祝福으로 閉會하다

<참고자료 3〉 관리교회, 『도양면 관리교회 당회록』, 1927년 以降

☞ 1927년 6월 24일 조직된 관리교회 당회록으로 위에는 당회조직 당시 예배와 장
   립식을, 아래는 1927년 11월 6일 관리교회 당회록으로 회장 구례인, 서기 이형숙
   이 작성하였다.

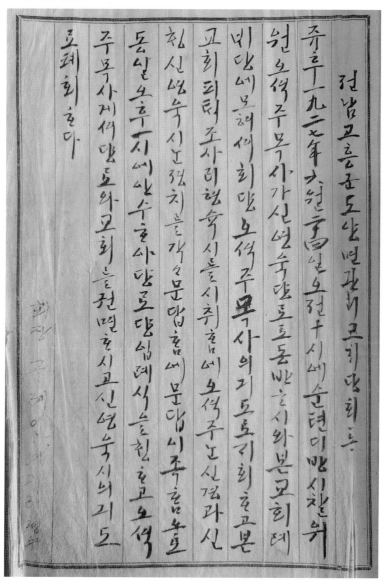

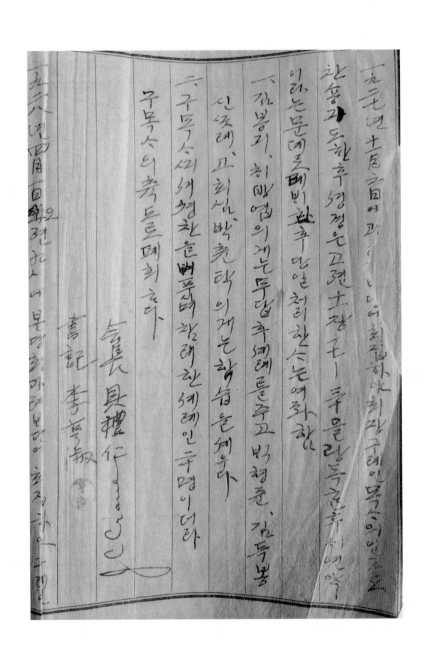

一九二七년 十二月二日에 고 ⋯⋯ 회집하야 회장 구례인 목사의 인도하

찬송과 도한 후 서경은 고련 十二정 二十⋯ 을 랑독한후 ⋯⋯

이러는 문데로 폐회한후 당일 처리 한소는 여좌함

一, 감봉리, 희망엽의 게는 무담후 세례를주고 박청준, 김두봉

신도레, 고 회신 박춘택의게는 학습을 세우다

二, 구목수서 시 여경찬은 뼈⋯⋯례한 례인 후명이더라

구목수의 축도로 폐회하다

書記 洪○○

會長 具禮仁 J.C.Crane

[一九二八년 四月 百⋯ ⋯]

일제 신사참배 강요와 양용근 목사의 순교사에 관한 고찰*

양향모

I. 들어가면서

양용근 목사는 을사늑약이 체결되던 1905년에 전남 광양에서 태어나서 이른바 "순천노회 교역자 수난사건"으로 일경에 체포되어 재판을 받고 광주형무소에 수감 중 모진 고문으로 인해 일본 패망 두 해 전인 1943년 12월에 순교한 목사이다. 신사참배거부는 물론 감옥에서 동방요배까지 거부하다가 순교한 목사이지만 오랜 세월이 지나는 동안 사람들의 무관심 속에서 잊혀가는 그의 삶을 추적 발굴하여 교회 앞에 내어놓는 일은 뜻깊은 일이라고 생각한다.

일제 강점기 수많은 성도들이 붙잡혀 재판을 받고 형무소에서 수감생활을 했으나 옥중에서 순교한 목사는 많지 않다. 주기철 목사에 대해서

---

* 순천대 인문학술원에서 발간하는 학술지 『인문학술』 2(2019.5)에 실린 「일제 신사참배 강요와 양용근 목사의 순교사에 관한 고찰」을 수정, 보완한 글이다.

는 널리 알려져 있으나 그 이외의 순교자들에 대해서는 여전히 잘 알려지지 않은 정황이다. 양용근 목사도 그 중에 한 사람이다. 순교자의 명단에 그의 이름은 포함되어 있으나 그의 삶에 대해서는 한국 교회사에서도 알려져 있지 않았다. 그 이유는 후손들의 무관심과 역사가들의 무관심 때문이기도 하지만 짧은 목회 활동으로 인해서 사람들에게 잘 알려지지 않았고 그에 관한 자료가 전쟁으로 인해 대부분 소실되고 없어졌기 때문이다. 그런 점에서 그에 대한 연구는 가치 있는 일이라고 생각한다.

다행스럽게도 양용근 목사를 기억하고 그에 대한 연구들이 시작되었는데 양용근 목사에 대한 가장 의미 있는 첫 기록은 양용근 목사의 부인인 유현덕 사모(1905.6.5~1996.9.29)의 증언을 기록한 양용근 목사의 평전『섬진강』1)이다. 저자 진병도는2) 10여 년이 넘는 세월동안 양용근 목사 사모의 증언을 토대로 전국을 돌면서 당시 생존해 있던 사람들의 증언을 종합하여 평전을 출간했다.

필자는 양용근 목사의 종손으로 그를 전도하여 목사로 키운 맏형 양용이의 장손으로 목사가 되어 교회사를 전공하여 "일제 신사참배 강요와 양용근 목사의 순교사에 관한 고찰"이라는 제목으로 칼빈대학교에서 철학박사 학위를 취득하였다. 평전인『섬진강』을 위시하여 집안 어른들의 증언과 판결문 졸업장 호적등본 당회록 등의 여러 기록들과 당시 교회역사를 통하여 그에 관한 역사들을 연구하여 그의 일생을 알리게 되었다.

---

1) 진병도,『순교자 양용근 목사 평전 섬진강』, 쿰란출판사, 2010.
2) 진병도는 한국 문인협회 회원이며 한국 문학비평가협회와 한국기독교문화비평가협회 회원으로 종암중앙교회 원로장로이며 개신대학원대학교 이사장을 역임하였다.

II. 양용근(梁龍根) 목사의 출생과 신앙입문

1. 출생

양용근은 1905년 10월 14일(호적 1905년 3월 14일) 전남 광양군 진월면 오사리 694번지에서 부친 양재훈(梁宰勛)과 모친 정정랑(鄭丁浪)의 5남 1녀 중 4남으로 태어났다. 호적에 기록된 본명은 양용환(梁用桓)이었으나 양용근(梁龍根, 일본대, 평양신학교 졸업장의 이름), 양복근(梁馥根), 양천정일(梁川正一, 광주지방법원 판결문 개재된 이름) 등으로 이름을 바꾸어서 사용하였다. 현재도 호적명은 양용환으로 독립유공자(애국지사)에 등록되어 있으며 교계에서는 그의 신학교 졸업장의 이름과 목사 안수시의 이름을 따라 '양용근'으로 칭하고 있다.3)

2. 신앙입문

양용근의 신앙입문은 그의 맏형인 양용이(梁用伊, 1895.10.23~1942.4.26)의 전도에 의한 것으로 보인다. 양용이는 동생 용근보다 열 살 위였고, 씨족 부락을 이루고 있던 고향 전남 광양군 진월면 오사리 마을 전체를 관할하는 보수적인 가문의 전통에 투철한 집안이자 유복한 재산가였던 집안의 종손의 신분으로 태어났다. 조상제례문화를 따르는 유교적 전통을 가진 집안에 제사를 책임지는 종손이었다. 그러나 일찍 외지를 출입하면서 미국 선교사들이 세운 순천의 매산학교에서 수학하였다.

학교에서 복음을 듣고 기독교 신자가 되어서 고향인 오사리의 본인소유 땅에 교회 건물 건축하고 교회와 함께 오사육영학당을 세워서 고향

---

3) 양용근의 호적, 일본대학교 졸업장, 평양신학교 졸업장, 독립유공자 증명서 등 참조함.

마을을 복음과 신교육을 알리기 위해서 최선을 다해 노력한 인물이다. 가문과의 종교문제로 많은 고초가 있었지만 교회와 학교를 통한 신학문 전수가 가문을 살리고 마을을 살리고 나라를 살리는 일이라고 생각하여 끝까지 굽히지 않고 일을 추진했다. 그가 1920년에 세운 오사교회는 "재건오사교회"로 지금까지 신앙의 전통을 이어오고 있다. 이런 맏형의 지도를 받아서 양용근 역시 복음을 받아들이고 형이 다닌 순천 매산학교에서 수학 하면서 더욱 신앙을 다져나갔다.

3. 학업

- 1920년(15세) 진상보통학교(보습과), 광양서보통학교 졸업
- 1922년(17세) 순천매산학교 2년 수료(당시 교장 - 구례인 선교사), 일본에서 독학(학원수강)으로 대입검정고시 준비
- 1925년(20세) 일본대학 법학과 입학
- 1930년(25세) 3월 31일 일본대학 법학과 졸업
- 1935년(30세) 조선예수교장로회신학교(평양신학교) 입학
- 1939년(34세) 34회로 동교 졸업(신사참배 강요로 인한 평양신학교 폐교로 1년간은 통신으로 공부하고 졸업장 받음)[4]

양용근이 1921년에 순천 매산학교를 입학하였으나 매산학교 졸업장으로 일본 대학에 입학할 수는 없었다. 왜냐하면 1921년 당시 매산학교는 성경과목을 가르친다고 하여 폐교되었다가 다시 일제의 정책완화로 보통학교와 보통학교 고등과를 정식으로 허가를 받아서 개교한 상태였기 때문이다. 당시 매산학교는 보통학교(지금의 초등학교) 6년 과정과 함께 보통학교 고등과 2년(지금의 중학교 과정 정도) 과정의 학교였다.

---

4) 양용근의 졸업장에 朝鮮耶穌教長老會神學校 卒業證書 第三十四回 梁龍根 主後一千九百三十九年 三月 三十日 理事長 邦緯良 校長 羅富悅으로 되어 있다.

그러므로 고등과 2년을 졸업한다고 해도 5년제 고등보통학교 3학년에 편입하여 3년간 더 공부를 해야 했다. 이에 양용근은 일본의 검정고시 과정을 거치기로 하고 보통학교 고등과 2학년 1학기를 마친 후 휴학을 한 후 일본으로 유학을 떠나게 된다. 일본에서 학원 수업 등의 독학으로 대입검정고시에 합격하여 일본대 법대에 입학하고 졸업까지 하게 된다. 이후 귀국 후 평양신학교(조선예수교장로회신학교)에 입학하고 졸업을 하였다.

III. 양용근 목사의 목회

1. 목회자가 된 동기

양용근이 일본에 가서 검정고시 공부를 하던 1923년 9월 1일에 강도 7의 대지진이 관동지방에서 일어났다. 이 사건으로 일제는 지진의 원인을 조선인, 중국인 그리고 일본사회주의자들의 불순한 반역죄로 인한 것으로 몰아갔다. 결국 계엄령을 선포하고 기병부대를 투입해 조선인을 비롯한 반역죄목을 붙인 사람들을 학살하기에 이른다. 양용근도 그의 학업을 돕기 위해 함께 간 그의 맏형 용이와 함께 붙잡혀서 조선인들과 같이 처형당하던 현장에서 기적적으로 살아나게 된다.

양용근은 검정고시 시절에 당했던 조선인의 억울함을 법조인이 되어 풀어보려는 심정으로 법률학과를 졸업하였다. 졸업 후 귀국해서도 자신의 출세를 위해서 공직에 나가지 않고 민족을 위해서 학당을 세우고 한글과 성경을 가르치는 일을 시작하였다. 그러나 그런 가르침 보다는 목회자가 되어 민족을 신앙으로 무장하는 것이 더 중요하다는 것을 느끼고 평양신학교에 진학하였다. 1939년 3월에 평양신학교를 졸업한 양용

근은 그해 5월 8일에 열린 순천노회 제23회 노회에서 목사안수를 받았다.[5]

2. 목회 활동

신학교를 입학한 후 조사의 신분으로 1936년 1월부터 1937년 3월 2일까지 광양읍교회에서 시무했다. 광양읍교회 사면한 후 신풍리교회(애양원교회)에서 조사로 시무했으며 고흥 길두교회로 와서 1939년 5월 8일에 목사안수를 받고 담임목사로 시무하였다. 그리고 길두교회 시무 중 고흥지방 연합 부흥회의 설교가 당국에 적발되어 이름을 바꾸고 구례읍교회로 옮겨서 1942년 9월 일제에 의해서 구금되기까지 시무했다.

양용근의 목회는 조사로서 3년 4개월, 목사로서 4년 7개월 도합 8년 정도 목회자로 시무하였다. 특별히 목사로서는 4년 7개월 정도 밖에 시무하지 못하였다 그것도 일제의 감시와 구속 석방 등이 반복되었기 때문에 제대로의 목회를 하지 못했고 그로 인하여 남겨진 업적이 많지 못한 아쉬움이 있다.

1) 광양읍교회 시무

양용근은 이 교회에 1936년 1월 9일에 부임하여 1937년 3월 사임하였다. 당시의 신분은 조사였지만 담임목회자가 없어서 평양신학교를 1년 휴학하고 담임 교역자로 시무했다. 그러나 광양읍교회의 교회연혁에는 양용근의 시무가 누락되어 있고 그 당시 강병담 목사가 담임목사로 부임한 것으로 기록되어 있다. 당시 강병도 목사는 광양읍교회와 대방교

---

5) 23회 노회록에는 간단하게 총회 보고 건에 "1) 양용근, 라덕환, 안덕윤 3씨를 목사로 장립한 일과 2) 선교사들이 총 퇴진함으로 지방교회들의 어려움을 보고하다"라고 기록하고 있다.

회 그리고 섬거교회의 동시 목사였다고 기록하고 있다. 강병도 목사가 담임목사였지만 여러 교회들을 섬기고 있었기 때문에 그 사이 양용근이 담임교역자로 시무한 것으로 보인다. 당시의 기록들이 6·25전쟁으로 인하여 소실되었으나 당시를 기억하는 성도들과 가족들의 증언을 통하여 광양읍교회가 양용근이 평양신학교를 입학하고 난 후 처음 사역지임이 분명한 것으로 보인다.

2) 신풍리교회(애양원교회) 시무

1937년 3월 31일 신풍리교회에 부임하여 1939년 3월까지 조사로 시무하였다. 1937년은 신학교 2학년으로 공부하면서 조사로 시무했고 1838년은 신학교가 휴교중이고 당시 담임목사가 공석이었기 때문에 통신으로 공부하면서 교회를 담임하는 조사로 시무하였다. 1938년 11월 29일 당회록에 양용근 조사가 당회에 참석해서 기도했다는 기록으로 보아서 담임목사의 역할을 감당하고 있었던 것으로 보인다.[6] 신풍리교회는 양용근 조사를 계속 담임으로 시무해주길 원했지만 이미 양용근은 고흥의 길두교회로 가서 거기서 목사 안수를 받고 시무하도록 약속에 되어 있었기 때문에 거절하고 그의 신학교 입학동기이자 기도의 동지였던 손양원으로 시무케 하고 길두교회로 떠났다.[7]

3) 길두교회 시무

양용근이 길두교회의 담임교역자로 오게 된 것은 1939년 4월이었다.

---

6) 신풍리교회 당회록(1938년 11월 29일).

7) 신풍리교회 당회록(1938년 12월 29일) 중 일부 "… 梁龍根 傳道師 사면件은 本堂會로서 밧을 마음이 업스되 본인의 사정에 依하야 부득불 밧고 우리敎會 사정을 생각하야 梁龍根 助事가 가기로 許諾한 高興敎會의 堂會長인 金政福 牧師에게 우리 堂會 결정은 明年 三月까지만 양조사를 우리 敎會에 더 잇게하여주시라는 事由로 請願셔를 보내기로 可決하다. … 堂會長 元佳理.

그가 목사안수를 그해 5월 순천노회에서 받았기 때문에 목사안수 받기 이전에 길두교회로 갔고 거기서 목사안수를 받았다. 양용근은 길두교회에서도 오래 목회를 하지 못하였다. 그는 이미 당국의 감시를 받는 몸이었고 수시로 형사들이 드나들어서 그의 설교와 목회를 감시하고 있었기 때문에 오래 머물 수가 없었다.

길두교회에서의 1년간 목회활동도 많은 활동을 할 수 없었지만 그곳에서 한 일은 주로 우상숭배에서 벗어나도록 설교하고 가르친 일이다. 양 목사는 우리나라가 살 길은 오래된 미신숭배를 타파하여 오직 하나님만 섬기는 나라가 되어야 한다고 생각했다. 길두교회가 있는 고흥지방은 바다가 가까운 곳이어서 어업과 농업을 함께하는 지방이었고 미신에 사로잡혀서 당산제나 무당굿이 성행하는 곳이었다. 그런 곳에 부임한 양 목사는 처음부터 당산제를 지내지 못하게 하고 금줄을 철거하게 하고 봉안전 참배를 거부하게 하였다. 후일 그가 구속되어 실형을 선고받는 계기가 된 고흥지방 연합 사경회 인도가 특별히 기억할 만한 일이다. 고흥지방 연합 사경회로 인해서 양 목사는 곤경에 빠지게 되었다. 이 사경회여 참석했던 포두 주재소 소장이 고흥경찰서에 불려가서 조사를 받았고 양용근도 곧 소환되어서 조사를 받을 것이라는 소문이 퍼졌다. 더 이상 양 목사가 고흥지방에 머물러서는 안 된다는 결론을 내리고 구례에 있는 구례읍교회로 가기로 결정을 하고 급히 후임을 정하고 구례로 떠났다.

4) 구례읍교회 시무

양용근 목사는 이 교회에 1940년 3월 31일에 부임하여 1943년 12월 5일 광주형무소에서 순교할 때까지 구례읍교회의 담임목사로 시무했다. 양용근 목사가 구례읍교회로 올 때 일본 형사들의 눈을 피하기 위해서 그 이름을 양복근이라고 가명을 썼으며 교인들에게도 후임지가 어디인지 알리지 않고 떠났다. 그러나 구례는 순천노회 소속교회였으며 지역적으로 순천과 그리 멀지 않은 곳이었고 당시 흔하지 않는 목사라는 직분 때문에 금방 신분이 탄로 났다.

양용근 목사가 구례읍교회로 온 1940년은 이미 대부분의 교회가 신사참배에 굴복을 하고 난 후였다. 1938년 총회는 공식적으로 신사참배를 결의 하였고 그 이듬해인 1939년 총회에서는 국민정신 총동원 조선 예수교 장로회 연맹 결성식을 거행하고 일제에 협력하는 때였다. 총회가 신사참배를 가결하기 이전에 이미 55%의 교회가 신사참배에 동참했으며 동방요배는 96%가 이미 참가하고 있었다. 총회는 총회시작 전에 국가 의식으로 동방요배를 하였고 신사에 가서 참배 후 총회를 개회하기도 했다. 이제 신사참배에 항거하는 사람들은 소수에 불과했고 그나마 전국에 수배령을 내리고 검거하기 시작한 때였다. 이런 시기에 도피하거나 감옥에 가지 않고 교회를 지키면서 신사참배에 반대하기란 매우 어려운 시기였다. 일본 경찰은 수시로 드나들며 감시를 했고 회유와 협박을 하고 있었다.

양용근 목사가 구례읍교회에 시무한 기간은 4년여에 달하지만 그러나 수시로 경찰의 감시를 받고 경찰서로 불려 다니던 중 1940년 11월 15일 구속되었기 때문에 실제로 시무한 것은 1년도 채 안 되는 기간이다. 그가 체포 된 후에 각혈을 하는 심한 해소천식으로 인해서 병보석으로 일시적으로 석방되어 2년 정도 목회를 했으나 일본 형사의 심한 감시로 인해 활발하게 목회 활동을 하지 못했다. 그러다가 함께 구속되었던 순천노회원들과 같이 재판을 위해서 1942년 9월에 재구속 되었고 그 후로 다시 교회에 돌아오지 못하고 순교의 길로 갔기 때문에 실제 목회 기간은 매우 짧은 기간이었다.

Ⅳ. 순천노회 교역자 수난사건과 양용근 목사의 순교

1. 순천노회 교역자 수난사건

순천노회 노회원 전원이 구속된 이 사건의 원인은 순천노회만 가진 특별한 사건에서 기인한 것은 아니고 일제가 한국교회 전체에 가한 박해가 주된 원인이다. 일제 말기인 1937년에 일제가 대동아(大東亞)의 평화를 위한다는 명목으로 중일전쟁을 일으켰다. 이 전쟁에는 일본인뿐만 아니라 그들의 지배를 받고 있는 조선인들의 적극적인 협조가 필요한 상황이었다. 이를 위하여 조선인들을 확실하게 내지인화 시키는 작업이 필요했고 이 일을 위해서 동원한 것이 천황제 이데올로기이다. 일본인뿐만 아니라 조선인들도 모두 천황을 신으로 받들어 섬김으로 하나가 되게 하였다. 그 신앙의 힘으로 부강한 나라를 만들어가려는 계획아래 조선의 모든 학교와 교회에 까지 신사참배를 강조했다. 신사참배를 하지 않는 학교는 폐교처분을 했고 교회도 국민의례를 내세워 신사참배를 강조하기에 이르렀다.

신사참배 강요는 많은 교회들에게 저항을 받았고 많은 성도들이 신사참배는 계명이 금하고 있는 우상숭배라는 이유로 반대를 했다. 이런 저항에 부딪히자 일제는 신사참배를 주도하는 위험인물들을 검거하기 시작을 하였고 1940년 9월 20일 전국의 주요 인물들의 검거를 단행했다. 이런 전국의 검거열풍이 순천노회까지 이르러 순천노회 노회원들도 11월 15일 노회원 전원이 구속 되었다.

순천노회 교역자 수난사건 순천노회원 15명 전원이 구속되어서 2년여 간에 걸쳐 재판을 받고 모든 노회원이 1년에서 3년의 실형을 선고받고 전원이 옥고를 치른 사건이다. 그 중에 양용근 목사는 감옥에서도 동방요배를 거부하여 모진 고문으로 인해 옥사했다. 그럼에도 이 사건을 신사참배반대와 무관한 사건이라고 보는 사람도 있다. 그러나 이 사건의 판결문이나 당시의 형편이나 그들의 행적을 살펴볼 때 신사참배거부로 인한 사건임을 알 수 있다.

2. 양용근 목사의 순교

양용근 목사는 순천노회 노회원들과 함께 1940년 11월 15일 구속되었다가 각혈을 하는 심한 해소천식으로 인하여 일시 풀려났다가 순천노회원들과 함께 재판을 받기 위해서 1942년 9월에 재 구속 되어서 1년 6개월의 실형을 선고 받고 광주형무소에 복역하게 되었다.

1) 재판

양용근 목사가 구속되어서 조사를 받은 경찰서는 구례경찰서가 아니라 순천경찰서였다. 경찰서 유치장에 들어가자마자 그는 심한 고문을 당했다. 조사를 하기 이전에 기를 꺾어두어야 겁을 먹고 순순히 자백을 할 것이라는 생각에 무조건 견디기 어려운 고문을 가했다.

순천노회 노회원들은 함께 구속되었던 양용근 목사가 병보석으로 풀려나 있는 동안 이미 경찰조사와 검사의 조사를 다 받은 후였다. 그 때문에 양용근 목사의 조사는 그들과 함께 재판을 받게 하기 위하여 빠르게 진행되었다. 심문을 당하는 양용근 목사의 대답은 죄에 대해서 변명을 하여 벌을 면해보겠다는 것이 아니었다. 오히려 그는 벌을 더 크게 받고 싶어 하는 사람처럼 그가 한 일에 대해서 더 자세하게 설명을 하고 있었다.

첫 심문은 그의 신상조사에서 나타난 그의 이름에 관한 것이었다. 양용근 목사는 양용근 외에 4개의 이름을 더 가지고 있었다. 호적에 기재된 양용환(梁用桓)과 동네에서 부르던 양용군(梁用君)이란 이름을 가지고 있었다. 또 일본대와 평양신학교 그리고 목사 안수 시에 부른 양용근(졸업장에는 梁龍根으로, 판결문에서는 梁用根으로 쓰고 있다)이란 이름을 가지고 있었다. 길두교회에서 구례읍교회로 옮기면서 사용한 양복근(梁複根)이라는 이름을 가지고 있었다. 일제의 강요에 못 이겨 창씨개명을 한 이름인 양천정일(梁川正一)이란 이름 등 모두 다섯 개의 이름을 가지고 있었다.

검사는 양용근이 이름을 다섯 개나 가지고 있는 것에 대해서 죄를 짓고 당국의 눈을 피하기 위해서 일부러 그렇게 한 것이 아니냐고 추궁했다. 또 창씨개명을 하면서 양천정일(梁川正一)이 사실은 음이 같으나 한문이 다른 양천정일(梁遷征日)로 써서 양천(梁遷) 즉 양씨로 다시 옮긴다는 뜻과 정일(征日) 즉 일본을 정복한다는 이름으로 바꾼 것이 아니냐고 추궁했다.

이에 양 목사는 사실 검사의 심문대로 길두교회에서 구례읍교회로 옮기면서 양복근으로 바꾼 것은 당국의 감시를 피하기 위한 것이었지만 자신의 이름을 바꾼 것은 인생의 여러 고비마다 새로운 각오로 임하기 위해서 이름을 바꾼 것이라고 대답했다. 그리고 창씨개명은 검사가 지적한 대로 당국의 강요에 의해서 이름을 바꾸기는 했지만 다시 제 이름을 찾겠다는 의지와 일본을 정복하되 힘으로 무기로 저항한다는 것이 아니라 그리스도를 믿는 믿음으로 그리스도의 사랑으로 정복하자는 뜻이었다고 대답했다.

두 번째 쟁점은 신사참배에 관한 것이었다. 경찰조서에 기록된 길두교회에서의 양 목사의 행적에 관한 것이었다. 우상숭배 반대를 빙자해서 집집마다 해산 후에 쳐 놓은 금줄을 철거하고, 심지어 포두경찰관 주재소 일본인 소장 집에 설치해둔 시메나와(금줄에 해당함)까지 철거하다가 발각되어 매를 맞은 것을 알고 지적하였다. 그리고 교인들에게 목숨을 걸고 신사참배를 반대할 것과, 주일학생들에게까지 신사참배는 물론 봉안전 참배와 동방요배 그리고 황국신민서사까지도 하지 말라고 교육한 일이 사실이냐고 추궁했다.

양 목사는 기독교의 신앙의 핵심은 유일신이신 하나님께만 예배를 드리고 그 외에는 다른 신에게 절을 하는 것은 우상숭배를 하지 말라는 십계명의 금한 죄가 되기 때문에 신사참배를 할 수 없다고 했다. 일본의 왕은 신이 아니며 한 인간일 뿐이기 때문에 신으로 대할 수 없다고 신사참배 반대 이유를 설명했다. 신사참배뿐만 아니라 봉안전 참배나 동방요배는 물론 그 외에 다른 미신을 섬기는 것도 다 우상숭배에 해당한다고 했다. 그렇기 때문에 기독교인으로서 이런 행위를 용납할 수 없으며 동참할 수 없다는 것을 성경말씀을 들어 자세하게 설명했다.

세 번째 심문은 양용근 목사가 길두교회에서 행한 말세론과 천년왕국의 설교에 관한 심문이었다. 그리스도의 재림으로 일본이나 이 세상의 모든 나라들이 망하고 그리스도가 만국을 다스리는 왕이 되어서 만국을 심판하실 것이다. 그 때 심판을 당하지 않기 위해서는 신앙을 돈독히 하고 충실하게 기독교 교리를 전파해야 한다고 설교한 것을 인정하느냐는 것이었다.

양 목사는 이에 대해 전천년설에 의한 말세론이 아닌 자신이 평양신학교에서 배운 무천년설에 의해서 설명했다. 말세는 그리스도가 재림할 때를 종말이라고 하는 것이 아니라 이미 그리스도의 초림으로 종말이 시작이 되었다. 천년왕국은 숫자로서의 개념이 아니라 상징적인 것임을 설명하고 예수님이 재림하시기 전에 이미 일본은 망해가고 있다는 것이라고 했다. 유대인을 학살한 독일도 망하고 있고 우상을 숭배하고 기독교를 박해하는 모든 나라는 기필코 망하게 될 것임이 성경에 명시되어 있음을 설명했다.

일본이 망한다는 양 목사의 주장에 검사는 양 목사가 지금 치안유지법을 위반하고 있다는 사실을 지적하면서 법을 전공한 사람이 치안유지법의 무서움을 알고 말하라고 다그쳤다. 일본대학에서 법학을 전공한 양 목사가 치안유지법을 모를 리가 없었다. 오히려 일제가 치안유지법을 잘못 사용하여 기독교를 탄압하고 있음을 알고 있었다.

또 하나는 양 목사를 영미 선교사들에게 세뇌된 스파이라고 공격했다. 순천노회가 신사참배 가결을 했을 때 선교사들이 일제히 반대를 했고 그로 인해서 순천노회와 관계를 청산했는데 신사참배를 반대하는 것은 아직도 그들과 결탁이 되어 있는 증거라고 했다. 그러나 양 목사는 그들과 내통할 방법도 없음을 알면서 그런 누명을 씌우는 것은 억지라고 주장하면서 스파이라는 누명을 씌우는 것이라고 항변했다. 지금까지 비교적 친하게 대하는 것 같던 검사가 이 대목에서는 돌변하여 아주 극심한 고문을 가하며 스파이 혐의를 인정하고 관계자들의 이름을 말하라고 협박했다.

하시모토 검사의 마지막 심문은 양 목사를 매우 아까운 인재로 생각하고 회유하는 것이었다. 기소하기 전 마지막으로 양 목사의 결심을 듣고 싶어 했다. 법률을 전공한 사람이기 때문에 지금까지의 진술로 죄가 가볍지 않다는 것을 알고 가정과 교회를 생각해서 다시 한 번 생각하라는 것이다.

이러한 증인들의 증언과는 달리 판결문에 의한 죄목에는 다 생략을 하고 길두교회에서의 설교와 고흥지방 연합사경회에서의 설교만 문제를 삼고 있다. 설교도 그가 하지 않은 전천년설에 의한 천년왕국에 대한 설교만 문제를 삼고 있다. 그 이유가 분명하지 않지만 앞서 이미 2년여에 걸쳐서 오랫동안 심문하여 조서를 꾸민 순천노회 사건의 다른 14인들의 심문조서와 같은 방향으로 대강 정리했다고 보인다. 많은 사람들의 진술을 듣다가보니까 그것이 장로교 전체의 교리라고 생각했을 것이다.

이는 또 양 목사에게 호의적인 검사가 양 목사를 설득하는데 실패를 했지만 같은 법학을 전공한 사람으로서 소신을 가지고 자기의 신앙을 지키는 피고에게 최대한의 온정을 베풀어서 최소한의 형량을 선고하기 위하여 다른 피고들의 수준에 따라서 죄목을 축소한 것이라고 생각한다.

검사의 기소와 구형에 의해서 15인 중 박용희 목사는 징역 3년에 양용근 목사와 7인은 1년 6개월의 징역에 나머지 7인은 징역 1년의 선고를 받게 되었다. 모든 피고인들에게 미결 구류일수 330일을 각각 본형에 삽입한다고 하였다. 하지만 양용근 목사는 구속된 후 병보석으로 풀려나 있었기 때문에 고스란히 1년 6개월을 더 복역해야만 했다.

2) 수감생활

미결수로서 한 달여간의 기간은 심한 해소천식을 앓고 있던 그에게 심한고통의 시간이었다. 건장한 사람도 받기 힘든 심한 고문과 매질을 병들고 허약한 사람이 견딜 수가 없었다. 너무나 많은 구타를 당하여 그의 몸은 만신창이가 되었다. 유현덕 사모가 면회를 신청했지만 보름간이나 면회를 시켜주지 않았다. 그 이유는 처참하게 된 몸으로 가족들에게 면회를 시켜 보여주지 않기 위하여 상처가 치료될 때까지 보름간이나 이런저런 이유로 면회를 시켜주지 않았다. 구속 수감된 지 보름 만에야 면회가 허락이 되었다. 그것도 5분이라는 짧은 시간이었다. 고문으로 난 상처가 대강 아물기는 했지만 그 몰골은 차마 볼 수 없을 정도로 처참한 모습이었다.

미결수로 수감되어 있으면서도 신사참배를 위시한 모든 우상숭배에 대해서 철저하게 거부하고 신앙을 지켰다. 정오가 되면 사이렌 소리가 울리고 모든 감방의 수감자들이 당국의 지시대로 일어서서 일본이 있는 동쪽을 향해 일본의 천황에게 인사를 올리는 동방요배를 했다. 그러나 양 목사만은 꼼짝하지 않고 그냥 자리에 앉아서 기도를 드리고 있었다. 동방요배 상황을 감시하는 간수에게 들키면 식사를 넣어주지 않고 굶게

했다. 그러나 식충이처럼 먹으면서 우상숭배를 하는 죄인이 되는 것보다 차라리 굶어서 맑은 정신으로 기도하는 것이 낫다고 하며 동방요배를 거부했다. 신사참배나 동방요배를 반대한다는 죄목으로 끌려와서 벌을 받고 있는 사람이 동방요배를 한다는 것은 우스운 일이며 신사참배나 동방요배를 하려고 했다면 벌써 검사에게 말하고 풀려났지 여기에 있겠느냐고 했다.

양용근 목사의 광주형무소에서 기결수 생활은 판결을 받은 1942년 9월 30일부터 순교한 1943년 12월 5일까지 1년 3개월여의 기간이었다. 만기 출옥을 3개월 앞두고 모진 고문과 병약한 몸으로 더 이상 버티지 못하고 순교의 길로 가셨다. 두고 온 가족이나 교회나 가문이나 나라를 조금만 더 생각을 했더라면 풀려나서 더 좋은 일을 할 수 있는 기회들이 많았겠지만 양 목사는 그런 기회들을 다 거절하고 순교의 길을 작정한 사람처럼 고지식하게 신앙을 지키려고 했다.

기결수 생활에서 가장 큰 문제가 된 것도 동방요배 거부였다. 감방 안에서는 아침저녁으로 점호가 있었는데 먼저 인원을 점검한 다음 동방요배와 전물군경에 대한묵념 그리고 황국신민서사를 낭독하는 일이었다. 양 목사는 이를 단호히 거부하며 사람들의 눈을 의식하지 않고 공공연하게 이에 불응하였다. 이로 인해서 개인적인 구타를 당하고 독방에 처해지는 것은 참을 수 있었다. 양 목사와 함께 수감생활을 하는 같은 방 동료들까지 단체로 벌을 받아야 하는 것이 문제였다. 형무소 당국이 동방요배나 묵념이나 황국서사시 낭독을 하지 않거나 소홀히 하는 감방은 단체로 연대책임을 지고 벌을 받도록 규정하고 있었기 때문이다.

감옥생활에서 문제가 된 또 하나는 그가 만나는 사람들에게 전도를 한다는 것이다. 그와 한 방에 있는 죄수들에게는 물론 소장을 비롯한 모든 근무자들에게 항상 복음을 전했다. 종교의 자유가 법으로 보장된 나라에서 포교활동을 하는 것은 문제가 되지 않지만 그의 전도에 제일 먼저 등장하는 우상숭배 금지에 관한 것이 문제였다. 하나님 외에 모든 신은 우상이며 거기 절하는 것은 가장 큰 죄악이라고 가르쳤다. 일본의 왕을 천황이라고 하여 현인신이라고 숭배하는 것은 죄라고 가르치며 신사참배나 동방요배를 해서는 안 된다고 가르쳤기 때문이다. 감옥에 수감 중인 죄수들이나 그들을 감독하는 간수들도 이미 양용근 목사에 대해서 소상히 알고 있었기 때문에 그의 하는 말에 다들 귀를 기울였다. 같은 방에 수감되어 있던 다섯 명의 수감자들은 다 양 목사의 전도에 감화되어 예수님을 믿게 되었고 감방 안에서 학습을 받고 세례를 받았다.

재판을 받는 과정에서도 많은 유혹이 있었지만 수감생활 중에도 유혹이 있었다. 법대를 나온 양 목사의 인품이 아까워서일 수도 있고 해소천식으로 고생을 하는 것이 너무나 불쌍해 보여서일 수도 있었을 것이다. 동방요배 거부로 수시로 말썽을 부려서 다른 수감자에게 악영향을 주기 때문일 수도 있었을 것이다. 소장은 양 목사에게 신사참배를 약속하면 가석방으로 풀어줄 것이며 그것으로 다시 수감되는 일이 없이 완전히 석방되게 해주겠다고 회유를 했다. 그러나 그런 회유에 넘어갈 사람이 아니었다. 그럴수록 자신이 처한 고통스런 상황을 더욱 감사하게 생각하며 유혹에 굴하지 않았다.

3) 순교

양용근 목사가 순교를 하게 된 직접적인 원인은 수감생활 중에도 동방요배나 황국신민서사 제창을 거부했기 때문이다. 신사참배에 대해서는 그것이 죄라고 인식하여 많은 사람들이 적극적으로 반대했으나 신사참배 외에 동방요배나 황국신민서사 제창 등은 언급하지 않는다. 그러나 양 목사는 동방요배도 죄라고 여기고 철저하게 거부했다.

감옥에 신사는 없었기 때문에 감옥에서 신사참배 거부로 인해서 다시 처벌을 받지는 않았다. 그러나 동방요배나 황국신민서사 제창 등의 국민의례는 매일같이 행하였다. 동방요배 반대자들은 감옥에서도 차별대우를 받아야 했다. 급식제한이나 독방 감금 그리고 고문들이 행하여졌기 때문에 모진 고난을 당해야 했다.

양용근 목사가 감옥에서 죽음을 맞이하게 된 직접적인 원인은 그가 전도한 사람들과 함께 동방요배를 죄로 여기고 거부했기 때문이다. 1943년 11월 8일은 일제가 매월 8일을 대조봉대일로 감옥 안에서도 특별행사를 실시했다. 모든 수감자들을 광장에 모에게 하고 동방요배 등 국민의례를 하고 소장의 훈시 등의 순서가 있다. 양 목사 일행은 동방요배 구령이 났는데도 꿈쩍 않고 그 자리에 서 있었으며 묵상의 구령인 났는데도 고개를 숙이지 않고 뻣뻣하게 서있었다. 국가봉창이나 황국신민서사 때도 함께하지 않았다. 간수들이 기다렸다는 듯이 가지고 다니던 곤봉을 휘두르며 사정없이 그 여섯 사람을 내려치기 시작했다. 여섯 사람은 초죽음이 되도록 맞았고 그들 모두가 실신을 한 상태로 많은 피를 흘리고 있었다. 그래도 방치해 둔다면 모두 목숨을 잃을 지경이었다. 양 목사는 연약한 몸이라 상처가 더 심했다. 의식은 불명상태였고 입술에는 찰과상이 나 있었고 왼쪽 허벅지가 약 10센티미터 정도 찢어져 있었고 머리에는 피가 흘렀고 갈빗대가 석대나 부려진 상태였다. 그대로 두면 바로 숨을 거둘 지경이었다.

그러나 소장은 치료를 하지 말라는 명령을 내렸고 각각 30일간 독방에 넣으라고 명령을 하였다. 소장의 명령에도 불구하고 의료진의 도움으로 우선 치료를 받았으나 그 추운 11월의 날씨와 열악한 독방의 고통에서 상처로 난 육신의 아픔을 더 이상 견디지 못하고 독방에 들어온 지근 한 달 만에 목숨을 거두고 말았다. 간수가 아침밥을 가져와서 독방 안으로 디밀었지만 아무런 기척이 없어서 문을 열고 보니 이미 숨을 거둔 후였다. 1943년 12월 5일 새벽이었다. 3일 후면 독방신세가 면해지고

3개월 후면 자유의 몸이 되는데 20개월만 지나면 그토록 바라던 일본이 망하고 나라가 해방이 되는데 그 사이를 견디지 못하고 하나님나라로 떠났다. 그가 순교하기 전날 밤 마지막으로 부른 찬송이 "예수 나를 오라하네"라는 찬송이었고 이 찬송은 7년 후 그의 기도의 동지이자 친구였던 손양원 목사가 부르며 순교한 찬송이 되었다.

V. 나가면서

양용근 목사의 순교는 한국 교회에 많은 영향을 주지 못했다. 짧은 목회 활동과 그것도 일제의 감시와 협박 속에서 살았기 때문에 자랑스러울만한 업적을 남기지 못했다. 그나마 그에 대한 기록들이 소실되고 역사의 무관심 속에 묻혀 있었기 때문이다. 그러나 그가 가지고 있던 신앙은 위대한 믿음 앞에서 진실한 고백을 해야 하는 성도의 모범이 되는 모습이다. 많은 사람들이 세상과 타협하며 외형적인 교회의 부흥을 성공의 빌미로 잡고 있을 때 그것이 바른 길이 아니라는 것을 보여주는 참된 목회자의 모습일 것이다.

그에게는 동시대의 다른 순교자들처럼 화려한 기념관이나 기념사업도 없다. 그를 알리는 책이나 논문도 많이 나와 있지 않았다. 그러나 그에게는 다른 순교자 못지않은 하나님께 대한 바른 믿음이 있다. 참된 진리를 위해 목숨까지 바치는 진실 된 믿음이 있다. 이 참된 믿음이 앞으로 교회 앞에 바른 모범을 보여주게 될 것이다.

〈참고문헌〉

강덕상, 김동수·박수철 역, 『학살의 기억 관동대지진』, 역사비평사, 2005.

강민수, 『호남지역 장로교회사』, 한국학술정보주식회사, 2009.

교단50년사총회역사편찬위원회, 『한국장로교회사』, 대한예수교장로회 총회출
　　판국, 2002.

김수진, 『일제의 종교탄압과 한국 교회의 저항-순천노회 수난사건을 중심으로』,
　　쿰란출판사, 1996.

김승태 편역, 『일제강점기 종교정책사 자료집』, 한국기독교역사연구소, 1996.

김승태 편역, 『한국기독교와 신사참배문제』, 한국기독교역사연구소, 2003.

매산100년사편찬위원회, 『매산백년사』, 매산백년사편찬위원회, 2010.

민경배, 『일제하의 한국기독교 민족. 신앙운동사』, 한국기독교서회, 1991.

박시영 편, 『조선예수교장로회 독노회록, 총회록』, 경남백년클럽, 2012.

박시영 편, 『조선예수교장로회 독노회록』, 경남백년클럽, 2012.

박용권, 『국가주의에 굴복한 1930년대 조선예수교장로회의 역사』, 그리심,
　　2008.

순천노회사료편찬위원회, 『순천노회사』, 순천문화인쇄사, 1992.

진병도, 『순교자 양용근 목사 평전 섬진강』, 쿰란출판사, 2010.

제헌의원 황두연의 생애와 순천지역 활동*

임송자

Ⅰ. 머리말

황두연(黃斗淵, 1905~1984)은 우리에게 익숙한 인물은 아니다. 한국현대사를 전공하고 있는 연구자들, 특히 여순사건 연구자나 기독교사 연구자들 사이에서 황두연에 대한 짤막한 단면만을 인지하고 있을 뿐이다. 이러한 현실에서 전남 동부지역, 특히 순천지역 근현대사의 모습을 온전히 파악하기 위해서는 황두연이라는 인물 조명이 전제가 되어야 할 것 같다. 황두연은 ① 일제시기 신사참배 반대운동으로 4년간 옥고를 치렀으며, ② 해방 후 순천지역에서 우익활동을 주도했으며, ③ 5·10선거에서 한민당 중진인사 김양수(金良洙)를 물리치고 당선되어 제헌의원으로 활약하였으며, ④ 여순사건 때 인민재판 배석판사로 참여하여 반군에 협력했다는 누명을 쓰고 생사의 갈림길을 넘나들었던 인물이다. 따라서 지역사의 폭을 넓히기 위해서는 그에 대한 탐구가 필요하다.

---

* 순천대 남도문화연구소에서 발간하는 학술지 『남도문화연구』 35(2018.12)에 실린 「제헌의원 황두연의 생애와 순천지역 활동」을 수정, 보완한 글이다.

지금까지 인물연구의 대부분이 특정 인물에 대한 연구자의 지나친 관심으로 인물 평가에서 연구자의 주관성이 크게 개입되어 서술되고 있다는 사실을 부인하기 어렵다. 연구자가 탐구하고자 하는 인물에 대한 애정이 지나쳐 활동의 공과를 객관적인 잣대로 명확히 밝히지 못하고 이를 소홀히 다룬 측면이 있으며, 더 나아가서 사실을 왜곡하거나 역사적으로 과도하게 의미를 부각시키고 있는 것을 흔히 인물연구에서 볼 수 있는 것이다. 따라서 인물연구에서 이러한 점에 유의할 필요가 있다.

또한 인물연구에서는 시대적인 맥락을 짚어내면서 특정 인물이 살아왔던 시대와 지역적인 상황을 매개로 주체로서의 인물을 총체적으로 규명하는 것이 필요하다. 어느 한 단면만을 파악하고 이를 선악의 이분법으로 규정짓는 것을 경계할 필요가 있는 것이다. 더욱이 특정 인물에 대한 연구라도 그를 둘러싼 인물과 인물 사이의 화합과 지원 관계뿐만 아니라 경쟁과 갈등, 대립관계 등을 복합적으로 이해하는 자세가 필요하다. 즉, 특정 인물을 주인공으로 놓고 그를 둘러싼 관계망 속의 인물을 조연자로 설정하여 파악하는 일면적인 태도를 지양해야 한다. 그리고 연구의 객관성을 높이기 위해서 관련 자료를 체계적으로 정리하거나 연구대상 인물과 직·간접적으로 연결됐던 생존인물의 구술을 채록하여 반영할 필요도 있다.

필자는 위에 제시한 인물연구의 요건을 갖추어 대상인물을 충실히 다룰 자신은 없다. 자료상의 제약이나 지금까지의 지역사에 대한 연구 부족 등 여러 가지의 문제로 인해 인물연구에서 경계해야 할 점과 중요시해야 할 점을 최대한 발휘할 수 없다는 한계에 직면하고 있기 때문이다. 하지만 활용 가능한 자료를 동원하여 황두연이라는 인물을 대략적으로나마 탐색한다면 전남 동부지역의 역사, 특히 순천지역의 역사를 복원하는데 일정 정도 기여를 할 수 있을 것으로 판단되어 황두연의 일대기를 그려보고자 한다.

첫째, 황두연의 일제시기 행적에 대해서 간략히 정리하면서, 전남 고흥에서의 신앙생활, 청년기의 활동을 살펴보고자 한다. 둘째, 순천지역에서의 활동과 원탁회를 통한 신사참배반대운동으로 옥고를 치루는 과정을 탐색하고자 한다. 셋째, 미군정기 순천지역에서의 우익 활동과 순천읍 부읍장으로서의 행정활동 등을 밝히고자 한다. 넷째, 5·10선거에서 한민당 중진급 인사인 김양수와 대결을 펼쳐 승세를 굳히게 되는 과정, 그리고 제헌의원으로서의 의정활동을 양곡수집 정책이나 외군 철퇴 문제, 정부 내 친일파 숙청과 반민족행위처벌법을 중심으로 황두연의 활동을 조명하고자 한다. 다섯째, 5·30선거에서 김양수와의 재대결 과정, 이어서 10여 년 동안 감찰위원·사정위원을 지낸 후 목사 안수를 받아 목회활동을 전개한 과정을 간략히 짚어보고자 한다.

II. 신앙생활과 청년활동, 그리고 신사참배 반대운동

1. 전남 고흥에서의 신앙생활과 청년활동

황두연은 1905년 2월 15일 전남 돌산군 남면 우학리(우실개) 섬마을에서 출생했다.[1] 그가 출생한 돌산군 남면 우학리는 현재의 행정구역상으로 여수시 남면(금오도) 우학리이다. 그는 5남 2녀 중 넷째 아들로 태어났는데, 그의 신앙생활은 유년시절부터 시작되었다. 이는 그의 어머니 서학진 성도의 영향이 컸다. 그녀는 장자 황재연과 차남 황보익(黃保翼)이 "천주학쟁이", "염병쟁이"라는 동리 사람들의 비난을 받으며 섬마을

---

1) 대한민국헌정회 홈페이지(http://www.rokps.or.kr)에는 순천에서 출생한 것으로 기록하고 있으나 황두연의 회고록을 통해 볼 때, 전남 돌산군 남면에서 출생한 것이 확실하다. 황두연, 『자기 십자가 지고 따르라』, 목회자료사, 1978.

예배당에 밤낮을 가리지 않고 다니자 두 아들에게 화가 닥칠까 우려하여 두 아들을 대신하여 교회에 나갔다. 이것이 계기가 되어 철저한 신자가 되었으며, 황두연이 갓난아기 때부터 생계를 위해 행상을 하면서도 전도에 온 힘을 쏟았다.[2] 이러한 집안 분위기 속에서 황두연은 자연스럽게 교인이 되었다고 할 수 있다.

황두연 집안은 그가 5~6살 무렵인 1910년경에 고흥군 금산면(거금도) 오천리로 이주한 것으로 보인다. 이렇게 보는 이유는 그의 둘째 형인 황보익이 전남 동부권에서 기독교 전파에 영향을 미친 인물로 상당히 알려져 있는데,[3] 황보익이 1910년경 금산면 오천리로 이주한 것으로 추정되고 있으며, 실제로 황두연 집안의 행적을 볼 때 고흥지역을 생활터전으로 삼아왔기 때문이다.

황두연은 전주신흥학교를 졸업하였다.[4] 그가 다닌 전주신흥학교는 1901년 6월에 선교사 레이놀즈(W. D. Reynolds: 이눌서)의 사랑방에서 선교사 하리슨(W. B. Harrison: 하위렴)이 그의 어학선생과 더불어 8명의 소년을 모아 신학문당이라는 이름으로 한글, 셈본 등을 가르치다가

---

2) 황두연, 위의 책, 9~15쪽.

3) 황보익은 목포 영흥중학교를 졸업했으며, 1919년 고흥에서 목치숙, 오석주 등과 함께 3·1운동에 가담하여 일경에 체포되기도 했다. 1922년에 조성리교회를, 1923년에 벌교교회를 설립하였다. 1931년에 평양신학교를 졸업한 후 보성읍교회 목사 장립을 받아 1939년 7월까지 목회활동을 하다가, 1940년에 일본으로 건너가 신학을 연구했다. 해방 후 독립촉성국민회 보성군지부장을 지냈고, 1946년 12월에 남조선과도입법의원 선거에 출마하여 당선됨으로써 민선의원을 지냈다. 이러한 활동을 기반으로 1948년 5·10선거에 출마했으나 낙선했다. 1953년 3월 3일에 별세했다. 대한예수교장로회 보성읍교회, 『보성읍교회 100년사』, 2017, 98쪽, 120~121쪽, 288쪽; 재미한족연합위원회, 『해방조선』, 재미한족연합위원회, 1948, 33쪽(金南植·李庭植·韓洪九 엮음, 『韓國現代史 資料 叢書』 10, 돌베개, 637쪽).

4) 황두연이 회고록에서 전주 신흥학교에 언제 입학하여 졸업했는지를 밝히지 않고 있고, "내 나이 19세가 되었고, 나는 전주 신흥학교에서 공부하고 있었다"고 기술하고 있어 19세 때가 입학연도였는지, 아니면 학업과정에 있었는지, 그도 아니면 졸업학년이었는지를 단정할 수 없다. 다만, 1920년대 중반기, 혹은 그 이후에 신흥학교를 졸업하였을 것으로 추정할 수 있을 뿐이다.

1904년 전주시 중화산동 하리슨의 사택으로 학교를 이전하면서 체계를 잡아나갔다. 1908년에 학교 이름을 전주신흥학교라 지었고, 1910년에 제 1회 졸업생을 배출하였다.[5] 1922년에는 조선총독부로부터 전주신흥학교로 인가를 받아 운영했지만, 1937년 9월에 신사참배 거부 문제로 폐교를 당하는 시련을 겪어야만 했다.[6] 이러한 사실에서 황두연은 신앙심이 두터운 집안의 영향이 크게 작용하여 기독교 학풍의 전주 신흥학교에 다녔던 것임을 알 수가 있다.

황두연이 신문지상에 처음 오른 것이 1925년 9월이다. 전남 고흥군 금산면 오천리와 신평리의 두 예수교 장로회에서 수해 이재민(罹災民)을 돕기 위해 모금활동을 벌였는데, 이때 성금을 낸 명단에 그의 이름이 올라와 있다.[7] 이러한 사실로써 황두연이 고흥군 금산면에서 예수교 장로회 소속의 신앙생활을 하였다는 것을 알 수 있다.

또한 그는 고흥군 금산면에서 청년활동을 전개하였다. 1925년 10월 25일 오천리와 신평리 지역을 아우르는 신오청년회를 결성하여 창립총회를 개최했는데, 이때 신오청년회는 오석규(吳錫奎), 황재연(黃在淵), 오현규(吳賢奎), 황두연 등의 발기로 조직되었다. 신오청년회 회장은 오석규였으며, 황두연은 재무부장으로 선출되어[8] 활동했다. 신오청년회는 결의사항으로 "아등(我等)은 합리적 사회건설을 기(期)할 것", "계급의식을 환기(喚起)하야 해방운동을 촉진케 할 것", "대중본위의 사회적 사

---

5) 金守珍·韓仁洙, 『韓國基督教會史: 湖南篇』, 汎論社, 1980, 155~157쪽. 이덕주는 신흥학교의 출발을 1900년 9월로 보고 있다. 이덕주, 「일제 강점기 순천 선교부와 지역사회」(학술대회자료집, 2018.8.14).

6) 全羅南道誌編纂委員會, 『全羅南道誌』 第16卷, 1995, 325쪽; 전주신흥중학교 홈페이지 참조(http://jp-shinheung.ms.kr). 1937년에 신사참배 거부 문제로 폐교된 이 학교는 해방 후 1946년 11월에 전주신흥초급학교로 인가를 받아 복교하였다.

7) 「五新 兩會 義捐」, 『동아일보』, 1925.9.25.

8) 「新五青年 創立 去月 二十五日 五泉서」, 『동아일보』, 1925.11.3.

업을 시설(施設)할 것"을 내세웠다.

황두연이 고흥지역에서 언제까지 종교활동과 더불어 청년활동을 전개했는지에 대해서 살펴보자. 1926년 2월경, 금산면 오천리의 교회당이 교인 증가에 따라 협소해지자 기금을 마련하여 증축하기로 결정하였는데, 이때 황두연도 20원을 출연(出捐)한 것으로 되어 있어[9] 1920년대 중반기에도 고흥지역에서 활동하였다는 사실을 알 수가 있다. 또한 황두연은 금산면 소재의 오천교회에서 설립한 영천학원에서 5년간 교원 겸 교장으로 재직했다.[10] 영천학원은 1927년 9월 1일에 설립되었고, 설립자는 오현규였다.[11] 『동아일보』 기사에 따르면, 설립 당시 생도는 19명이었고, 1929년 1월 현재 생도는 21명이었다. 그리고 교원 1명이었고, 원장은 오현규였다. 또한 황두연이 5년간 교장으로 있었다고 회고한 것을 그대로 믿는다면 재직기간은 1927~1931년이었다.

2. 전남 순천지역을 기반으로 한 활동

황두연은 고흥지역을 벗어나 순천을 기반으로 활동했다. 그가 영천학원 교장으로 5년을 재직한 후 순천으로 지역기반을 옮긴 것으로 보이기 때문에 순천에서 활동을 시작한 시기는 1930년대 초로 추정된다. 황두연은 회고록에서 "미션 계통의 큰 병원에 10여 년 동안 서무, 회계 책임을 맡아오던 터이니"라고 기술하였는데, 이러한 기술 내용에서 힌트를 얻어 계산해 볼 수 있기 때문이다. 즉 그가 원탁회(圓卓會) 사건으로 영어(囹圄) 생활을 하게 되어 안력산병원에서 일할 수 없었던 시기는 1940년 9월이므로 1930년대 초 무렵에 순천중앙교회를 기반으로 활동

---

9) 「湖南地方」, 『동아일보』, 1926.2.27.

10) 황두연, 앞의 책, 33~34쪽.

11) 「顯著히 發達된 燦然한 地方文化. 高興郡」, 『동아일보』, 1929.1.11.

하였다고 짐작할 수가 있는 것이다.

그런데 순천읍교회[12]의 『당회록(堂會錄)』을 보면 그의 활동시기가 앞 당겨진다. 즉 『당회록』에 그가 처음 등장한 시기는 1929년 12월 30일이 며, 이날 당회에서 황두연의 이명(移名)을 결정하였다.[13] 따라서 1929년 연말에 정식으로 순천읍교회 교인이 되었다고 볼 수 있으므로 1930년대 초부터 본격적으로 순천지역에서 활동하였다고 볼 수 있다. 그리고 그 는 1936년 1월 12일자로 순천주일학교 남자부 집사로 임명되었다.[14]

『동아일보』 1934년 4월 11일자를 통해 그가 순천유치원에서 일한 것 을 확인할 수 있다. 즉, 순천유치원에서는 1934년 신학기부터 간부를 개 선하고 동시에 원무를 확장하였는데, 이때 황두연이 회계로 임명된 것 이다.[15] 순천유치원은 1926년에 설립된 유아교육기관이었다. 순천 읍교 회가 유아교육을 위해 전남 최초로 1912년 4월 15일에 중앙유치원을 설 립하였는데, 그 뒤를 이어 순천유치원이 설립된 것이다. 순천유치원은 원장과 한국인 보모 여자 2명, 조수 2명으로 구성되어 운영되었으며, 원 아는 20여 명 정도였다고 한다.[16]

---

12) 순천읍교회가 순천중앙교회로 명칭이 변화된 정확한 시기를 알 수 없다. 다만 1936년 5월 5일에서 11월 6일 사이에 변경되었을 것으로 추측할 수 있을 뿐이다. 그 이유는 1936년 1월 21일자 당회록에서 "순천읍교회에서 최병준 목사를 청빙"하 였다고 기술하고 있으며, 1936년 5월 5일자 순천노회 회의록에서 '순천읍교회'로, 11월 6일자 순천노회 회의록에서 '순천읍 중앙교회'로 기술하고 있기 때문이다. 자 세한 날짜에 대해서는 순천읍교회·순천중앙교회의 『堂會錄』을 통해서 파악할 수 있을 것인데 1936년 1월 21일 이후의 『당회록』을 입수하지 못하고 있는 실정이다. 順天邑教會·順天中央教會, 『堂會錄』, 1936.1.21; 대한예수교장로회 순천노회, 『회 의록』 1936.5.5, 1936.11.6.

13) 順天邑教會·順天中央教會, 『堂會錄』, 1929.12.30. 2018년 12월 『남도문화연구』 제 35집에 게재된 「제헌의원 황두연의 생애와 순천지역 활동」에서는 황두연이 『당회록』 에 처음 등장한 시기를 1932년 12월 27일이었다고 기술하였는데, 이를 바로잡았다.

14) 順天邑教會·順天中央教會, 『堂會錄』, 1936.1.12., 169~170쪽.

15) 「順天幼稚園 擴張」, 『동아일보』, 1934.4.11. 이때 순천유치원 이사 겸 고문은 이수현 (李守鉉)·함성욱(咸晟昱), 원장은 정민기(鄭緡基), 원감(園監)은 정종구(鄭鍾求)였다.

또한 황두연은 안력산병원에서 서무과장으로 일했다. 안력산병원은 미국 남장로교의 가장 큰 병원이었으며, 1930년대 조선에서 세브란스병원 다음으로 큰 기독교 병원으로 성장하였다.[17] 직원은 1936년에 로저스(J. M. Rogers, 노제세) 의사와 한국인 의사 3명이었고,[18] 간호사 23명 (외국인 간호사 1명, 한국인 간호사 22명)이 근무했다. 안력산병원은 외래환자에 비해 입원환자가 상대적으로 많았으며, 환자의 절반은 자선진료환자였다.[19] 그리고 이 병원은 1932~1937년 사이에 비약적인 발전을 했다고 볼 수 있는데[20] 이러한 시기에 황두연은 서무과장으로 재직했던 것이다.

황두연이 안력산병원에서 일하게 된 데에는 아마도 신앙심이 두터웠다는 것이 큰 몫을 차지하였을 것으로 보인다. 병원장 로저스는 병원에 남녀 전도사를 두고 매일 회진하기 전에 1시간 정도의 채플(예배모임)을 갖게 할 정도로 선교 사명에 철저한 신앙인이었기 때문이다. 황두연은 안력산병원 서무과장으로 일하는 동안 채플 관리인으로 역할을 하기도 했다.[21]

---

16) 順天市史編纂委員會, 『順天市史: 문화·예술편』, 1997, 97쪽.
17) 이만열, 『한국기독교의료사』, 아카넷, 2003, 685쪽.
18) 로저스(James M. Rogers, 노제세)는 1917년에 부임하여 안력산병원 사역에 참여하였다. 이덕주, 「일제 강점기 순천 선교부와 지역사회」(학술대회자료집, 2018.8.14.). 안력산병원에 근무한 한국인 의사로는 정민기와 윤병서(尹秉瑞)를 들 수가 있다. 두 의사에 대해서는 한규무, 「미국남장로회의 순천지역 의료선교와 안력산병원」(학술대회자료집, 2018.8.14.) 참조.
19) 황두연은 안력산병원장 로저스에 대해 "활인지방(活人之方)인 의사요 진실된 선교사", "빈부의 차별 없이 참된 그리스도의 신앙을 실천하는 사랑의 사도"로 높이 평가했으며, "자비심이 풍부한 로제세 안력산 병원장은 기뻐 진찰하고 아무리 고가의 약이라도 아낌없이 무료로 내주는 것이다. 한 푼 준비 없이 와도 응급 환자라면 우선 치료해 놓고 보는 분이다. 무료 환자일수록 병이 위독하면 그를 위해 병원 숙직실에서 철야해 가며 치료를 하는 분이다."라고 회고했다. 황두연, 앞의 책, 34~35쪽.
20) 이만열, 앞의 책, 690쪽.
21) 황두연, 앞의 책, 34쪽.

황두연은 순천읍교회·중앙교회를 모교회로 삼으면서 기독청년면려회를 이끌어 나가는 등 청년운동을 전개했다. 당시 기독교 계통의 청년단체는 감리교 계통의 엡윗청년회, 장로교 계통의 면려청년회, 교파를 초월한 기독교청년회(국제YMCA 지부) 등이 있었다. 이러한 청년단체 중에서 YMCA가 가장 먼저 결성되었으며,[22] 순천기독청년면려회는 1918년 10월 15일에 결성되어 지역사회에 복음을 전파하는 역할을 하였는데,[23] 황두연은 1930년대에 기독청년면려회에서 복음전도와 더불어 계몽활동을 전개한 것이다. 이러한 청년회 활동은 원탁회 조직과 신사참배 반대 운동으로 확대되었으며, 운동의 시발점은 1936년 박용희 목사가 순천중앙교회 당회장으로 부임한 뒤부터였다.[24]

황두연은 애양원과도 관계를 맺으며 활동했다. 광주 시내에 있던 광주나병원이 광주시민의 빗발치는 항의소동으로 인해 1926년에 순천과 여수 사이의 여천군 율촌으로 이전하게 되었고, 이름도 '애양원'으로 바꾸어 운영하였다.[25] 이때 1911년 설립 당시부터 광주나병원 원장으로 있던 의료선교사 윌슨(Robert M. Wilson, 우월손)이 순천선교부로 자리를 옮겨 애양원 원장으로 계속 일했다.[26] 안력산병원은 애양원과는 자

---

22) 1903년 외국인 선교사와 상류층 기독교인이 중심이 되어 황성기독교청년회를 창설하였다. 김상태, 「1920~1930년대 同友會·興業俱樂部 硏究」, 『韓國史論』 28, 1992, 213쪽.

23) 順天市史編纂委員會, 『順天市史: 정치·사회편』, 1997, 607~608쪽; 장규식, 『일제하 한국 기독교민족주의 연구』, 혜안, 2001, 149쪽. 장규식은 면려청년회가 1921년에 경북 안동 장로교회에서 선교사 앤더슨(W. J. Anderson, 안대선)에 의해 처음으로 조직되었으며, 장로회총회에서 교회마다 면려청년회 설립을 결의함으로써 장로교회 전체로 확산되어 나간 것으로 보았다. 그런데 『순천시사』에서는 순천기독면려청년회가 경북 안동교회보다 몇 년 앞선 1918년에 결성된 것으로 보고 있다.

24) 朴浣, 『韓國基督敎 100年』, 聖書敎材刊行社(서울), 1991, 346~353쪽.

25) 이만열, 앞의 책, 766~767쪽: 金守珍·韓仁洙, 『韓國基督敎會史: 湖南篇』, 汎論社, 1980, 274쪽.

26) 이덕주, 「일제 강점기 순천 선교부와 지역사회」(학술대회자료집, 2018.8.14).

매병원이었기에 황두연은 자주 애양원을 방문하게 되었다.[27] 이것이 계기가 되어 황두연은 1939년 7월에 애양원교회로 부임한 손양원 전도사(1946년 3월에 목사 안수를 받음)와 긴밀한 관계를 유지했다고 볼 수 있으며, 이 둘은 뒷날 신사참배 반대로 광주형무소에 갇히는 신세가 되었다.

3. 원탁회 조직과 옥중 생활

1940년 5월 황두연은 순천 중앙교회 장로가 되었다. 장로가 되기 전, 1938년 4월 25일 구례읍교회에서 순천노회 제22회 정기회의가 열렸고, 이 회의에서 신사참배를 결의했다.[28] 그런데 일제의 강압으로 신사참배를 결의했지만 순천노회에 속한 지도자들 사이에서는 신사참배를 합리화하는 것은 환난을 회피하려는 얕은 궤변으로 인식하였으며,[29] 나아가 이들은 신사참배 반대운동을 전개해 나갔다.

또한 황두연은 장로가 된 지 얼마 안 되어 신사참배 반대운동을 결심하고, 그 일환으로 비밀결사 단체인 원탁회를 조직하였다. 대한예수교장로회 순천노회 청년면려회 연합회장, 순천읍교회 · 중앙교회 청년면려회장으로 다년간 활동해 온 터라 이러한 청년회 조직망을 중심으로 강창원, 장금석 등 10여 명을 규합하였으며, 그 자신이 원탁회 회장을 맡았다. 원탁회라는 단체이름은 인도의 민족주의자인 간디가 영국에 항거하기 위해 조직한 명칭에서 따온 것이다.[30]

신사참배 반대운동에 대한 일제의 대응은 강경했다. 원탁회가 구성된

---

27) 황두연, 앞의 책, 34쪽.
28) 順天市史編纂委員會, 앞의 책, 710~711쪽. 1938년 9월에 조선예수교장로회 총회에서 신사참배를 결의한 것보다 몇 개월 앞서 순천노회에서 신사참배를 결의하였다.
29) 金守珍 · 韓仁洙, 앞의 책, 305쪽.
30) 황두연, 앞의 책, 47~49쪽. 황두연에 따르면, 원탁회는 1940년 초여름에 결성되었다.

지 얼마 안 된 9월 20일에 순천경찰서에서 황두연 장로를 검거하였다. 그의 나이 36세 때였다. 이어서 신사참배운동에 나선 오석주·김정복·나덕환·선재련·김형모·김형재·김순배·김상두 등 순천노회 소속 목사와 박창규 장로, 선춘근 장로, 김원석을 비롯한 여러 전도사를, 22일에는 박용희 목사를 순천경찰서에서 연행해갔다. 이때 투옥된 교인들 중에서 박용희 목사, 황두연 장로, 손양원 전도사를 제외한 목사, 장로들을 모두 석방시켰다. 그러나 석방된 지 한 달이 채 못 되어 일경은 다시 교회지도자들을 재검속했다. 순천노회사건으로 투옥된 교회지도자는 김상두·김순배·김정복·김형모·김형재·나덕환·박용희·선재련·손양원·양용근·오석주·조상학(이상 목사, 전도사), 김원식·박창규·선춘근·황두연(이상 장로), 유재학(집사) 등 17명이었다.[31] 그리고 순천노회에 대해 강제해산 조치를 내렸다.[32]

순천경찰서에 수감된 지 15개월째로 접어드는 1941년 11월 초, 황두연은 광주형무소 구치소로 이감되어, 그곳에서 21개월 동안 수감생활을 하였다. 황두연을 포함한 순천노회원 13명에 대한 공판은 1943년 8월 중순 경에 열렸다. 이때 황두연은 불경죄로 징역 1년을, 순천노회 사건의 박용희 목사는 국체변혁 및 불경죄로 징역 1년 6개월을, 그리고 나머지 인사들은 치안유지법 위반, 총동원령 위반 등으로 6개월 이상 1년까지의 징역을 구형받았다. 곧바로 공판이 속개되어 구형량과 동일하게 유죄선고가 내려졌다. 이로써 황두연은 광주형무소 구치감에서 기결감으로 이감되어 그곳에서 1년의 형기를 채우고 1944년 8월에 출소했다.[33]

황두연이 만 4년 동안 감옥생활을 하면서 그의 가족은 일제말기 총력

---

31) 황두연, 앞의 책, 64쪽; 朴浣, 앞의 책, 354쪽; 金守珍·韓仁洙, 앞의 책, 307쪽; 順天市史編纂委員會, 앞의 책, 711쪽.
32) 朴浣, 앞의 책, 354쪽.
33) 황두연, 앞의 책, 146~152쪽, 168~169쪽.

전 체제하에서 여러 가지로 간난을 겪어야만 했다. 전시 하에 부과되는 공출이나 노력 동원 등으로 어려움을 겪었으며, 생필품 배급도 제대로 받지 못하였기에 5남매를 거느리며 생계를 책임져야 할 그의 부인은 말할 수 없는 고초를 겪어야만 했다. 다행히도 안력산병원장 로저스가 퇴직금과 위로금을 주어 생계를 잇게 하였고, 가족의 병을 무료로 치료받을 수 있도록 조치해 주기도 했다. 또한 순천 중앙의원 김원식, 정인대 의사, 순천철도국에 근무하던 이규완 장로 등의 도움을 받기도 했다.[34]

III. 해방 후 우익 활동과 의정 활동

1. 해방 후 우익 활동과 순천읍 부읍장

1) 장로 복직과 교회 활동

황두연은 출옥 후 그가 일하던 안력산병원에 복직할 수 없었다. 그 결정적인 이유 중의 하나는 1940년 일제의 선교사 강제추방으로 안력산병원이 폐쇄되었기 때문이다. 그는 뚜렷한 직업 없이 5개월 동안 친척집을 돌며 분주히 전도활동을 하다가, 1945년 2월경 "미구에 사상범에 대한 재탄압이 있을 것"이라는 소식을 듣고 월등면 소재의 어느 마을로 들어가 은신하였다. 그곳에서 그는 6개월 동안 지내다가 해방되기 하루 전날에 순천읍내로 돌아와 해방을 맞이하였다.[35]

일제의 종교탄압으로 1943년에 혁신교단과 일본기독교 조선장로교단이 탄생되었고, 해방되기 직전인 7월 19일에는 모든 교파를 강제로 통합

---

34) 황두연, 앞의 책, 179~183쪽.
35) 황두연, 위의 책, 186~188쪽.

시켜 '일본기독교 조선교단'을 발족시킨 바 있다.[36] 해방이 되자 교계에서는 이를 되돌리기 위한 활동을 활발히 전개하였다. 총독부에 협력했던 교회 지도자에 대한 비난과 더불어 책임을 추궁하였으며, 단일교단을 해체하여 교파별로 강제통합 이전의 상태로 돌아가야 한다는 주장을 펼치기도 했다.[37]

황두연에 대한 순천 중앙교회의 태도도 달라졌다. 4년간의 옥고로 당회에 참석할 수가 없어 제명처분을 당하였으며, 그가 출소한 후에도 복직을 할 수가 없었는데 해방이 되면서 황두연에 대한 대우를 달리한 것이다. 즉, 8월 19일 예배가 끝난 후 당회에 참석시켜 시무장로로 복직할 것을 요청한 것이다.[38] 그는 곧바로 이러한 순천 중앙교회의 당회 참석 요청을 받아들였다. 이로써 4년간의 감옥생활, 출옥 후 5개월 간의 개인 전도 활동, 그리고 6개월 동안의 은신생활을 청산하고 만 5년 만에 중앙교회 시무장로로 활동할 수가 있었다.

순천 중앙교회『당회록』을 통해서 황두연이 해방 이후 언제까지 당회 활동을 하였는지 대략적으로나마 파악할 수 있다. 1946년 12월 27일 중앙교회 시무장로와 집사, 그리고 임원을 결정했는데, 이때 시무장로는 김상권(金尙權) 목사였으며, 장로는 황두연을 비롯하여 정관진(鄭寬珍)·김원식(金元植)·오예택(吳禮澤) 등이었다. 그리고 황두연은 유치원 원감(園監)으로도 임명되었다.[39] 1년 뒤 1947년 12월 27일에도 중앙교회 시무직원을 결정했는데, 이때 황두연은 주일학교 유년부 고문, 유치원 원감으로 임명되었다.[40] 그런데 1948년 3월부터는『당회록』에서 황두연

---

36) 서정민, 「일제 말 '일본기독교조선교단' 형성과정」, 『한국기독교와 역사』 16, 2002.2; 유호준, 『역사와 교회: 내가 섬긴 교회·내가 살던 역사』, 대한기독교서회, 1993, 170쪽.
37) 姜元龍, 『빈들에서: 나의 삶, 한국현대사의 소용돌이』 1, 열린문화, 1993, 173쪽.
38) 황두연, 앞의 책, 196~197쪽.
39) 順天邑敎會·順天中央敎會, 『堂會錄』, 1946.12.27, 15~18쪽.
40) 順天邑敎會·順天中央敎會, 『堂會錄』, 1947.12.27, 34~38쪽.

제헌의원 황두연의 생애와 순천지역 활동　263

의 이름은 등장하지 않는다. 아마도 1948년의 5·10선거 출마와 제헌의
원으로서의 의정활동과 관계가 있는 것으로 보인다.

2) 우익 청년·농민 활동

1945년 12월 말부터 시작된 '신탁통치' 반대운동이 지방으로 확산되었
으며, 순천지역에도 반탁운동이 일어났다. 순천지역에서 우익진영의 반
탁운동을 주도한 인물이 바로 황두연이다. 기독청년면려회 회장이었던
그는 반탁운동의 일환으로 3일간 금식기도를 주도하였으며, 군정청에
반대 진정서를 보내는 등 순천지역의 반탁운동을 이끌었다. 황두연은
기독청년회장과 더불어 대한독립촉성국민회 순천지부장으로도 활약했
다.[41] 그는 1946년 초여름에 이승만이 순천을 방문했을 때 순천 중앙교
회에서 환영예배를 드릴 것을 요청하여 이를 성사시킬 정도로[42] 이승만
을 신앙인으로서 존경하였으며, 뒷날 제헌의원으로서 의정활동을 할 때
도 이승만의 정치노선을 충실히 따른 인물이었다.

황두연은 대한노총에서도 활동했다. 주지하듯이 대한노총은 미군정
과 우익정치인의 지원 아래에서 우익청년단을 기반으로 조직되었고, 미
군정기 반공·반전평 활동을 조직의 주된 목표로 삼은 우익노조였다.[43]
대한노총은 9월총파업 이후 지방으로 조직 확대를 본격화했다고 볼 수

---

41) 황두연, 앞의 책, 213쪽, 215쪽.
42) 이승만이 순천을 방문한 때는 1946년 5월 상순경이었으며, 그는 순천 방문 후 목포,
   광주를 거쳐 5월 10일에 귀경했다. 황두연은 회고록에서 '초여름'이라고 기술하였는
   데, 그대로 두었다. 왜냐하면 이승만이 또다시 초여름 무렵에 순천지역을 방문했을
   가능성이 있기 때문이다. 『G-2 PERIODIC REPORT』 1946.5.6(경남대극동문제연구소,
   『지방미군정자료집』 2, 경인문화사, 276쪽); 『G-2 PERIODIC REPORT』 1946.5.10(경
   남대극동문제연구소, 앞의 책, 281쪽); 「李博士 順天에」, 『釜山日報』, 1946.5.7; 「李
   博士 木浦에 到着」, 『嶺南日報』, 1946.5.9.
43) 대한노총에 대해서는 임송자, 『대한민국 노동운동의 보수적 기원』, 선인, 2007 참조.

있는데, 순천지역에서는 이보다 앞서 1946년 5월에 결성되었다. 이렇게 보는 이유는 대한노총 순천지부에서 1947년 5월 16일에 창립 1주년 기념식을 개최하고 있기 때문이다.[44]

대한노총 내에는 농민총국이 있었는데, 이 농민총국이 분리되고 조직을 확대하여 1947년 8월 30일에 서울 중구 남산동 구(舊) 동본원사(東本願寺)에서 각 도, 군 대의원, 정당·사회단체 대표 등이 참석한 가운데 대한독립농민총연맹(대한농총) 결성대회를 열었다. 이때 황두연은 전라도 대의원으로 참석했다.[45] 대회에서 선언문, 강령, 규약 등을 수정하는 위원을 선정하였으며, 각 도에서 1인씩, 그리고 준비위원회 3인으로 구성하는 수정위원을 선정하였는데, 이때 황두연이 전라도 대표로 수정위원이 되었다.[46] 그리고 황두연은 대한농총 감찰위원이 되었는데, 이때 순천군을 대표하는 중앙집행위원은 김인수(金仁洙)였으며, 그의 형 황재연은 보성군을 대표하는 중앙집행위원이 되었다.[47] 중앙조직으로서 대한노총이 결성된 지 얼마 안 되어 9월 25일에는 대한농총 순천군연맹이 결성되었는데, 이때 황두연이 위원장으로 선출되었다.[48]

3) 건국준비위원회와 순천읍 부읍장으로서의 행정 활동

황두연은 건국준비위원회(건준) 감찰부에서 활동했다.[49] 중앙 건준 결성에 이어 전남지부는 8월 17일 결성식을 개최하였으며, 대체로 8월

---

44) 「順天大韓勞總 定期總會 開催」, 『東光新聞』, 1947.5.18.

45) 蔡奎恒, 『勞農運動의 文獻』 第一輯, 새글出版社, 1947, 54쪽.

46) 蔡奎恒, 위의 책, 57쪽.

47) 蔡奎恒, 위의 책, 92쪽, 95쪽. 황두연의 첫째 형인 黃在淵은 보성군 독립촉성국민회 득량면지부 회장을 지내기도 했는데, 여순사건의 와중에서 사망했다. 「得粮國民會 强化會」, 『東光新聞』, 1947.6.7.

48) 「順天 農民聯盟」, 『東光新聞』, 1947.9.28.

49) 황두연, 앞의 책, 1978.

말까지 전남지방에서 건준 지부가 조직되었다. 군 지방에서 건준이 결성되는 과정은 주민들의 선거형식을 거쳐 조직한 경우, 지방의 명망가와 활동가들에 의해 호선으로 조직한 경우, 군민대회에서 조직된 경우 등 지방에 따라 다르게 나타났는데, 순천 지역은 명망가와 활동가들에 의한 호선으로 조직된 경우이다.[50]

그런데 황두연은 『회고록』에서 "일제 시 공산주의자로 몇 차례 옥고를 겪었던 박영진이라는 분이 찾아"와서 인민위원회에서 함께 일할 것을 권유했지만 이를 거절했다고 밝히고 있다. 그는 "인민위원회라는 단체는 본래 무식한 농민 노동자들을 포섭하여 약탈 횡포로 지방 세력을 잡으려는 공산주의자들의 본색을 드러내기 시작"했다고 기술하였다. 또한 그는 좌익 공산주의에 반대하고 "지방의 건실한 분들과 중견 신자들 중에 항일투사들이 뜻을 같이하여" "건국준비위원회를 조직하고 사태 수습에" 나섰으며, 이러한 조직에 김정기 장로와 함께 자진하여 가담하였다고 기술하였다.[51] 이에 따르면 순천지역에서는 다른 지역과 달리 건국준비위원회보다 인민위원회가 먼저 조직되는 특이한 상황이 벌어진 것이 되는데, 이는 사실을 잘못 알고 있거나 뒷날에 기억을 되살리는 과정에서 착각과 혼선을 일으켰을 가능성이 크다. 또한 그는 박영진이라는 인물이 일제시기에는 사회주의자로 활동했지만 해방정국에서 김양수를 중심으로 한 우익세력에 가세하여 활동했는데도 이러한 사실을 잘못 알고 있거나 왜곡하여 박영진이 인민위원회에서 함께 일할 것을 권유하였다고 기술하고 있다.

미군 진주를 앞두고 9월 6일 인민공화국 수립을 선포했으며, 이에 따라 건준 조직이 인민위원회로 개편되거나 건준과 독립적으로 인민위원

---

50) 全羅南道誌編纂委員會, 앞의 책, 41~42쪽.

51) 황두연, 앞의 책, 205~206쪽.

회가 조직되었다는 것은 주지의 사실이다. 전남 건준은 9월 20일 대회를 열어 인민위원회로 개편하였다. 전남의 각 지방에서 인민위원회가 조직되는 과정은 일률적이지 않았으며 다양한 양상을 보였다. 즉, 인민위원회는 중앙의 지시에 의해 건준이 개편된 경우, 도인민위원회의 물리력을 동원한 외압에 의해 건준 조직이 개편된 경우, 표결을 통해 개편된 경우, 건준과는 독립적으로 인민위원회가 새로 결성된 경우 등 여러 유형으로 나뉜다. 순천은 건준과는 독립적으로 인민위원회가 새로 결성된 경우에 해당된다.[52]

제69군정중대가 10월 27일 순천에 들어와 군정업무를 공식적으로 개시한 때는 11월 5일이었다. 군정장관 명령에 의해 이태규(李泰奎)가 초대 읍장으로, 황두연이 부읍장으로, 그리고 김양수가 군수로 임명되었다.[53] 황두연이 부읍장직을 맡게 된 것은 신사참배반대운동으로 일제에 항거한 것이 높이 평가되었기 때문이며, 다른 한편으로는 기독교 세력을 염두에 둔 자리안배로 볼 수도 있다.

황두연이 부읍장직을 맡게되면서 가장 크게 부딪힌 문제는 미곡수집령에 따른 농민의 불만 고조와 식량난이었을 것이다. 당시 쌀값 폭등으로 식량위기가 심각했으며, 이러한 위기를 해결하기 위한 방책으로 미곡수집령을 시행했는데, 농민들은 생산비에도 미치지 못하는 낮은 가격으로 곡물을 공출당해야 했다. 실제 수확 실적과 배당된 공출량 사이에는 간극이 컸으며, 공출과정에서 정실이 개입되었기 때문에 농민의 불

---

52) 全羅南道誌編纂委員會, 앞의 책, 49~51쪽. 순천 인민위원회 위원장은 김기수였다. 김기수는 1888년 3월 28일 순천군 서면 지본리에서 소농의 아들로 태어났다. 1922년 12월 13일 순천군 서면에서 일어난 소작쟁의를 주도한 이래 농민운동을 활발히 전개했으며, 1926년 제2차 조선공산당에 이영민, 박병두, 이창수 등과 함께 참여하기도 했다. 김기수에 대해서는 안종철·최정기·김준·정장우, 『근현대 형성과정의 재인식』 (1), 중원문화, 2010 참조.

53) 順天昇州鄕土誌編纂委員會, 앞의 책, 78쪽.

만은 극도로 높아갔다.[54] 이러한 상황에서 그가 어떠한 방식으로 식량행정을 펼쳤는지에 대해서는 구체적으로 알 수 없다. 부읍장으로 임명된 지 2년 후 읍장 직무를 대행하였으며, 그 후 얼마 지난 뒤 군정청 발령에 의해 읍장으로 승진하였다.[55]

그런데 그는 읍장으로 승진한 지 얼마 안 있어 사임하였다. 이는 남조선과도정부 수립과 관련이 있는 것 같다. 그 과정을 살펴보자. 미군정은 1947년 2월 10일 안재홍을 민정장관으로 임명하였다. 미군정에서 민정장관 취임 제의가 왔을 때 안재홍은 '각 부처장의 임면권 보장' 등 다섯 가지 요구조건을 내걸었으며, 이를 하지 중장이 받아들이자 민정장관에 취임하였다. 그런데 러치 군정장관은 안재홍의 취임 전제조건을 사실무근이라며 부인하였기 때문에 한민당 부처장들의 뜻대로 움직이는 상황이 되어 안재홍은 권한을 행사하는데 제약을 받았다.[56] 1947년 3월 15일 법령 제135호로 한국인에게 인사행정을 완전히 이양하였고, 6월 3일에 이르러 남조선과도정부를 발족시켰다.[57] 이에 따라 각 도에 민정 도지사를 두었는데 중앙은 물론이고 각 도지사를 비롯한 군수, 면장까지 한민당 인사들이 대거 임명되었다. 이때 전라남도 도지사였던 서민호를 강원도지사로, 그리고 강원도지사였던 박건원을 전남지사로 이동시켰으며, 순천읍장도 교체됐다. 이에 따라 독립촉성국민회 계열이었던 황두연은 사임할 수밖에 없었고, 이후 미 공보원 강사로 임명되어 활동하게 되었다.[58]

---

54) 姜元龍, 앞의 책, 229~230쪽.
55) 황두연, 앞의 책, 217쪽.
56) 姜元龍, 앞의 책, 222~223쪽.
57) 이혜숙, 『미군정기 지배구조와 한국사회』, 선인, 2008, 140쪽.
58) 황두연, 앞의 책, 217~218쪽.

2. 5·10선거와 의정 활동

1) 5 · 10선거

주지하듯이 1948년 2월 26일 UN소총회 결의에 따라 남한만의 총선거 준비에 들어갔으며, 3월 1일 하지 중장은 5월 9일(이후 5월 10일로 변경)에 선거를 거행할 것이라는 내용의 포고를 발표하였다. 이어서 미군정 당국은 3월 중순에 법령 제175호로 국회의원선거법을 발표하였다. 이러한 국회의원선거법이 나온 이후 우익세력은 3월 30일 '전국애국연합 총선거 추진위원회'를 결성하여 본격적으로 총선 준비에 나섰고, 우익청년단체, 부인단체, 학생단체 등을 동원하여 선거 참여율을 높이고자 선거 계몽에 매진했다.[59] 5 · 10선거를 앞두고 한국교회 대부분의 지도자들은 거의 무조건 이승만을 지지하고 나섰고, 기독교선교대책위원회를 조직하여 각 교회마다 지부를 설치하여 선거운동을 전개했다.[60]

황두연은 5 · 10선거에 입후보하기 위해 미 공보원 강사직을 사임하고 독립촉성국민회, 대한노총, 대한농총 등 3단체의 공천을 받아 입후보 등록을 마쳤다. 처음에 황두연은 한민당 후보 김양수와 협약하여 순천 갑구를 양보하고 을구에서 출마하고자 했다. 그러나 한민당에서 을구에도 공천하자 그는 순천 갑구로 등록하여 김양수와 대결을 펼치기로 결단을 내렸다. 황두연 입장에서 승부수를 띄운 것이다. 이렇게 되어 순천 갑구는 황두연(대한농총, 독촉국민회)·金良洙(한민당)·朴玉信(애국부인회)이 출마하였으며,[61] 선거전은 황두연과 김양수 사이의 양자대결로 압축

---

59) 임송자,「미군정기 우익정치세력과 우익학생단체의 문해·계몽운동」,『한국민족운동사연구』79, 2014, 217~220쪽; 임송자,「총선거와 의정활동으로 본 지리산지구의 산청 지역과 지역민(1948~1955년)」,『한국민족운동사연구』88, 2016, 208~209쪽.

60) 姜元龍, 앞의 책, 258쪽.

61)「立候補者 名簿」,『동아일보』, 1948.4.24. 박옥신은 순천 금곡리 출생으로 1937년에 매산학교 교원으로 임용되었으며, 1946년에 애국부인회 순천지부장, 부인신보사(婦

되어 각축을 벌였다.

김양수는 1896년 순천에서 3천석 이상을 수확하는 대지주의 아들로 태어났으며,[62] 일본 와세다대학 정경학부, 미국 컬럼비아대학교, 영국 런던대학을 졸업하였다. 그는 1920년대 전반기 순천지역에서 청년회 활동을 전개했다.[63] 1920년 7월 11일에 창립된 순천지방청년회에서 총무로 임명되었고, 1921년 4월 21일에는 순천기독면려청년회 총회에서 회장에 임명되어 활동하기도 했다.[64] 청년조직의 활동가는 지주 출신의 '유지청년'과 '혁신청년'으로 구분되는데, 김양수는 '유지청년'의 부류에 들어가는 인물이다.[65] 그는 1924년 9월 조선일보 기자가 되었으며, 1925년 6월 유학차 경성을 떠나 도미했다가 1930년 2월에 귀국했다.[66]

또한 김양수는 호남지방에서 손꼽히는 부호였던 김종익(金鍾翊)과도 관련이 깊다. 김종익이 1933년에 조선제사주식회사(朝鮮製絲株式會社)를 인수하여 대표취체역이 되었는데, 이때 김양수는 유전(劉銓) · 석진형(石鎭衡) · 남주희(南胄熙) · 김도연(金度演) · 옥선진(玉璿珍) · 이인(李仁) · 심

人新報社) 순천지국장을 지냈다. 「國會議員 立候補者 朴玉信 女史」, 『婦人新報』, 1948.4.20.

62) 순천시청 홈페이지에는 1901년생으로 되어 있지만, 김양수가 5 · 10선거에 출마할 때 나이는 53세였기 때문에 이는 잘못 기록된 것이라 할 수 있다. 「立候補者 名簿」, 『동아일보』, 1948.4.24; 안종철 · 최정기 · 김준 · 정장우, 앞의 책, 242쪽.

63) 「基督靑年會 夏令會」, 『동아일보』, 1920.8.30; 「靑年會 一週年 紀念」 · 「基督靑年 巡廻 傳道」 · 「順天靑年會 講演會」, 『동아일보』, 1921.8.9; 「勉勵靑年會 紀念」, 『동아일보』, 1921.10.26; 「順天基督靑年總會」, 『동아일보』, 1921.12.21.

64) 「順天地方靑年會」, 『동아일보』, 1920.9.1; 「勉勵靑年會 定期會」, 『동아일보』, 1921.5.11. 1921년의 총회에서 선출된 임원은 다음과 같다. 회장 김양수(金良洙), 부회장 김주봉(金周鳳), 총무 이창수(李昌洙), 덕육부장 최정희(崔珵羲), 지육부장 최남립(崔南立), 체육부장 은이갑(殷二甲), 서기 최영기(崔永基), 회계 김성일(金聖日) 등이었다.

65) 順天市史編纂委員會, 앞의 책, 653~655쪽.

66) 「朝鮮日報의 새 主人」, 『동아일보』, 1924.9.14; 「金良洙 氏 渡美」, 『동아일보』, 1925.6.8; 「錦衣歸國하자 金良洙 氏 被檢」, 『동아일보』, 1930.2.18; 「金良洙 氏 放免」, 『동아일보』, 1930.2.21.

상형(沈相亨) 등과 함께 중역으로 임명되었다.[67] 그러나 김양수는 김종익이 작고한 후[68] 조선제사주식회사와의 인연에서 벗어나 김도연·김양수·신윤국(申允局)·서민호(徐珉濠)·채규봉(蔡奎奉)·최순주(崔淳周)·이인(李仁)·윤치창(尹致昌)·장현식(張鉉植)·이훈구(李勳求)·이기붕(李起鵬) 등과 함께 새로 조선흥업주식회사를 설립하여 취체역으로 활동했다.[69]

한편 김양수는 1942년 10월에 발생한 조선어학회사건으로 옥고를 치렀다. 조선흥업주식회사 중역으로 있으면서 조선어학회 기관지의 편집비용을 후원하거나 조선어학회 사전편찬사업을 촉진하기 위해 비밀후원회를 조직하여 재정적인 지원을 했던 사실이 드러나 12월 23일 연행되어 구속되었다.[70] 사건을 취조한 홍원경찰서는 사전편찬에 가담했거나 재정지원을 한 인사 33명에 대해 치안유지법을 적용하여 1943년 4월 중순에 기소하였는데, 이때 김양수도 기소되었다. 조선어학회사건에 대한 재판은 1944년 12월부터 1945년 1월까지 계속되었으며, 김양수는 1945년 1월 징역 2년 집행유예 4년을 선고받았다.[71] 이로써 그는 함흥형무소에서 석방되었으나 해방 직전에 예비검속되어 순천경찰서에 수감되었고, 영어의 몸으로 해방을 맞았다.

---

67) 국립순천대학교, 『(사료로 엮은) 순천대학교 70년사: 1935~2005(본사편)』, 2005, 42-43쪽.

68) 김종익은 1937년 5월 6일에 별세했다. 「京城女子醫學專門 百萬圓 財團 計劃」, 『동아일보』, 1937.6.23.

69) 이 회사의 주된 수입원은 토지방매를 비롯하여 토지개간, 임야벌채, 광산업 등이었다. 임야를 벌채하여 목재와 화목(火木)을 반출하기도 했고, 목탄(白炭)을 생산하기도 했다. 목재를 이용하여 주택을 건축하여 팔기도 했고 흑연광산을 매입하여 채광한 흑연을 일본에 수출하기도 했다. 金度演, 『나의 人生白書』, 康友出版, 1968, 126~127쪽.

70) 안종철 외, 앞의 책, 244쪽.

71) 독립기념관 한국독립운동사연구소, 『한국독립운동사사전』 6, 2004, 543~545쪽.

그는 건준 순천지부를 결성해 위원장이 되었으며, 9월 말경 조직된 한민당 순천지구당 위원장으로 선출되어 활동했다.[72] 미군이 광주·전 남에 진주하면서 조직한 것으로 주로 도청 내의 관직을 추천하는 임무 를 부여받았던 도지사고문회의의 위원을 역임하기도 했다. 그리고 순천 군수에 임명되어[73] 활동하면서 인민위원회와 산하 단체를 탄압하는 일 에도 앞장섰다.

한민당 후보 김양수는 순천지역에서 대를 이어온 지주급 유지였기에 선거자금에 쓸 수 있는 재력도 든든한 편이었다고 할 수 있다. 또한 앞 서 본 바와 같이 김양수의 경력은 화려했으며, 한민당의 중진급에 속하 는 인물이었다. 더욱이 조선어학회사건으로 옥고를 치른 항일인사로 부 각된 인물이었다. 반면 황두연은 순천이 고향이 아니었으며, 안력산병 원에서 십여 년 동안 근무했지만 4년간 옥고를 겪고 나와 2년 동안의 공 직생활을 해왔기 때문에 지역적 기반도 김양수와 비교하여 미약한 편이 었다. 물론 1920년대 중반부터 해방되기 직전까지 김양수는 순천지역을 무대로 활동하지 않았기에 황두연에게 유리한 측면도 존재했다. 그렇지 만 황두연에게 불리한 여건이 또 하나 있었다. 선거자금도 "출마를 강권 한 동지들이 거출한 5만원 뿐"이어서 겨우 벽보대에 지나지 않았으며,[74] 한민당과 연결된 경찰의 위세가 대단하여 선거전에서 대단히 불리한 처 지에 놓여 있었다고 토로할 정도로 선거자금이 빈약했을 뿐더러 관권에 눌리는 형편이었다.

이러한 조건 아래에서도 황두연은 14,677표를 얻어 당선되었다.[75] 김

---

72) 안종철 외, 앞의 책, 243~245쪽.

73) 任善和, 「해방 이후 전남지방의 우익단체 연구」, 전남대학교 사학과 박사학위논문, 2009, 16쪽, 25~26쪽.

74) 황두연, 앞의 책, 226~227쪽.

75) 中央選擧管理委員會, 『大韓民國選擧史』 第1輯, 1973, 1077쪽.

양수는 11,508표를 얻어 차점자로 낙선의 고배를 마셨다.76) 황두연이 한민당 중진 김양수를 꺾고 당선된 것은 순천지역에서의 반한민당 정서가 큰 역할을 한 것으로 보인다. 다른 지역과 마찬가지로 순천지역에서도 5·10선거를 앞두고 미군정기에 반좌익활동, 반공활동에 전력을 기울였던 우익세력이 분화하였으며, 이 과정에서 심각한 갈등을 빚었다. 독촉국민회, 대한노총, 대한농총 등도 이승만을 지지하는 세력과 한민당을 지지하는 세력으로 갈라져 나갔다. 이러한 형세에서 지주세력을 대변하는 한민당에 대한 지역민의 반감이 작용하여 황두연의 득표에 영향을 미쳤다고 볼 수 있다. 또한 순천지역은 기독교 세력이 강한 편이었기에 기독교인의 동향도 고려할 필요가 있다. 앞서 언급했듯이 황두연은 안력산병원에서 10년 동안 재직하면서 지역민으로부터 신망을 쌓아 나갔으며 해방 후에도 5·10선거 전까지 장로로 재직하면서 신앙생활에 충실했다. 이로 인해 기독교인의 지지를 받았을 것이며, 이것이 일정 정도 득표에 영향을 미쳤을 것으로 보인다.77)

순천군 갑구의 선거전은 한민당 대 독촉국민회의 대결 양상으로 전개되었다고도 볼 수 있는데, 순천 인근 지역의 선거에서 독촉국민회와 한민당과의 대결이 펼쳐진 곳은 보성이었다. 보성에서는 황두연의 형이며 남조선과도입법의원 민선의원을 지낸 황보익이 독촉국민회 소속으로 출마하였지만 한민당의 이정래(李晶來) 후보에게 패하였다.78) 순천군

---

76) 「국회의원 당선자 명단」, 『조선일보』, 1948.5.15(『자료 대한민국사』 7권 수록).

77) 황두연은 "주님을 위한 원탁회 사건으로 옥고를 치룬 것이 항일투쟁으로 인정받고 보니 필자에겐 단 한가지의 유리한 여건이었으니 나를 승리로 이끈 가장 큰 원인"이라고 강조하였지만, 김양수 또한 조선어학회사건에 연루되어 옥고를 치룬 인사였기에 "항일투쟁"을 선거 승리의 결정적 요인으로 보기에는 무리가 따른다.

78) 「국회의원 당선자 명단」, 『조선일보』, 1948.5.15(『자료 대한민국사』 7권 수록). 보성군에서는 한민당 후보로 이정래, 김성복, 임병철 등 세 명이나 되었기에 표가 분산되어 황보익에게 유리할 수 있었으나 의외로 황보익의 득표율은 가장 낮았다. 이정래 17,581표, 김성복 16,094표, 임병철 8,996표, 황보익 6,141표였다.

을구에서도 독촉국민회와 한민당의 대결 양상이 벌어졌는데, 한독당 계열이면서 독촉국민회 소속이었던 조옥현이 당선되었다.[79] 황두연과 함께 신사참배반대로 옥고를 치른 오석주 목사는 고흥군 갑구에서 독촉국민회 소속으로 출마하여 당선되었다.[80]

2) 의정 활동

황두연은 제헌의원으로서 의정활동을 활발히 하지 않았다고 평가받기도 했다.[81] 이는 명망가나 뚜렷한 족적을 남긴 몇몇 인물을 제외하고는 제헌의회에서 활동했던 인사에 대해 알 수 있는 자료가 많지 않다는 현실에서 비롯된 것이기도 하다.

황두연의 인생에서 가장 커다란 고빗길의 하나가 바로 여순사건 때 '반군 협력자'로 누명을 쓰고 고초를 겪은 일이라 할 수 있다. 그렇지만 황두연은 여순사건을 겪기 이전에도 그랬지만 이후에도 의정활동에 소극적이지는 않았다. 국민회 계열이면서 기독교인사로서 때로는 이승만 정부를 비판하기도 했지만 기본적으로는 이승만 정부를 지지하는 의정활동을 능동적으로 전개하였다.

제헌의회 활동이 마무리되어 가는 시점에서 행한 국회 속기과에서 산출한 통계자료에 따르면, 황두연은 국회 회의가 열린 399일 동안 100회

---

79) 전남지역 한독당 군당 조직에 대해서는 任善和, 앞의 논문, 2009, 53~57쪽 참조. 한독당 순천군당 위원장은 조옥현이었다. 5·10선거에서 조옥현은 14,911표를 얻어 당선되었고, 차점자인 김계수는 6,068표를 얻어 낙선하였다. 全羅南道誌編纂委員會, 『全羅南道誌』第9卷, 1993, 114쪽; 「立候補者 名簿」, 『동아일보』, 1948.4.24; 「국회의원 당선자 명단」, 『조선일보』, 1948.5.14(『자료 대한민국사』 7).

80) 中央選擧管理委員會, 앞의 책, 1077쪽.

81) 김득중, 『'빨갱이'의 탄생』, 선인, 2009, 315쪽. 김득중은 황두연에 대해 "국회 소장파에 속해 있었지만, 그리 활발한 활동을 하지는 않았다"고 평가하였다. 그러나 소장파도 아니었을 뿐더러 의정활동에서 두각을 드러내지는 않았더라도 적극적으로 의정활동을 했다고 평가할 수가 있다.

이상의 발언을 했다.[82] 물론 발언회수에 따라 각 의원들의 활동 유무, 다과를 단순하게 비교할 수는 없다. 다만 황두연 의원이 100회 이상 발언했다는 것에서 의정활동에 소극적이지 않았다고 평가를 내리는 데는 무리가 없을 것이다.

(1) 양곡수집 정책에 반대

제헌의원으로서 황두연이 가장 역점을 두고 의정활동을 펼친 것이 바로 서민의 식량문제 해결이었다. 그는 제헌국회가 개원된 지 며칠 안 된 6월 2일 의정단상에서 하곡수집을 철폐하라는 주장을 펼쳤다. 그는 정치라는 것은 "인민을 배불리 하여서 멕이고(먹이고) 등 따뜻하게 하는 이외에는 다른 방법이 없을 것"이라고 강조하였으며, "반동분자들의 반동을 방지"하기 위해서, 조선 인구의 8할을 차지하고 있는 농민들에게 직접 이해관계가 있는 공출문제가 제일 중요하다고 역설했다. 그리고 이번 선거(5 · 10선거)에 농민들이 참가한 것은 "농민이 제일 하기 싫어하는 그 공출 문제"를 면하고자 투표한 것이기에 하곡수집을 중지하여 농촌의 불안한 상태를 수습해야 할 것이라고 발언하였다. 또한 하곡을 수집하더라도 별 성과가 없을 것이며 실제로 도시에서 하곡(보리)을 배급받아 암시장에 내다파는 자가 대부분이라고 주장하면서 추곡수집을 위해 하곡수집 중지, 미가 폭등 완화, 치안 확보를 통한 민심수습 등을 강조하였다.[83] 그러나 이러한 주장은 관철되지 못했다. 의원들 사이에

---

82) 국회의장의 사회나 각 분과위원장 답변, 그리고 각 의원의 동의에 대한 재청, 삼청 등의 발언을 제외한 독자적인 발언을 통계로 제시한 것이다. 趙憲泳 의원 378회, 李鎭洙 의원 340회였으며, 100회 이상 발언한 의원은 22명이었는데 황두연 의원은 104회였다. 「제헌국회의원들의 의정 발언횟수」, 『한성일보』, 1950.5.13(『자료 대한민국사』 17권 수록).

83) 國會事務處, 『國會速記錄』 제1회 제3호, 1948.6.2; 「"民心收攬上 中止가 安當" 夏穀收集 國會에서도 問題」 · 「國會本會議 快速調로 進行. 憲法 國會法 起草에 委員 四五名을 選出. 來 七日까지 臨時休會」, 『경향신문』, 1948.6.4.

서 정부 수립이 제일 급선무이므로 하곡수집, 추곡수집 등을 거론하지 말자는 의견이 지배적이었기 때문이다.

그렇지만 정부가 수립된 뒤에도 이러한 미곡수집 문제는 해결을 짓지 못하였다. 해를 넘겨 1949년 6월 15일, 국회 제15차 본회의에서 1948년도 미곡과 1949년도 하곡의 매입과 운반의 자유를 허용하는 식량임시긴급조치법안을 법률로 확정하여 정부에 이송하였지만 정부의 공포가 지연되고 있었다. 정부는 헌법 제40조 2항에 따라서 지체 없이 공포해야 하는데도 이를 방치하고 있었던 것이다. 이에 황두연은 법안 공포를 지연시키고 하곡수집에서 강제성을 띤 '개인 할당' 등이 이루어지고 있는 현실에서 다시 긴급동의안을 제출했다.[84] 그리고 19일에 의정단상에서 "각 민간에서는 반동분자들이 기회를 엿보아서 국회와 정부는 말뿐이지 언제든지 농민들에게 대해서는 기만정책을 쓴다고 하는 이러한 책동을 하고 있는 것"이라면서 민심수습상 중대한 문제이므로 농림부장관의 국회 출석을 요청했다. 그리고 농림부장관을 대신하여 차관이 출석한 자리에서 "4281년도의 미곡과 4282년산의 하곡에 대해서는 자유로 매매 운반할 수가 있도록 법률로 확정"되었는데, 근자에 양곡 강제매상을 실시할 때와 마찬가지로 '개인 할당'이 이루어지고 있는 이유를 질의했다. 답변에 나선 농림부차관은 강제적인 할당이 이루어지고 있는 것이 아니라 같은 값이면 정부에 팔아달라고 권장한 것이라고 해명했지만 의원들로부터 거센 반발이 일어났다. 황두연 의원도 '부락할당', '개인할당' 때문에 일제시대나 군정시대의 반감이 되살아나 폭발될 우려가 있으므로 이를 중지할 것을 강력히 요청하였다.[85]

이러한 황두연의 노력과 더불어 국회 내 다수 의원들의 지원에 의해

---

84) 7월 16일에 황두연 의원 외 21명의 의원이 농림부장관의 국회 출석을 요청하는 긴급동의안을 제출하였다. 國會事務處, 『國會臨時會議 速記錄』 제4회 제13호, 1949.7.19.
85) 國會事務處, 『國會臨時會議 速記錄』 제4회 제13호, 1949.7.19.

결국 7월 22일에 식량임시긴급조치법이 공포됐다.[86] 식량임시긴급조치법에 따라 양곡매입법 제3조는 1949년 10월 31일까지 효력이 정지되고 양곡 매입과 운반의 자유가 이루어졌다. 또한 자가용 식량에 필요한 이상의 양곡을 점유하거나, 영리를 목적으로 매점매석하는 행위는 처벌대상이 되었다.[87] 그렇지만 각 지방에서 식량임시긴급조치법이 제대로 지켜지지는 않았다.

황두연은 국회 휴회를 이용하여 8월에 여수·순천을 중심으로 전남 각지를 시찰했다. 그리고 국회에서 지역 실정을 보고했는데, 그는 (1) 일선 관리들이 상부의 권장 매상방침을 무시하고 있으며, (2) 자가용(自家用) 양곡과 종곡을 제외하지 않은 부락별 평균 할당이 이루어지고 있으며, (3) 미납자에 대한 양곡수집을 군경에게 의뢰하고 있어 군경에 대한 민원이 제기되고 있다고 비판했다.[88] 이러한 지역실태는 여수·순천을 비롯한 전남지역에 한정되는 것은 아니었을 것으로 보인다. 이외에도 황두연은 1950년 3월 22일 긴급동의로 양곡증산에 관한 건의안을 제출하였으며, 다음날 의정단상에서 "식량이 절핍한 농가에 영농식량을 환원하여 줄 것"을 요청하는 등[89] 식량문제 해결에 열정을 쏟았다.

---

86) 식량임시긴급조치법은 1949년의 긴급한 식량사정에 대처하기 위하여 1948년 10월 9일의 법률 제7호 양곡매입법과 10월 15일의 대통령령 제12호 양곡매입법 시행령의 일부 조항의 효력을 정지하고 1948년산 맥류의 매매와 소비에 관해 임시로 긴급히 조치하기 위한 것이었다.

87) 국가법령정보센터(http://www.law.go.kr). 식량임시긴급조치법은 1949년 11월 17일에 일부 개정되어 시행되었는데, 양곡매입법 제3조의 효력 정지를 양곡관리법이 제정 시행될 때까지로 정하였다. 이러한 식량임시긴급조치법은 1950년 2월 16일에 폐지되었다.

88) 「黃斗淵 국회의원, 전라남도 지역을 시찰하고 실정을 보고」, 『국도신문』, 1949. 9.25(『자료 대한민국사』 제14권 수록).

89) 國會事務處, 『國會速記錄』 제6회 제60호, 1950.3.23.

(2) 외군 철퇴에 반대

황두연이 제헌의원으로 활동한 지 5개월 만에 여순사건이 발생하였
다. 이로 인해 순천, 여수를 비롯한 전남 동부지역은 일찍이 볼 수 없었
던 지역민들의 갈등과 대립이 격심하였으며, 군경과 반군의 학살과 처
형, 보복의 악순환으로 걷잡을 수 없는 지경에 처하였다. 이러한 시점에
서 순천을 지역구로 두고 있던 황두연은 사건 수습의 무거운 책무를 부
여받게 되었다.

그러나 보수극우언론에 의해 인민재판의 배석판사로 활동하는 등 봉
기군에 협조했다는 혐의를 받아 한동안 상당한 고통을 당했으며, 여순
사건에 대한 수습보다는 당분간 '누명 벗기'에 급급할 수밖에 없었다. 황
두연은 국회 휴회를 이용하여 농림부장관 조봉암의 부탁으로 정부의 미
곡매입을 돕기 위해 강연을 목적으로 10월 19일 서울을 떠나 그날 밤
11시에 순천에 도착했다.[90] 그런데 공교롭게도 여수14연대에서 봉기가
일어난 때에 순천에 당도하게 되어 반군을 피해 몸을 숨겨야만 하는 처
지로 몰리게 됐다. 그는 20일 아침 순천으로 반군이 들어오자 선교사 집
에 피신하였다가 23일 정부군에 의해 순천이 탈환되자 세상 밖으로 나
올 수가 있었다.[91] 따라서 인민재판에 배석판사로 참여했다는 것은 근
거 없는 낭설이었다. 황두연 자신이 국회에서 인민재판에 참여하지 않
았다는 것을 해명하였으며,[92] 『평화일보』 기사가 오보였다는 것이 밝혀
졌는데도 언론은 한동안 근거 없이 보도를 강행하여[93] 황두연을 궁지로
몰아넣었다.

---

90) 황두연은 그의 회고록에서 국회 휴회를 이용하여 농촌 출신 의원들과 10월 20일 순
　　천으로 내려갔다고 기술하고 있으나 이는 기억의 착오를 일으킨 것으로 보는 것이
　　타당하다.
91) 石星人, 「(話題의 人物) 黃斗淵과 順天事件」, 『民聲』 제5권 제1호, 1948.12.
92) 國會事務處, 『國會速記錄』 제1회 제93차, 1948.11.1.
93) 김득중, 앞의 책, 379쪽.

황두연이 극우언론의 먹잇감이 되었다는 사실에 바탕하여 그를 국회 소장파에 속한 인물로 평가하기도 한다. 다시 말해서 극우보수언론에서 사실을 조작하여 '소장파 죽이기'에 나섰으며, 이로 인해 황두연이 극심한 피해를 당한 것으로 파악하면서 은연중 제헌국회에서 신선한 돌풍을 일으켰던 소장파와 황두연을 대입시키고 있는 것이다.

그러나 황두연은 소장파로 분류될 수 있는 인물이 아니었다. 더욱이 황두연은 소장파와 다른 행보를 보였다. 소장파를 가르는 기준의 하나가 바로 외군철퇴 문제이다. 즉, 외군철퇴를 적극 주장하는 소장파와 외군철퇴는 시기상조라면서 이를 반대하는 세력으로 나눌 수가 있는 것이다. 따라서 1948년 10월 13일 박종남 의원 외 46인의 연명으로 「외군철퇴 요청에 관한 긴급동의안」이 국회 본회의에 상정되었을 때[94] 황두연 의원이 어떠한 입장을 취했는지를 파악할 필요가 있다. 이날 국회에서는 긴급동의안을 놓고 관계 분과위원회에 회부하여 검토한 후 상정하자는 쪽과 즉석에서 바로 처리하자는 쪽으로 나뉘어 격론이 벌어졌다. 이러한 상황에서 황두연은 국회법 제33조를 거론하면서 외군철퇴 요청을 거부했다. 즉, 그는 국회법 제33조에 "법률안 건의안 또는 결의안을 발의하려고 할 때에는 그 안(案)에 이유를 구(具)하고 정규의 찬성자와 연서하여 의장에게 제출하고 의장은 이것을 인쇄하여 각 의원에게 배부한다"는 내용이 명시되어 있음을 상기시키면서 긴급동의안이 적당한 시기에 인쇄되어 배부될 때까지 보류하자고 긴급동의를 한 것이다.[95]

결국 황두연의 긴급동의 안건이 채택되고 표결에서 과반수를 얻어 통과됨으로써 외군철퇴문제는 뒤로 미루어지게 되었다.[96] 이렇듯 그는 외

---

94) 國會事務處, 『國會速記錄』 제1회 제87차, 1948.10.13.
95) 國會事務處, 『國會速記錄』 제1회 제87차, 1948.10.13.
96) 1948년 10월 13일 제87차 본회의에서 양군철퇴의 요청 동의가 보류된데 이어 11월 20일 제109차 본회의에서는 미군의 계속 주둔 요청안이 가결되었다. 그리고 1949년

군철퇴를 반대하는 입장을 취했으며, 더욱이 뒷날 회고록에서 외군철퇴를 주장하는 소장파 세력을 "공산당의 밀령에 준동한 국회 내 프락치 의원들과 반정부 우익세력"으로 몰아붙이기도 했다.[97] 따라서 이러한 사실들에 근거해 볼 때 황두연을 '소장파'로 규정지을 수가 없는 것이다.

(3) 정부 내 친일파 숙청과 반민족행위처벌법

국회는 1948년 8월 19일에 '정부 내 친일파 숙청에 관한 건'을 긴급동의안으로 제기하여 논의했다.[98] 긴급동의안은 김인식 의원 외 9명이 제안한 것으로,[99] 김인식은 국무위원 중에서 ① 황민화운동을 적극 추진하고 조선어 폐지 반대를 외치던 애국지사를 일제에 밀고한 자, ② 대동아전쟁 때 군에 물품을 헌납하면서 거대한 치부를 한 자, ③ 조선총독부 고관이었던 자, ④ 문필로 대동아전쟁에 협력하였던 자들이 처장, 차석, 차관으로 기용되었으므로 이를 숙청해야 한다고 주장했다. 이에 대해 여러 의원들은 그 취지에 공감하면서 찬성 발언을 이어나갔다. 조헌영 의원은 새 정부에 들어온 친일파, 민족반역자를 규명하자고 발언하였으며, 정부 요인 중에 친일인물이 있다면 정부에 대해 경고하거나 탄핵해야 한다고 강경하게 주장했다. 긴급동의안은 표결에 들어갔고, 그 결과 재석 165, 가 139, 부 0으로 가결되었다. 긴급동의안 가결 후 정광호 의원은 발언권을 얻어 특별위원회를 구성하여 과거의 친일적 행동을 구체적으로 조사하여 숙청해야 한다고 건의했다.

2월 7일에는 71명의 서명으로 「남북화평통일에 관한 결의안」이 국회 본회의에 상정되었으나 재석의원 159, 가 37, 부 95로 부결되었다. 國會事務處, 『國會速記錄』 제1회 제109차, 1948.11.20; 國會事務處, 『國會 定期會議 速記錄』 제2회 제24차, 1949.2.7.

97) 황두연, 앞의 책, 256쪽.

98) 國會事務處, 『國會速記錄』 제1회 제44차, 1948.8.19.

99) 긴급동의안 제안자는 김인식·이재형·이유선·김웅진·박기운·김기철·김명동·서용길·김용재·이종린·임석규·이종근 등이었다.

이러한 상황에서 정부 내 친일파 청산에 제동을 걸기 위해 나선 이가 바로 황두연이었다. 그는 "정부에 대해서 인사 관계를 관여하는 것같이 오해 나기가 쉬울 것"이라고 주장하면서 반대의견을 피력했다. 그는 기본적으로 친일파 청산을 소극적으로 찬성하는 입장을 취했다고 볼 수 있는데, 특별위원회를 구성하여 국무위원의 친일행동을 구체적으로 조사하자는 주장에 적극 반대했다. 정부 내 친일파 청산문제로 이승만 정부가 크게 타격을 입을 것을 우려하여 친정부적인 입장에서 발언한 것이다. 그러나 결국 정광호 의원의 동의안이 재석원수 167, 가 111, 부 11로 가결됨으로써 그의 시도는 무산되었다.

제헌헌법은 제101조에 "국회는 단기 4278년(1945년) 8월 15일 이전의 악질적인 반민족행위자를 처벌하는 특별법을 제정할 수 있다"고 명시하였다. 이러한 조문에 따라 국회에서는 반민족행위처벌법 제정에 착수하여 1948년 9월 22일 법률 제3호로 공포하였다. 이러한 법률 제정과정에서 황두연 의원도 수정안을 제출하거나 독회과정에서의 발언을 통해 친일파, 민족반역자 처벌 문제에 개입하였지만 반민족행위자 처벌에 적극적이고도 강경한 입장을 취하지는 않았다.

황두연 의원은 법 제4조 7항과 제6조 제정에 깊은 관심을 드러냈다. 원안 제4조 7항은 "국내에서 대규모인 군수공업을 책임경영한 자"를 처벌하는 것으로, 그리고 제6조의 원안은 "타인을 모함할 목적으로 본 법에 규정한 범죄에 관하여 허위의 신고를 한 자는 당해 신고내용에 해당한 범죄규정으로 처벌한다"고 규정하였다. 이러한 원안에 대해 황두연 의원 외 11인은 수정안을 제출했는데, 제4조 7항을 "일본의 침략전쟁을 협력하기 위하여 군수공업을 경영한 자나 10만 원 이상의 금품을 헌납한 자"로, 그리고 제6조를 "타인을 모함할 목적 또는 범죄자를 옹호할 목적으로 본 법에 규정한 범죄에 관하여 허위의 신고, 위증, 증거인멸을 한 자 또는 범죄자에게 도피의 길을 협조한 자는 당해 내용에 해당한 범

죄규정으로 처벌한다"로 수정할 것을 제안하였다.[100]

황두연은 8월 30일 열린 국회에서 수정안 제안이유를 설명할 수 있는 기회를 갖게 되었다. 이리하여 그는 제4조 7항의 원안이 부당하다면서 수정안을 제시한 이유를 밝혔는데, 그가 주장한 요점을 정리하면 다음과 같다. 첫째, "국내에서 대규모인 군수공업을 책임경영한 자"를 처벌하는 규정을 둔다면, "국내에서 군수품공업을 경영한 자는 죄에 걸리고 국외에서 일본이라든지 혹은 만주라든지 거기에 가서 군수품을 경영한 사람은 거기에 해당하지 않"기 때문에 문제가 있다. 둘째, '군수공업'을 경영했다고 해서 다 죄가 되는 것은 아니기 때문에 "일본의 침략전쟁을 협조하기 위해서 경영한 군수공업"으로 규정해야 한다. 셋째, "침략전쟁을 협조하기 위해서 돈으로써 자료를 제공하고 비행기로써 자료를 제공하고 고사포로써 자료를 제공"한 사람을 처벌해야 한다.[101]

이러한 수정안에 대해 장시간 찬반양론으로 논쟁이 벌어졌다. 조헌영 의원은 "군수공업의 한계를 분명히" 지적해야 하며, 10만 원이라는 금액을 정한 것은 "어떤 편견이 발로되고 공평을 잃었다는 비난을 받을 점이 있다"고 의견을 제시하면서 "비행기 병기 탄약 군수공업을 책임경영한 자"로 개의하자고 발언하여 개의가 성립되었다. 이리하여 조헌영의 개의안, 황두연 의원의 수정안, 그리고 원안에 대해 표결하였으나 부결되었다. 이러한 상황에서 다시 조헌영의 개의안이 표결에 의해 가결됨으로써 황두연 의원 외 11인의 수정안은 폐기되었다.

또한 황두연은 9월 2일 열린 국회에서 제6조의 원안은 반민족행위자를 신고하지 말라는 것이나 다름없기 때문에, "허위의 신고, 위증, 증거인멸을 한 자 또는 범죄자에게 도피의 길을 협조한 자"를 포함시켜야 한

---

100) 國會事務處, 『國會速記錄』 제1회 제48차, 1948.8.25.
101) 國會事務處, 『國會速記錄』 제1회 제52차, 1948.8.30.

다고 주장했다. 즉, 반민족행위자는 누구보다도 "가장 교활한 수단을 가지고 있"기 때문에 죄를 면하기 위해 여러 가지 수단을 동원할 것인데, "어떤 사람을 신고해서 만일 그것이 잘못 뒤집힌다고 할 것 같으면" 신고한 사람이 오히려 범죄자가 될 것이기 때문에 이를 방지하는 차원에서 '허위신고', '증거인멸', '범죄자에 대한 도피 협조'라는 문구를 포함시켜야 한다고 발언한 것이다.[102] 이러한 발언이 있은 후 수정안에 대한 토의를 거쳐 표결에 들어갔는데, 재석 141, 가 91, 부 17로 가결되었다.[103]

황두연은 반민족행위처벌법을 '삭개오 처단법'이라는 별명을 짓고, "회개하니 용서하시고 구원을 선언하신 주님의 심정을 본받아" 반민족행위자를 처리해야 한다는 입장을 취했다. 그리고 반민특위에 대하여 그의 회고록에서 다음과 같이 기술하였다.[104]

옥석을 구분 못하고 소경 매질하듯 한 일들이 도처에서 생겨나니 반민특위에 대한 여론이 안 좋게 되었다. 반민족의 소굴이 되어 있는 행정부가 민심을 안돈시키겠다는 구실로 특별경찰대를 해산, 반민특위의 수족을 끊어놓고 말았다. 이 일로 정부, 국회간 알력이 고조되었으나 실권 없는 국회가 많은 여한을 남긴 채 반민특위는 해산하고 말았다.

주지하듯이 친일행위자를 단죄하여 민족정기를 바로 세워야 한다는 대의에서 출발한 반민특위가 용두사미격으로 활동을 종결지을 수밖에

---

102) 國會事務處, 『國會速記錄』 제1회 제55차, 1948.9.2.
103) 황두연 의원의 수정안이 가결된 후 김장렬 의원이 긴급동의로 6조 제2항에 "본 법에 해당한 범죄자는 당해 부·군민 50명의 연서로 청소(請訴)를 기다려 그 죄를 논함"이라는 조문을 삽입하자고 했다. 김장렬 의원의 수정안이 받아들여져 표결에 들어갔으나 재석 141, 가 10, 부 105로 부결되었다.
104) 황두연, 앞의 책, 253쪽.

없었던 것은 이승만 정부의 반민특위 와해공작 때문이었다. 자신의 권력기반 구축을 위해 친일경력의 경찰이나 관료를 포용하고 있던 이 대통령은 반민특위 활동을 방해하기 위해 정치공작과 암살, 테러로 맞섰고 급기야 1949년 6월에 이르러 반민특위를 습격하고 특경대를 해산하였다. 그리고 공소시효 단축과 반민법 개정을 통해 특위활동을 종결시켰다. 이러한 데도 황두연은 친일파 처단과 민족정기 확립이라는 대의를 좌절시킨 이승만 대통령에 대해 면죄부를 주었으며, "반민족의 소굴이 되어 있는 행정부가 민심을 안돈시키겠다는 구실"로 반민특위를 와해시켰다는 논리를 펼치면서 애매한 입장을 취하였던 것이다.

3. 5·30선거에서의 낙선과 감찰위원

황두연은 여순사건의 여파로 곤욕을 치룬 뒤 10월 말경에 이향(離鄕)하여 서울에서 생활터전을 잡았지만[105] 1950년의 5 · 30선거에도 순천시에서 출마했다. 5 · 10선거에서 순천지역은 갑구와 을구로 나뉘었는데, 5 · 30선거에서는 지역구 구성에 변화가 일어났다. 여순사건을 겪은 후 1949년 8월 14일 순천읍이 府로 승격되었고 순천군이 승주군으로 개칭되었다. 그리고 다음날 순천부는 순천시로 승격되어 군에서 분리되었고 도사면 6리와 해룡면 북부의 3리가 순천시에 병합되었다.[106] 이러한 행정구역상의 변화에 의해 5 · 10선거에서의 지역구가 순천 갑구, 순천 을구로 나뉘던 것에서 5 · 30선거에서는 순천시와 승주군으로 편성되었다.

순천시에서 후보로 등록한 인물은 대한국민당 소속 황두연과 민국당 소속 김양수를 비롯하여 윤형남, 정봉식, 서정기 등이 무소속 후보로,

---

105) 황두연, 앞의 책, 284~285쪽.
106) 順天市史編纂委員會, 앞의 책, 19쪽.

신순우가 대한노총 후보로 출마했다.[107] 5·10선거 때와 마찬가지로 5·30선거에서도 황두연과 김양수의 각축전이 벌어졌다. 5·10선거에서 두 사람의 대결은 엄청난 후유증을 남겨 5·30선거에 이르기까지 적대적인 갈등이 계속 이어졌다고 할 수 있어 양자의 대결은 지역민에게 초미의 관심사가 될 수밖에 없었다.

황두연이 여순사건에서 생사의 갈림길을 오르락내리락 했던 데에는 5·10선거에서의 악연이 작용했을 가능성이 크다. 그는 회고록에서 순천에서 반란이 진압된 후에 "협잡배들이 제 요구를 들어주지 않으면 부역자로 투서하는가 하면 한민당 4인조가 군속으로 달라붙어 군정으로 하여금 민심을 어둡게 하고 있"었다면서 자신을 무고한 사람이 5·10선거에서 반대쪽 진영인 한민당 후보를 밀었던 자들이라고 간접적으로 밝히고 있다.[108] 또한 5·10선거에서 황두연과 경합을 벌였던 김양수는 『조선일보』 1948년 11월 6일자를 통해 "소위 법관의 신분으로서 반란 파괴도배와 제휴 연락한 사실은 일반 법조계의 숙청을 위하야 계감(戒鑑)이 되지 아니할 수 없다"고 주장했다.[109] 이는 인민재판에서 박찬길 검사가 재판장이 되었고, 황두연이 배석판사가 되었다는 근거 없는 사실을 기정사실화하려는 저의가 담겨 있는 것이라 할 수 있다. 이러한 사실로써 황두연과 김양수 사이의 적대적 관계는 더욱 증폭되었을 것으로 보인다.

황두연에게 이 선거는 제헌의원으로서 그동안 중앙과 지역을 오가면서 행했던 의정활동에 대하여 지역민으로부터 평가를 받는 선거이기도 했다. 또한 황두연이 속해 있던 대한국민당은 이승만 정부를 지지하는

---

107) 「選擧運動 現地踏査 全羅道 篇」, 『경향신문』, 1950.5.8; 「全南 立候補 亂立 無所屬이 五割을 占領」, 『동아일보』, 1950.5.9.

108) 황두연, 앞의 책, 271~277쪽.

109) 「防共態勢의 緊急對策」, 『조선일보』, 1948.11.6.

여당의 역할을 하였고, 김양수가 몸담고 있는 민국당이란 한민당을 계승한 정당이었기 때문에 5 · 30선거를 통해 현 정부에 대한 지역민의 입장을 대략적으로나마 파악할 수가 있다.

그런데 이러한 선거에서 황두연은 지역민의 재신임을 얻지 못하고 낙선하였다. 황두연이 5,568표, 민국당 김양수가 9,927표를 얻어[110] 한민당 후보 김양수가 제2대 국회의원으로 당선되었다. 5 · 10선거 때와 비교하여 후보자가 많았기 때문에 표가 분산되었다고 치더라도 황두연이 5 · 30선거에서 획득한 표는 김양수가 획득한 표에 비해 상당히 격차가 있다. 이러한 점을 고려해 볼 때 지역민의 상당수가 황두연에게 등을 돌린 것으로, 그리고 이승만 정부에 대한 지역민의 반감이 상승한 것으로 해석할 여지가 있다.

황두연이 5 · 30선거에서 낙선의 좌절을 겪은 지 한 달도 채 되지 않아 한국전쟁이 발발했다. 그는 회고록에서 "6 · 25사변 때엔 부산에서 피난 생활을 하면서 재건파 교회(불참배파)에 출석하다가 초량교회(참배 측)로 옮겼다. 나 역시 옥고를 치른 몸이라 재건파 교회에 속할 자격이 있지만, 견해가 달라졌던 것"이라고[111] 기술한 것으로 보아 한국전쟁기에 부산지역에서 활동한 것으로 보인다. 그리고 그는 부산 피난 시절인 1951년 6월에 감찰위원회 감찰위원으로 임명되어 활동했다.[112] 감찰위원회는 1948년 8월 30일 대통령령으로 제정 · 시행된 「감찰위원회 직제」에 따른 것으로, "공무원의 위법 또는 비위의 소행에 관한 정보의 수집과 조사"를 목적으로 한 대통령 직속기관이었다.[113]

---

110) 中央選擧管理委員會, 앞의 책, 1098쪽.

111) 황두연, 앞의 책, 197쪽.

112) 「人事」, 『동아일보』, 1951.6.14.

113) 국가법령정보센터(http://www.law.go.kr). 1948년 8월 30일에 제정된 직제에 따르면, 감찰위원회는 감찰위원장 1인, 감찰위원 8인, 감찰관 10인 이내, 이사관 1인, 비서관 1인, 서기관 5인, 정보관 15인 이내, 비서 · 서기 20인 이내로 구성되었다.

감찰위원회는 1955년 2월 17일 대통령령 제1012호로 폐지되었고, 그 대신에 공무원의 직무상 비위를 조사·보고하기 위한 기관으로 대통령 소속하에 사정위원회를 두었다. 황두연은 감찰위원회에 이어 사정위원회에서도 계속 일하게 되는데, 그가 사정위원으로 임명된 때는 1955년 11월이었다.[114] 사정위원회 규정에 따르면, "위원장의 보수는 청장과 동액으로 하며 위원의 보수는 국무원 사무국장과 동액으로 한다"고 되어 있다.[115] 이러한 것으로 미루어 사정위원이란 국무원 사무국장급과 동등한 지위를 갖는 것으로 볼 수 있다. 이렇게 그가 5·30선거에 낙선한 후 정부 고위 공무원을 지낼 수 있었던 것은 이승만 정부와의 긴밀한 관계 속에서 이루어진 것이었다.

사정위원으로서 황두연의 활동은 1960년 4월혁명으로 이승만이 하야하기까지 계속되었다. 그는 회고록에서 "정치적인 책임은 없으나, 대통령의 직속 고관으로 대통령을 따라 물러서는 것이 도의적인 것"이라고 생각하여 이 대통령이 하야하자 오래지 않아 사정위원직에서 물러났다고 기술했다. 그는 사정위원직에서 물러난 후 57세 되던 해인 1961년에 신학교에 입학했고, 환갑을 넘긴 나이인 61세에 목사 안수를 받았다.[116] 이후 서울노회 전도부 목사로 임직되어 포천 축석교회를 중심으로 시무하다가 농어촌에서 부흥회를 인도하는 활동도 전개하였다.[117] 1969년에는 서울 광진구에서 동성교회를 개척하여 당회장으로 취임하여 목회활동을 하였으며,[118] 1984년에 세상을 떠났다.

이후 1948년 12월 29일, 1949년 6월 4일의 직제 일부 개정에 의해 구성원에서 약간 변화가 있었다.

114) 「司正委員 四氏 任命」, 『경향신문』, 1955.11.11.

115) 국가법령정보센터(http://www.law.go.kr).

116) 「34돌 맞은 制憲同志會」, 『경향신문』, 1982.7.17.

117) 황두연, 앞의 책, 291-293쪽.

118) 대한예수교장로회 동성교회 홈페이지(http://dspch.or.kr).

Ⅳ. 맺음말

황두연은 순천 태생은 아니었지만, 청장년기에 순천지역을 기반으로 활동했다. 그는 안력산병원 서무과장으로, 그리고 순천중앙교회 장로로 활동했으며, 일제 말기 신사참배 반대로 4년 동안이나 옥고를 감내할 정도로 신앙심이 두터운 인물이었다. 해방 정국에서 황두연은 철저히 우익 편에 섰다. 순천지역에서 기독청년면려회 회장으로서 우익진영의 반탁운동을 주도하였으며, 대한독립촉성국민회 순천지부장으로도 활약했다. 우익 노동조직인 대한노총에서, 그리고 우익 농민조직인 대한농총에도 참여하였다. 순천지역의 건준 지부는 우익이 주도했다고 볼 수 있는데, 건준에도 참여하였다. 그리고 황두연은 순천읍 부읍장, 읍장으로 직무를 수행하기도 했다.

이러한 활동을 바탕으로 5·10선거에 입후보하여 한민당 중진급 인물인 김양수를 물리치고 당선되었다. 황두연 자신이 신사참배 반대운동으로 옥고를 치뤘기에 항일인사로 주목을 받아 선거에서 승세를 잡는데 유리한 역할을 한 것으로 회고했지만 실상은 그렇지가 않다. 김양수는 조선어학회사건으로 1942년 12월부터 1945년 1월까지 함흥형무소에서 영어생활을 했으며, 석방된 뒤 해방 직전에는 순천경찰서에 예비검속되는 등 항일운동으로 고초를 겪은 인물이었다. 따라서 항일투쟁의 유무가 승세를 굳히는데 유리하게 작용했다고는 볼 수가 없다.

5·10선거에서 김양수의 낙선은 한민당 입장에서 하나의 이변이었다. 이러한 결과를 가져온 데에는 다른 지역과 마찬가지로 순천지역에서도 한민당에 대한 지역민의 정서가 좋지 않았다는 것을 반증한다. 그리고 황두연이 의료선교의 중심거점이었던 안력산병원에서 10여 년 동안 재직하면서 기독교인은 물론 순천의 지역민으로부터 신망을 받았다는 점도 긍정적인 역할을 했다고 볼 수가 있다. 황두연은 기독교적인 사랑과

실천을 인생의 나침반으로 정하여 가난하고 소외되고 불행한 이웃을 돕는데 적극적이었기 때문에 그에 대한 지역민의 신뢰는 1930년대 이래 켜켜이 쌓여서 5·10선거에서 결실을 맺었던 것이다. 김양수는 순천 태생이지만 1920년대 중반 이후 해방되기 전까지 순천을 떠나서 외국에서 지내거나 서울을 기반으로 활동하는 등 순천에서의 공백기가 많았던 것도 선거에 영향을 미쳤을 것이다. 물론 해방정국 3년 동안 한민당 순천 지구당 위원장으로 활동한 이력이 있지만 군정의 여당격이었던 한민당에 대한 정서는 전국적으로도 그렇고 순천에서도 좋지가 않았다. 이것이 김양수의 항일운동 경력을 퇴색시킨 요인이었다고 볼 수가 있다.

5·10선거에서 당선된 황두연은 제헌의원으로서 화려하게 중앙무대로 진출하였지만 얼마 안 있어 발생한 여순사건으로 험로를 걷게 된다. '반군 협력자'로 누명을 쓰고 고초를 겪은 일은 황두연의 인생에서 가장 커다란 고빗길의 하나였다고 볼 수 있다. 그런데 황두연이 극우세력과 언론에 의해 누명을 쓰고 죽다 살아나왔다는 사실에 기초하여 황두연을 소장파에 속한 인물로 평가하고 있다. 그러나 소장파로 분류될 수 있는 인물이 아니었다. 그는 외군철퇴를 반대하는 세력에 속했으며, 정부 내 친일파 숙청이나 반민족행위처벌법 제정 등에서도 소극적이었다.

특히 반민특위에 대해서도 "옥석을 구분 못하고 소경 매질하듯 한 일들이 도처에서 생겨"났다는 식으로 부정적인 시선을 보이고 있다. 그리고 1949년 6월의 반민특위 습격사건, 이승만 정부의 공소시효 단축과 반민법 개정 등으로 친일파 처단과 민족정기 확립이라는 대의가 좌절되었는데도 이에 대하여 비판적인 입장을 취하지 않았다. 그는 대체로 이승만의 정치노선을 충실히 따른 인물이었다고 할 수 있다. 1948년 10월 초부터 대한국민당 창립에 가담하였으며,[119] 1949년 2월에 대한국민당과

---

119) 대한국민당은 이 대통령의 일민주의를 당시로 내걸고, 이승만 지지와 여당의 역할

한민당과의 합당을 반대하고 대한국민당에 잔류할 정도로 이승만 정부를 지지했다. 물론 국회의원으로서 이승만 정부에 일정 정도 비판적인 발언을 했지만 그 수위는 극히 낮은 수준이었으며, 기본적으로는 이승만 정부에 협조, 지지하는 태도를 견지했다.

이러한 그의 태도는 종교적인 신앙심에서 나온 것으로 볼 수 있다. 그는 대한민국을 '신앙의 국가'로 만들고자 했으며, '신앙의 국가'를 만들기 위해서는 기독교인인 이 대통령을 중심으로 결집할 필요가 있다고 인식했다. 이리하여 그는 이승만을 신앙인으로 존경하였고 더불어 이승만의 기독교 우대정책에 적극 호응하는 태도를 취했다. 그리고 이승만·자유당 정부의 부정부패, 헌법 유린, 관제 민의 동원, 부정선거 등에 대해서는 애써 외면하였다. 그 자신이 감찰위원, 사정위원으로서 이승만 정부의 고위 공무원을 지냈기에 여기에서 오는 한계도 작용하여 4월혁명에 의해 이승만·자유당 정부가 무너지기까지 친정부적인 입장을 취했을 것이다. 아무튼 종교와 정치는 분리되어야 한다는 빛나는 대명제는 황두연의 크나큰 신앙심에 의해 억눌려 있었다고 볼 수 있다.

을 담당하기 위한 정당이었다.

〈참고문헌〉

『경향신문』, 『국도신문』, 『군산신문』, 『동광신문』, 『동아일보』, 『부산일보』, 『부인신보』, 『세계일보』, 『영남일보』, 『자유신문』, 『조선일보』, 『한성일보』

국사편찬위원회, 『자료 대한민국사』 7~9, 국사편찬위원회, 1974, 1998.
국사편찬위원회, 『자료 대한민국사』 14~15, 국사편찬위원회, 2000.
국사편찬위원회, 『자료 대한민국사』 17, 국사편찬위원회, 2001.
『G-2 PERIODIC REPORT』(경남대극동문제연구소, 『지방미군정자료집』 2, 경인문화사).

國會事務處, 『國會速記錄』, 1948.
國會事務處, 『國會 定期會議 速記錄』, 1949.
國會事務處, 『國會 臨時會議 速記錄』, 1949.
國會事務處, 『國會速記錄』, 1950.

대한예수교장로회 순천노회, 『회의록』 1, 1986.
順天邑敎會 · 順天中央敎會, 『堂會錄』, 1932년, 1936년, 1946~1947년.

姜元龍, 『빈들에서: 나의 삶, 한국현대사의 소용돌이』 1, 열린문화, 1993.
국립순천대학교, 『사료로 엮은 순천대학교 70년사: 1935~2005(본사편)』, 국립순천대학교, 2005.
金度演, 『나의 人生白書』, 康友出版, 1968.
김득중, 『'빨갱이'의 탄생』, 선인, 2009.
김상태, 「1920~1930년대 同友會 · 興業俱樂部 研究」, 『韓國史論』 28, 1992.
김수자, 『이승만의 집권초기 권력기반 연구』, 경인문화사, 2005.
金守珍 · 韓仁洙, 『韓國基督敎會史: 湖南篇』, 汎論社, 1980.
대한예수교장로회 보성읍교회, 『보성읍교회 100년사』, 보성읍교회, 2017.
독립기념관 한국독립운동사연구소, 『한국독립운동사사전』 6, 독립기념관 한국

독립운동사연구소, 2004.

朴浣, 『韓國基督教 100年』, 聖書教材刊行社(서울), 1991.

서정민, 「일제 말 '일본기독교조선교단' 형성과정」, 『한국기독교와 역사』 16, 2002.2.

石星人, 「(話題의 人物) 黃斗淵과 順天事件」, 『民聲』 5(1), 1948.12.

順天昇州鄕土誌編纂委員會, 『順天 昇州 鄕土誌』, 順天文化院, 1975.

順天市史編纂委員會, 『順天市史: 문화·예술편』, 순천시, 1997.

順天市史編纂委員會, 『順天市史: 정치·사회편』, 순천시, 1997.

안종철 외, 『근현대 형성과정의 재인식』 1, 중원문화, 2010.

유호준, 『역사와 교회: 내가 섬긴 교회·내가 살던 역사』, 대한기독교서회, 1993.

이덕주, 「일제 강점기 순천 선교부와 지역사회」(학술대회자료집, 2018.8.14.).

이만열, 『한국기독교의료사』, 아카넷, 2003.

이혜숙, 『미군정기 지배구조와 한국사회』, 선인, 2008.

任善和, 「해방 이후 전남지방의 우익단체 연구」, 전남대학교 사학과 박사학위 논문, 2009.

임송자, 「미군정기 우익정치세력과 우익학생단체의 문해·계몽운동」, 『한국민 족운동사연구』 79, 2014.

임송자, 「총선거와 의정활동으로 본 지리산지구의 산청 지역과 지역민(1948~ 1955년)」, 『한국민족운동사연구』 88, 2016.

임송자, 『대한민국 노동운동의 보수적 기원』, 선인, 2007.

장규식, 『일제하 한국 기독교민족주의 연구』, 혜안, 2001.

재미한족연합위원회, 『해방조선』, 재미한족연합위원회, 1948(金南植·李庭植· 韓洪九 엮음, 『韓國現代史 資料 叢書』 10, 돌베개).

全羅南道誌編纂委員會, 『全羅南道誌』 第9卷·第16卷, 全羅南道, 1993·1995.

中央選擧管理委員會, 『大韓民國選擧史』 第1輯, 中央選擧管理委員會, 1973.

蔡奎恒, 『勞農運動의 文獻』 第一輯, 새글出版社, 1947.

한규무, 「미국남장로회의 순천지역 의료선교와 안력산병원」(학술대회자료집, 2018.8.14).

황두연, 『자기 십자가 지고 따르라』, 목회자료사, 1978.

국가법령정보센터(http://www.law.go.kr)
대한민국헌정회 홈페이지(http://www.rokps.or.kr)
전주신흥중학교 홈페이지(http://jp-shinheung.ms.kr)

필자소개

제1부 전남 동부지역 선교사

강성호

국립순천대학교 인문학술원 원장. 역사이론 및 세계현대사 전공. 고려대학교 사학과에서 박사학위를 받았다. 순천대학교 사학과 교수, 미국 UC 버클리 방문학자, 순천대 지리산권문화연구원 원장 및 HK단장, 한국서양사학회 회장, 한국연구재단 학술지발전위원장 등을 지냈다. 현재 순천대 인문학술원장, 전국대학중점연구소협의회장, 그리고 (사) 호남사학회 이사장으로 활동하고 있다. 지은 책으로 『근대세계체제론의 역사적 이해』(까치, 1996), 『서양문명과 인종주의』(지식산업사, 2002), 『유럽중심주의 세계사를 넘어 세계사들로』(푸른역사, 2009), 『중유럽 문제와 민족문제-오스트리아 헝가리 제국을 중심으로』(동북아역사재단, 2009), 『발전의 지정학과 궤적: 한국, 일본, 타이완, 독일, 푸에르토리코』(UC 버클리 동아시아연구소, 2010), 『지리산과 이상향』(선인, 2015), 『탈서구중심주의는 가능한가』(아카넷, 2016), 『전남동부 기독교 선교와 한국사회』(선인, 2019), 『제도와 문화현상』(선인, 2020) 등이 있다.

송현강

한남대학교 인돈학술원 연구위원이다. 주요 저서로 『대전-충남지역 교회사 연구』(2004), 『미국남장로교의 한국선교』(2018)가 있고, 주요 논문으로 「미국남장로교 한국선교부의 목포스테이션 설치와 운영」(2008), 「미국 남장로교의 전북지역 의료선교(1896-1940)」(2011), 「남장로교 선교사 클레멘트 오웬(Clement C. Owen)의 전남 선교」(2015), 「순천의 개척자 로버트 코잇(Robert T. Coit)의 한국 선교 활동」(2016), 「서울-경기지역의 기독교계 3·1운동」(2021) 등 다수가 있다.

우승완

순천대학교 겸임교수, 전남대학교 강사, 순천시살고싶은도시만들기지원센터장, 순천시도시재생지원센터장 등을 역임하였다. 저서로는 『매산등 이야기 '백년전 순천으로 마실가기'』(공저, 2008)가 있고, 주요 논문으로 「근대 순천의 도시발전 동인에 따른 도시변화에 관한 연구」(공저, 2009), 「광양읍성의 공간 구조에 관한 연구」(공저, 2009), 「질병공동체 '애양리마을'의 형성과 공간변화에 관한 연구」(공저, 2010), 「일제강점기 여수의 도시특성 변화에 관한 연구」(공저, 2011), 「조선시대 장시 벌교의 도시형성 과정에 관한 연구」(2014), 「미국 남장로회 목포, 순천지역 선교기지 조성에 관한 고찰」(공저, 2018) 등이 있다. 순천광장신문에 「도시의 기억을 찾아서」를 연재(2015.2~2015.9)하여 근대기 순천의 도시 공간과 사회 변화를 이야기하였다.

이홍술

대전신학대학교 외래교수, 호남신학대학교 겸임교수 및 동 대학교 객원교수를 역임하였으며, 현재 평화로운교회 위임목사로 재직 중이다. 주요 저서로 『순교자 손양원 목사의 생애와 신앙』(2002), 『현대 신학과 기독교 윤리』(공저, 2003), 『믿음, 삶 그리고 하나님 나라』(공저, 2008), 『윤리신학의 탐구』(공저, 2012) 등이 있고, 주요 논문으로 「해방 이후 순천지역 교회의 성장과 전망」(2018), 「미국남장로회 한국선교사들의 사랑의 열매, 애양원」(2020) 등이 있다.

제2부 전남 동부지역 목사와 장로

차종순

호남신학대학교 총장을 역임했으며, 현재 호남신학대학교 명예교수이다. 주요 저서로 『양림교회 100년사』(2003), 『애양원과 손양원 목사』(2005), 『기독교 사회운동의 좌표를 찾아서』(2010) 등이 있으며, 주요 논문으로 「미국 남장로교회의 호남지방 선교활동」(1998), 「호남과 서북지역 개신교 특성 비교연구」(2004), 「교단의 갈등과 문제해결을 향한 모색」(2005), 「순천중앙교회의 태동과 발전」(2018) 등 다수가 있다.

송호철

순천대학교 인문고전학과 박사과정 수료. 현재는 고흥문화원에서 향토사연구위원으로 활동하고 있다, 연구는 고흥과 동학농민혁명(2012)을 시작으로 지역사 정립과 지역사에 관한 자료 발굴하고 있으며, 2015년 고흥군마을유래지 편찬에 참여하였다. 이밖에 순천대에서 진행한 고흥 항일구국운동, 해군사관학교의 흥양해전사 용역에 참여한 바 있다.

양향모

고려신학교와 고신대학교 신학대학원(Th.M.)을 거쳐 칼빈대학교 대학원에서 교회사 연구로 철학박사(Ph.D.) 학위를 취득했다. 예장(고신)에서 목사 안수를 받고 인천에서 광성교회를 개척하여 28년 동안 섬기고 있으며 신사참배를 반대하다가 순교하신 양용근 목사의 종손으로 순교사적을 연구하여 순교정신을 이어받고 후손들에게 알리기 위해서 힘쓰며 기념사업을 추진하고 있다. 저서로 『위대한 믿음 진실한 고백』(2015), 『예수 나를 오라 하네』(2018) 등이 있다.

임송자

성균관대학교 연구교수, 한국방송통신대 학술연구교수, 순천대학교 HK연구교수
를 역임하였으며, 현재 순천대학교 인문학술원 학술연구교수로 재직 중이다. 주
요 저서로『대한민국 노동운동의 보수적 기원』(2007),『한국의 노동조합과 노동운
동의 역사』(2016),『배움과 좌절의 갈림길, 야학』(2017),『국가권력과 이데올로기』
(공저, 2019),『전쟁과 동원문화』(공저, 2020) 등이 있고, 주요 논문으로「여순사건
이후 선무공작을 중심으로 본 지리산지구의 빨치산 진압」(2017), 여순사건과 순천
지역 좌·우익 세력의 동향」(2019),「전향의 반공주체 형성과 동원」(2019),「한국전
쟁기 전남지역 빨치산 활동과 지역민」(2020) 등 다수가 있다.

* **집필순**